러시아를 이해하는 아홉 가지 키워드

러시아를 이해하는 아홉 가지 키워드

초판1쇄 발행 | 2024년 1월 23일

엮은이 한양대학교 아태지역연구센터 러시아 · 유라시아연구사업단
펴낸이 홍종화

주간 조승연
편집 · 디자인 오경희 · 조정화 · 오성현 · 신나래
박선주 · 이효진 · 정성희
관리 박정대

펴낸곳 민속원
창업 홍기원
출판등록 제1990-000045호
주소 서울 마포구 토정로25길 41(대흥동 337-25)
전화 02) 804-3320, 805-3320, 806-3320(代)
팩스 02) 802-3346
이메일 minsok1@chollian.net, minsokwon@naver.com
홈페이지 www.minsokwon.com

ISBN 978-89-285-1952-1
SET 978-89-5638-985-1

HK러시아 · 유라시아 연구시리즈
24/47

러시아를 이해하는 아홉 가지 키워드

한양대학교 아태지역연구센터
러시아 · 유라시아 연구사업단 엮음

민속원

머리말

한양대학교 아태지역연구센터 러시아・유라시아연구사업단은 한국연구재단 HK+사업을 수행하면서 해마다 시민인문강좌를 개최하였다. 러시아와 중앙아시아의 역사・문화・예술을 아우르는 인문강좌의 주제는 해를 거듭하면서 심화・확장되어 왔다.

그간 본 사업단뿐만 아니라 국내 유수의 러시아학 관련 연구기관들이 개최한 각종 시민인문강좌는 대중의 열띤 호응 속에서 좁은 학계를 넘어 국내 러시아학의 저변을 넓히고 대중화하는 데 기여했다. 그러나 아쉽게도 이들 흥미롭고 알찬 내용의 대중 강연은 일회성으로 그치는 경우가 많았다. 본 사업단은 그 가운데 러시아에 대한 일반인의 관심과 이해를 높이는 데 도움이 될 만한 강연들을 추려 모은 교양서 발간에도 힘썼는데 『러시아를 이해하는 아홉 가지 키워드』 또한 이런 과정에서 얻은 결과물이다.

이 책을 준비하면서 우리는 1990년 한러수교 이후 30년을 훌쩍 넘긴 양국의 상호교류를 돌아보고 향후 러시아를 더 잘 알고 다가가기 위하여 한번쯤은 짚고 넘어가야 할 주제들을 고민했다. 주제 선택 당시 우리의 문제의식은 첫째, '우리 안에 이미 공고하게 자리 잡은 러시아에 대한 고정관념과 통념들을 조명해 주는 것인가?'였고, 이같은 조명을 통해 둘째, '우리가 러시아를 어떤 한정된 틀에 가두지 않고 더 넓은 시야에서 조망하게 해주는 것인가?'였다. 그리고 이 고민은 러시아에 대한 '중립적인' 정보를 전달하는 개론서에 그치지 않고 '한국적인' 시각으로 러시아를 설명하는 인문교양서를 만들고 싶다는 바람과 맞닿아 있는 것이었다.

이념의 장벽으로 인해 가깝고도 먼 이웃나라 러시아와의 소원한 관계는 수교가 재개된 이래 점차로 그 간격을 줄여왔다. 그러나 2022년 2월 발발한 러시아-우크라이나 전쟁은 한러 양국 관계를 다시 멀어지게 만들었다. 눈살 찌푸리게 하는 푸틴 정부의 행보 및 전쟁 관련 뉴스로 소비되는 러시아에 대한 부정적 이미지는 양국의 우호 관계를 발전시키는 데 걸림돌이 되고 있다. 향후 양국이 서로에게 진정 의미 있고 매력 있는 국가가 되기 위해서는 한번 고착되면 여간해서 바뀌지 않는 고정관념-SNS에서 유명하다는 '러시아 밈' 혹은 '모스크바 밈'을 보면 알 수 있다-을 점검해봐야 하며, 또 필요하다면 그것을 돌파하는 작업이 요청된다. 지금이야말로 러시아에 대한 오해가 아닌 이해가 절실한 시점인 것이다.

『러시아를 이해하는 아홉 가지 키워드』에 우리의 기획 의도가 미흡하게 반영되었다면 독자들의 너그러움에 기대어 바라건대, 이런 문제의식을 염두에 두고 이 책을 읽어 나가기를, 그 결과 자기만의 질문과 답을 찾아 가기를 권한다.

***

러시아를 이해하기 위해 우리가 선별한 아홉 가지 키워드를 순서대로 나열하면 다음과 같다.

#바보 이반

#곰

#자작나무

#카추샤와 나타샤와 소냐

#보드카와 캐비아

#냉전

#우주개발

#파베르제 달걀

#블라디보스토크

러시아를 설명하는 여러 이미지나 개념에서 선별한 이들 아홉 가지 키워드는 대체로 익숙하지만 동시에 낯설 수도 있다. 우선, 우리에게 익숙한 러시아는 대략 이런 그림이 아닐까. 눈 덮인 광활한 시베리아와 곧게 뻗은 자작나무숲 같은 대자연의 이미지에 우주개발의 선두 주자이자 20세기 미소 냉전 시대의 주역이었던 공산국가 소련의 이미지가 포개지고, 찬란한 문화·예술의 나라와 주당酒黨의 나라가 겹쳐지며, 여기에 보드카에 취한 불곰이 살 것만 같은 불가사의한 이미지가 어지럽게 중첩되어 있는 나라.

이렇듯 곰, 자작나무, 보드카와 캐비아, 냉전, 우주개발 등은 한국인 대다수가 '러시아' 하면 쉽게 머릿속에 떠올리는 단어다. 때로는 우스갯소리로 치부되거나 때로는 과장된 신화로 소비되곤 하는 해당 주제를 다루면서 우리는 '카더라 통신' 대신 믿을만한 문헌과 정보에 근거하여 진지하게 접근하되 지루하지는 않게 설명하려고 했다. 그 시도가 「숭배와 혐오 사이, 러시아의 곰」, 「러시아, 자작나무의 나라」, 「보드카와 캐비아, 그 신화와 사실」, 「21세기에 다시 보는 냉전의 기원 : 스탈린 시대 소련 외교」, 「러시아 우주개발의 히어로들」에 담겼다. 낯익은 레퍼토리에서 새로운 감흥을 얻을 때 즐거움이 배가되듯 이 책의 독자들이 익숙한 러시아를 바라보는 새로운 정보와 관점을 찾아내는 재미를 누리기 바란다.

지난 세기 미소 대립과 그로 인한 이념의 트라우마에서 여전히 자유롭지 못한 우리가 러시아에 대해 갖는 통념에 가장 부정적인 음조를 부여한 것이 냉전이라면, 러시아문학은 우리 정서에 가장 깊이 각인된 이상적인 러시아 상相의 뼈대를 이룰 것이다. 가장 한국적인 러시아 이해를 시도할 때 러시아문학이라는 관문을 반드시 통과해야 하는 이유를 「카추샤. 소냐. 나타샤 : 대명사로서의 이름을 부르다」에서 확인할 수 있다. 이국적인 울림에도 불구하고 우리에게 매우 친근한 러시아 여성들의 이름을 소환하는 이 글은 지난 세기 영화와 연극, 대중가요 등으로 유명한 톨스토이의 '카튜샤'를 필두로, 백석 시인이 노래한 '나타샤'와 도스토옙스키의 '소냐'에 이르기까지, 그 친근함의 뿌리를 찾아가는 여정이다. 한국의 근대가 러시아문학에 빚진 바가 얼마나 큰지 이 세 명의 러시아 여성에 얽힌 문학 안팎의 사연만으로도 충분히 가늠될 것이다.

여기까지가 비교적 익숙한 러시아를 소개하는 자리였다면 '파베르제의 달걀'은 국내 최초로 본격 소개되는 소재다. 할리우드 영화나 해외토픽 등을 통해 "세계에서 가장 비싼 달걀"로 알려진 이 럭셔리 공예품은 러시아 장인의 탁월한 재능과 러시아 황실의 사치 풍조를 보여주는 것으로 그치지 않는다. 파베르제가 만든 부활절 달걀들은 러시아 제국의 몰락부터 소련을 거쳐 러시아연방에 이르기까지의 러시아 근현대사를 그 안에 품고 있다. 러시아 달걀들의 백여 년에 걸친 진기한 모험담을 「파베르제 달걀의 오디세이아」에서 듣고 보게 될 것이다.

『러시아를 이해하는 아홉 가지 키워드』를 블라디보스토크 인문여행기로 마감하는 이유가 있다. 이 극동의 러시아 소도시는 2015년 이후 급격하게 부상한 최신 러시아 관련 키워드다. 이때부터 COVID-19 직전까지 5년간 인구 60만의 소도시를 찾은 한국인 누적 관광객 수가 70만을 상회한다. '2시간 만에 만나는 유럽'이라는 한 항공사의 매력적인 카피 역시 블라디보스토크 여행 붐에 일조했고 그 덕분으로 한국인의 러시아에 대한 호감도 역시 동반 상승했었다. COVID-19 여파와 전쟁으로 인해 다시 하늘길이 막혔고 러시아와의 관계 역시 경색 국면이지만, 조만간 블라디보스토크 여행이 재개되면 이 책을 들고 블라디보스토크뿐 아니라 러시아 전역을 여행하는 미래의 루소필Russophiles이 된 자신을 상상하며 책장을 덮기를 바라는 마음이 「이웃 러시아, 다시 보는 블라디보스토크」에 담겨 있다.

끝으로, 이 책을 여는 키워드 '바보 이반'에 대해 설명할 차례다. 현재진행형인 러시아-우크라이나 전쟁의 여파로 루소포비아가 심화되면서 러시아인을 단순히 전쟁광으로, 러시아를 '악의 축'으로 몰아가기 쉬운 상황에서 러시아인이 추구한 이상적인 인간상이 다름 아닌 바보 인물이라는 점을 상기하고 싶었다. 우밀레니에의 정신 속에서 인간의 '선함'을 최우선 가치로 보았던 러시아인의 이상 및 그와 괴리된 현실의 이야기를 「바보 이반의 왕국 러시아」에서 잠시나마 헤아려보기를 바란다.

이렇게 연관성 없어 보이는 아홉 편의 이야기가 러시아라는 광대한 모자이크를 완성하기 위해 부족하나마 꼭 필요한 조각이기를 기대하면서, 또 이보다 더 흥미진진한 '러시아를 이해하는 키워드' 목록을 기대하면서 푸시킨의 시를 빌어 서문을 마무리하고자 한다.

하지만 어쩔 수가 없군요
반쯤은 재밌고 반쯤은 진지하고
사실적이기도 하고 이상적이기도 한
각양각색의 이야기를 엮은 이 책을
각별한 애정의 손길로 받아주기를.*

마지막으로 촉박한 일정 가운데 정성껏 교정작업을 해주신 민속원 편집부 신나래 선생님께 진심으로 감사를 전한다.

2024년 1월
필진을 대표하여 심지은

* 러시아 국민시인 푸시킨(1799~1837)의 서사시 『예브게니 오네긴』(1823~1830)의 서문에서 일부 차용・변용했다. 원문은 다음과 같다. "But so be it. With partial hand/ take this collection of pied chapters:/ half droll, half sad,/ plain-folk, ideal <…>(소설가 블라디미르 나보코프의 영어 번역); Но так и быть — рукой пристрастной/ Прими собранье пестрых глав,/ Полусмешных, полупечальных,/ Простонародных, идеальных <…>."

목차

1장

바보 이반의 왕국 러시아*

심지은

* 이 글은 「바보이반의 왕국 러시아 : 러시아인의 멘탈리티를 찾아서」, 『러시아어문학연구논집』 44, 2013과 「러시아와 독일의 민담에 나타난 바보 인물의 비교연구」, 『러시아연구』 23(1), 2013에 기술된 내용의 일부를 정리·보완한 것이다.

1. 세계 민담 속 바보 인물들

우리에게는 19세기 러시아 대문호 톨스토이가 각색한 동화 「바보 이반 이야기」로 더 친숙한 '바보' 이반은 러시아 민담 속 인물들 가운데 가장 유명할 뿐만 아니라 러시아인들이 가장 애정하는 주인공이기도 하다. 그래서인지 러시아인들은 바보 이반이 '러시아인의 자화상'이라고 스스럼없이 말하곤 한다. 민담의 캐릭터에 불과한 바보 이반이 오랜 시간 러시아인들의 넘치는 사랑을 받는 비결은 뭘까. 비속한 현실과는 달리 모든 것이 가능한 민담과 설화의 세계에서 영웅적 면모를 뽐내는 인물 대신 하필이면 평균치에도 못 미치는 '모질이'와 자신을 동일시하는 러시아인의 심리는 어떻게 해석해야 하는 걸까.

이런 궁금증을 풀기 위해서는 우선 러시아 민담의 바보 캐릭터가 다른 나라 민담 속 바보들과 어떤 점에서 다른지 알아볼 필요가 있다. 바보 인물은 한국을 포함, 세계 각국의 민담과 전래동화에서도 발견되는 친숙한 유형이라서 보편성을 지니지만 동시에 나라별 특수성도 갖기 때문이다. 러시아 신화학자 엘레아지르 멜레틴스키(1918~2005)에 따르면 인도유럽어권 설화에서 탄생한 바보 인물이 러시아로 들어오면서 특별히 조명을 받았고 그 결과, 실제 인간의 복잡다기한 성격을 토대로 하여 창조적인 캐릭터로 발전하게 된다.

이 '창조적인' 캐릭터의 특징은 다음과 같이 요약된다. 러시아 민담 속 바보 이반은 가족들에게조차 비웃음

> 옛날 옛적 노인과 노파가 살았는데 부부는 슬하에 아들 셋을 두었고 두 형은 똑똑했지만 막내는 멍청한 이바누슈카였다. 똑똑한 두 형은 들에서 양 떼에게 풀을 먹였지만 바보는 아무 일도 하지 않고 온종일 페치카 위에 앉아서 파리나 잡고 있었다.
>
> —민담 「멍청한 이바누슈카」 중에서

> 어느 시골에 삼형제가 살았다. 형 둘은 영리했지만, 셋째 예멜랴는 얼간이였다. 영리한 두 형은 들에서 일하고 형수들도 집안일로 분주했지만 바보 예멜랴는 온종일 페치카 위에 누워서 하는 일 없이 빈둥거렸다.
>
> —민담 「꼬치고기 가라사대」 중에서

과 업신여김을 당하는, 어리석기 짝이 없고 무능력한 데다가 게으르기만 한 인물로, 하루 종일 따뜻한 페치카(러시아식 벽난로) 위에 누워 코나 후비며 졸고 있다. 그런데도 이 게으른 바보는 이야기 끝에서 생각지도 않던 큰 행운을 거머쥐며 때로는 용맹한 기사나 왕자로 변신하는 데 성공하기도 한다.

이때 흥미로운 점은, 게으름의 화신인 러시아의 바보 이반처럼 마지막에 어마어마한 성공에 다다르는 행운아는 그 어느 나라 민담에서도 찾아보기 어렵다는 사실이다. 러시아가 유럽문화권에 더 가깝다는 점을 감안하여 여기서는 러시아 민담을 유럽 민담에 비추어 살펴보려고 한다. 이와 대비되는 가장 극명한 예는 프랑스 민담에서 찾을 수 있다.

미국 역사학자 로버트 단턴(1939~)에 의하면 프랑스 민담은 한 마디로, 명철한 현실감각을 견지하며 인간의 자질 가운데 교활함과 꾀esprit를 가장 높이 평가한다. 거지와 빵을 나누어 먹는 민담 속 바보의 행동은 칭찬할 만하지만 길에서 만난 사람들을 쉽게 믿어서는 안 된다는 날것의 현실을 드러내는 데 주력한다는 것이다. 험한 세상에서 동료나 이웃의 선함을 순진하게 믿으면 곤경에 처하기 십상이므로 잔꾀를 부려서라도 그들로부터 작은 것이나마 얻어내야 한다. 이타심이나 선량함과 같은 도덕적 자질은 폐기처분해야 마땅하다는 현실의 셈법이 프랑스 민담을 지배하는 논리다. 그렇다고 해서 프랑스 민담이 부도덕을 옹호한다는 뜻은 결코 아니다. 선행은 보상 받기 마련이라는 세속의 관념을 약화시키는 대신, 인생에서 벌어지는 재앙이나 재난은 우연의 결과일 뿐으로, 인과응보의 법칙에서 곧잘 어긋나는 현실 세계를 전면에 드러낼 뿐이다. 그 결과 인간 삶의 불가해하고 비정한 성격이 강조된다. 요컨대, 바보 이야기를 통해 드러난 프랑스성은 삶에 대한 초연하고 냉소적인 태도를 견지하는 것이다. 프랑스 민담에서 사기꾼이 얼간이에 비해 긍정적으로 그려지는 이유가 바로 여기에 있다.

프랑스 민담은 바보 혹은 그 어떤 인간적 우둔함에도 동정심을 표하지 않는다. 어리석음은 겉으로 드러난 순진함에 다름 아니며, 나아가 이는 치명적인 죄악이다. 왜냐하면 사기꾼이 득세하는 현실 세계에서 순진함이란 재앙에 이르는 지름길이기 때문이다. 따라서 프랑스 민담 속 바보 인물은 겉으로만 어리석을 뿐, 냉정하지만 남을 쉽게 믿기도 하는 어리석은 세상에서 더 빨리 성공하기 위해 바보인 척하는 영악한 자다. 단순하게 공식화하자면 프랑스 민담은 '바보가 되느니 악당이 되는 것이 낫다'는 지극히 현실적인 처세술을 가르친다. 프랑스어 '사악한méchant'이나 '교활한malin'이 오늘날까지도 인간의 장점을 가리키는 수식어로 사용된다는 점에서도 유구한 프랑스식 처세술의 존재감이 확인된다.

이에 반해 독일과 러시아 민담 속 바보들은 냉소적인 삶의 처세술을 설파하는 프랑스 민담의 바보들과 달리 대부분 어설픈 촌뜨기로, 때론 악의 없는 실수를 저지르기도 하지만 마법동화의 조력자나 보조물의 도움으로 행운아가 되는 호감형 인물에 가깝다. 그런데 독일 민담 속 바보 인물들은, 가령 「게으른 하인츠」나 「영리한 한스」처럼 어리석음으로 인해 망신당하는 상황에 자주 처한다. 이렇게 바보의 실수담을 통해 인간의 우둔함을 비웃는 소담笑談 역시 전 세계 민담에서 발견되는데 여기서 분명한 사실은 게으름과 어리석음 모두 인간의 부정적 자질과 단단히 결합되어 있다는 점이다.

러시아에서 바보 이반류의 민담이 문학적인 유명세를 얻게 된 때는 19세기 초 그림 형제의 「용감한 꼬마 재봉사」가 번역되면서부터다. 민족성에 대한 자각과 함께 자국민의 민담 채록과 기록은 유럽 낭만주의 시대의 중요한 과제였고 러시아 역시 이 흐름에 합류했다.

스피린, 「꼬치고기 가라사대」 삽화

소시민 계급의 재봉사가 어느 날 잼을 바른 빵에 달라붙은 파리를 헝겊으로 내리쳐 일곱 마리를 한꺼번에 잡고는 '한 방에 일곱을 처치하다!'라고 적힌 띠를 두르고 치즈 한 조각, 새 한 마리를 데리고 자신의 운을 시험해 보고자 세상에 나선다. 산에서 만난 거인을 꾀로 물리치고 왕의 시험을 거쳐 결국에는 공주와 결혼하는 것으로 그림 형제의 이야기는 끝이 난다.

이와 유사한 러시아 민담 「바보 이반」은 밭을 갈던 농부의 게으른 셋째 아들 이반이 채찍 한 방으로 파리와 나방을 마흔 마리나 잡고는 자신을 보가티리(러시아 구전설화에 등장하는 힘센 장수)라고 여기며 그 길로 집을 떠나 용맹함을 시험하는 이야기다. 이반은 길을 가다 만난 전설의 보가티리 일리야 무로메츠, 표도르 리즈니코프와 나란히 어느 왕국의 초지를 침범하게 된다. 이에 화가 난 왕이 군대를 보내지만 바보 이반은 동행한 보가트리를 앞세워 군인들을 무찌른다. 뒤이어 등장한 왕의 거인 장수를 보고 무로메츠와 리즈니코프는 겁을 먹고 도망가지만 이반은 거인을 무찌르고 공주와 결혼한다.

두 편의 이야기 모두 자신의 가능성을 시험하기 위해 집을 떠난 젊은이의 통과의례를 보여주는 전형적인 민담의 스토리를 취한다. 그러나 두 이야기는 근본적으로 커다란 세계관의 차이를 드러낸다. 무엇보다 그림의 꼬마 재봉사는 게으르지 않다. 잼을 발라놓은 빵도 하던 일을 마치고 먹을 만큼 그는 성실한 일꾼이다. 맛있는 잼도 낭비하지 않고 조금만 사는 등, 절약정신도 투철하다. 반면 바보 이반은 부지런한 두 형과 달리 '아무 일도 하지 않는' 게으름뱅이다. 둘 다 거인이 등장하기는 하나, 그림의 재봉사는 마법의 조력자나 기적에 기대지 않은 채 순전히 자신의 꾀로 거인을 무찌른다. 반면 이반은 잔꾀는커녕 눈앞에 닥친 위기조차 파악하지 못하는 무지를 드러낼 뿐이다.

그림의 동화는 소시민 계급이 스스로의 힘으로 거인처럼 떡 버티고 있는 험한 세상을 헤쳐 나가야 하는 현실에 대한 비유에 가깝다. 그림 형제의 동화가 나올 무렵 독일은 소시민 계급이 서서히 부상하던 시대로, 전근대적인 낡은 신분질서가 해체되어가는 과도기였다. 「용감한 꼬마 재봉사」는 이런 시대상을 반영하는 이야기로도 충분히 읽을 수 있다. 더불어, 근면·성실한 꼬마 재봉사가 복을 받는 이야기에서 근면함에 대한 독일인의 예찬이라는 오래된 신화 역시 확인할 수 있다.

한편, 이와 같은 자수성가 스토리는 주인공의 영웅적 성공 스토리를 강조하기 위해 종종 이야기 서두에서 주인공을 한참 모자란 바보로 묘사한다. 꼬마 재봉사의 어수룩한 첫인상은 이후 시련을 거치며 성장하는 영웅의 모습을 부각시키기 위한 전형적인 장치로, 이때 바보 설정은 영웅성을 빛나게 하기 위한 도구에 불과하다. 그러나 러시아의 바보 이반은 성공할 때조차 그 바보스러움을 잃지 않는다는 점에서 독일 바보와 다르며, 또 그렇기에 더 특이하다.

요컨대, 그림 동화의 바보는 지능이 모자라거나 구제불능의 게으름뱅이여서가 아니라 아직 어려서(막내) 미숙하고 경험이 없기 때문에 어리숙할 뿐인, 통과의례를 앞둔 성장기의 인물로 설정된 것이다. 그러므로 이들은 러시아 민담 「바보와 자작나무」의 바보나 「얼간이 이바누슈카」처럼 성당지기를 도끼로 죽이거나 염소눈알을 다 빼놓고도 천연덕스럽게 이야기하고, 또 형들을 얼음 구덩이에 빠트려 죽이는 등의 어처구니없는 엽기적인 행동을 하는 얼간이들과는 다른 차원의 인물이다.

이 점을 염두에 두고서 「용감한 꼬마 재봉사」와 러시아의 유명한 민담 「하늘을 나는 배」를 비교하면 또 하나의 흥미로운 사실을 알 수 있다. "옛날 어느 부부에게 세 아들이 있었는데 위로 둘은 영리하고 셋째는 바보였다"로 시작하는 「하늘을 나는 배」는 '비행선'을 만든 자를 사위 삼겠다는 왕의 포고령을 듣고 형제들이 차례로 길을 나서는 전형적인 민담의 구조를 갖는다. 그런데 언제나 더러운 누더기 잠옷을 걸치고 다니는 지저분한 바보 막내아들이 왕의 명령을 수행하고 멋진 청년으로 변신해 공주와 결혼하는 행운을 거머쥐는 결론에 이르는데, 여기에는 어떠한 동기도, 논리도 없다. 이 러시아의 바보 막내아들은 꾀를 써서 스스로 삶을 개척했던 독일의 꼬마 재봉사와 달리 그 어떤 노력도 들이지 않는다.

「하늘을 나는 배」의 바보가 마법을 부리는 조력자를 만나는 장면에 잠시 멈추어 보자.

바보는 길을 가다가 한 노인을 만났다. 바보가 노인에게 인사하자 그가 "어디로 가는 길인가?"라고 물었다. 바보는 "임금님이 하늘을 나는 배를 만든 사람한테 공주님을 주신대서요"라고 대답했다. "아니 자네가 그런 배를 만들 수 있나?" "아뇨, 못 만들죠." "그러면 왜 가는가?" "제가 알 턱이 있나요?" "그렇다면 여기 좀 앉아 보게, 같이 쉬면서 뭐라도 좀 먹세나. […]" 노인이 말했다. "이보게, 신은 바보를 불쌍히 여기신다네! 비록 친부모에게 사랑도 못 받고 물려받은 재산도 없네만……."

"제가 알 턱이 있나요?"라는 무책임한 한마디 대답에 기꺼이 바보를 돕는 노인의 논리는 빈약하고 엉성하기 짝이 없다. "신은 바보를 불쌍히 여기시지만" 그렇다고 해서 이야기 속의 엄청난 행운이 보통사람이 아닌 바보에게 돌아가야 할 필연적 이유는 없다. 물론 민담의 성격상 완벽한 동기화와 논리를 기대할 수 없으며 또한 그래서도 안 될 것이다. 마치 러시아 민담 「모르는 곳에 가서 모르는 것을 가져와라」가 암시하듯 '어디로 가는지도 모르고,' '무엇을 찾는지도 모르는 채' 헤매는 우리의 삶과 민담이 닮아있는 것처럼 말이다.

그런데 여기서 더 눈길을 끄는 대목은 이렇게 대책 없이 요행수를 바라는 「하늘을 나는 배」의 설정이 러시아인의 멘탈리티인 '아보스avos''를 설명해준다는 점이다. 아보스는 사전적 의미로 '만약'이라는 뜻인데 통상의 '만약, 아마' 등의 가정이 과거·현재·미래시제를 다 포괄한다면 '아보스'는 미래만을, 그것도 미래의 성공, 더 정확히는 요행을 겨냥한다. 이때 더 중요한 사실은 아보스의 가정은 '행위'가 아니라 '무행위'에 초점을 맞추고 있다는 점이다. "아보스 신이 도와주겠지(어떻게든 되겠지)"란 러시아 속담이 말해주듯, 난감한 상황에서 대책 마련에 고심하기는커녕 아무것도 하지 않고 그저 뒷짐진 채 불리한 상황이 순조롭게 해결되기를 바라는 마음을 담은 이 '아보스'가 러시아적인 세계상을 대표하는 단어로 회자되는 것은 우연이 아니다. 「하늘을 나는 배」의 바보는 이 아보스의 해피엔딩을 누리는 '전형적인' 러시아인이 되기에 부족함이 없다.

아보스를 통해 러시아인들이 요행수만을 바라는 무책임한 사람들이란 말을 하려는 것은 아니다. 이 대책 없어 보이는 '아보스' 이면에는 자기에게 주어진 것－그것이 설혹 고난이나 재앙이라고 하더라도－을 받아들이는 삶의 자세가 자리한다. 이리하여 아보스는 자연스럽게 러시아적 정체성을 드러내는 또 하나의 단어 '우밀레니에'와 만난다. 원하든 원하지 않든 제 몫을 겸허하게 수용하는 자세를 가리키는 우밀레니에는 러시아인의 멘탈리티를 압축적으로 보여주며, 종국에는 '유로디비'의 전통으로 수렴된다.

2. 러시아인의 멘탈리티 : 우밀레니에와 유로디비

우밀레니에umilenie는 번역이 불가능한 러시아어로 그 안에는 '순명, 자비, 연민, 온유, 겸손, 겸양, 부드러움, 감동, 감명' 등의 뜻이 다 담겨 있다. 러시아정교 최초의 순교자 보리스와 글렙 형제의 사례에서 이 단어의 의미가 명확해진다. 988년 러시아정교를 수용한 블라디미르 공후가 사망한 후 큰아들 스뱌토폴크가 왕위를 차지하고자 두 동생 보리스와 글렙을 암살하려고 한다. 보리스는 형이 보낸 자객에게 저항하지 않고 순순히 목숨을 내놓았고 글렙 역시 보리스가 살해당한 것을 앎에도 피가 피를 부르는 악순환을 끊고자 보리스와 같은 선택을 한다. 무자비한 형에게 맞서거나 도망쳐 목숨을 구할 수도 있었음에도 이들은 '어리석은' 결정을 내린다. '루시'(러시아의 옛 명칭)의 안녕을 위해 피 튀기는 살육전 대신 아우들은 '눈물과 기도와 희생'으로 주어진 운명에 순종한다. 기적을 행한 수도사도, 초인적인 고행자도 아닌 유약한 왕자들이 러시아 최초의 순교자로 시성될 수 있었던 것은 당시 러시아인들이 우밀레니에의 가치를 가장 높이 샀기 때문이다. 전쟁터에서 피값으로 얻은 승리보다 적을 향해 '회개와 눈물과 자비'로 기꺼이 수난을 감수하는 우밀레니에 안에 러시아인이 생각하는 이상적 인간상이 아로새겨 있다.

이같은 러시아적인 가치관은 당시에도 쉽게 받아들여지지는 않았던 것 같

보리스와 글렙 성상화(13세기)
키예프 국립미술관 소장

우크라이나 비시고로드의 보리스와 글렙 기념비(2011)

다. 11세기 무렵 러시아정교회는 보리스와 글렙을 성인으로 시성하기 위해 그 본산인 비잔틴정교회의 승인을 얻어야만 했다. 비잔틴정교회측은 그 의미를 바로 파악하지 못해 처음에는 승인을 주저했었다는 이야기가 전해진다. 당시 우밀레니에가 얼마나 러시아적인 가치관이었는지를 알 수 있는 대목이다.

한 가지 더 짚고 넘어가야 할 점은, 겉으로는 어리석고 무력하기만 한 보리스와 글렙의 모습에서 러시아의 유구한 전통인 유로디비yurodivyi를 발견할 수 있다는 점이다.

유로디비의 어원은 복음서의 '어리석음'을 지칭하는 단어에서 나왔는데(고린도전서 1장 21절) 겉으로는 바보나 미치광이처럼 행동하지만 신의 음성을 듣고 그것을 사람들에게 전하는 성자를 말한다. 유로디비 역시 비잔틴정교에서 유래했으나 10세기 이후부터는 냉대를 받기 시작했다. 반면 러시아정교에서는 14세기 이래로 다수의 유로디비를 배출했으며 14~17세기에 걸쳐 36명의 유로디비가 시성되었다. 비잔틴정교에서는 단 6명의 유로디비가 성인으로 시성되었을 뿐이다. 이런 사실을 감안할 때 러시아정교의 영성을 형성하는 데 유로디비가 매우 중요한 역할을 했으리란 것을 쉽게 짐작할 수 있다.

풀어헤친 머리와 덥수룩한 수염에 누더기를 걸친 지저분한 몰골, 주렁주렁 몸에 걸친 쇠고랑은 지상으로 내려와 갖은 수모를 당하고 인류 구원을 위해 처형당한 그리스도의 길을 따르는 특별한 표지로 인식되었고 사람들은 유로디비를 '그리스도를 위한 바보'라고 부르기도 했다. 세상의 이익과 안락, 행복을 좇는 대신 신의 음성만을 순종하며 따르는 우밀레니에가 유로디비의 삶을 설명해준다. 유로디비는 사람들의 모욕을 자초하기도 했고 또 때로는 욕설이나 재담을 통해 사람들을 웃기기도 했지만 그러다가도 진리와 예언의 말을 전했기 때문에 민중은 그들을 존경하고 사랑했다. 바보 혹은 거지 광대, 광인 등을 한데 합친 유로디비는 수도원에 은둔하거나 세상을 떠돌면서 거침없이 진리를 발설했으며, 사제의 말은 경멸하는 차르와 대귀족들조차 바보성자의 말에는 귀를 기울이곤 했다.

러시아가 유로디비에게 얼마나 호의적인지를 보여주는 좋은 사례는 러시아의 상징인 모스크바 붉은광장의 성 바실리 대성당이다. 이 알록달록 아름다운 양파 지붕의 성당은 바보성자의 이름으로 불린다. 성자 바실리는 러시아 역사상 가장 유명한 유로디비로, 이반 뇌제에게 지대한 영향력을 행사했던 인물이다.

"수도사를 빼면 러시아 민중이 유독 존경하는 인물은 유로디비로, 바로 다음과 같은 이유에서이다. 유로디비는 그 누구도 감히 발설하지 못하는, 학식 있는 자들의 결점을 들추어낸다."
—16세기 영국인 플레처의 러시아 여행기

"유로디비는 맨발로 다니고 몸 한가운데를 헝겊으로 동여매고 머리를 산발한 채 목에 쇠사슬을 걸치고 있다. 사람들은 유로디비를 예언자라고 생각했으며 상점에서 무언가를 집어가면 상인들은 오히려 그자에게 감사했다."
—16세기 초 오스트리아 제국의 외교관 지그문트 헤르베르슈타인(1486~1566)의 기록

> "거친 쉰 목소리에 몸놀림은 부산하기 짝이 없었으며, 말하는 것도 무슨 소린지 갈피를 잡을 수 없었지만, 그 억양은 어딘지 듣는 사람의 마음을 파고드는 힘이 있었다. 게다가 누렇고 추한 얼굴이 때때로 형언할 수 없을 만큼 정직한 슬픔의 표정을 띠곤 해서 그의 말을 듣고 있으면 아무래도 연민과 공포와 우수가 뒤섞인 야릇한 감정을 억누를 수가 없게 되는 것이었다. <…> 나는 그가 열다섯 살 때부터 신들린 사람으로 소문났다는 사실 하나만 알고 있었다."
>
> —레프 톨스토이, 『유년시절』 5장

18세기 이래로 근대화와 종교의 세속화 물결 속에서 유로디비의 사회적 역할은 축소되어 갔지만 그 대신 유로디비는 러시아 예술작품 속에서 불멸의 이미지로 남게 된다. 화가 바실리 수리코프의 회화 작품 〈대귀족부인 모로조바〉(1884~7)에 형상화된 유로디비는 러시아 문화에 관심 있는 이들에게는 너무나 유명하다. 문학작품을 예로 들자면 가령, 푸시킨의 희곡 『보리스 고두노프』(1825)에 조연으로 등장하는 유로디비 니콜카는 어린 조카 드미트리를 죽이고 왕위를 찬탈한 차르 보리스의 면전에서 거침없이 '헤롯왕'이라고 부르지만 황제의 화를 면한다. 이 장면은 성자 바실리가 죽기 전 이반 뇌제와 나누었던 실제 대화에서 차용한 것이다. 문학화된 유로디비는 도스토옙스키 소설에서 자주 마주치게 된다. 『죄와 벌』(1867)의 소냐 마르멜라도바, 『카라마조프가의 형제들』(1880)의 조시마 장로와 알료샤도 이 유형에 속한다. 그러나 뭐니 뭐니 해도 가장 유명한 인물은 제목에서부터 드러나듯 『백치』(1869)의 주인공 미시킨 공작이다. "명명백백히 아름다운 인간", 즉 그리스도를 예술적으로 그려내기를 원했던 작가는 백치처럼 순진한 괴짜에, 간질발작 속에서도 타인을 위해 희생을 감수하는 비극의 주인공을 창조하는 데 성공한다. 연민이야말로 "인류에게 가장 중요한, 아니 유일한 법칙"이라고 생각한 미시킨 공작의 파국은, 안타깝지만 현실에서 유로디비에게 허락된 유일한 결말일지도 모른다.

3. 바보 이반의 왕국 러시아

유로디비에게서 종교적 측면을 걷어내면 바보 이반과 유로디비의 공통분모인 무지와 어리석음이 전면에 드러난다. 바보 이반은 종교 영역의 유로디비에 대한 세속적 대응물로서, 유로디비가 현실과 문학작품 속에서 고난을 겪는 것과 달리 호쾌한 성공을 누린다는 점에서는 달라 보이지만 이들은 모두 세속의 진리가 아닌 현실 너머의 진리를 볼 수 있는 자들이라는 점에서 본질상 다르지 않다.

유로디비와 바보 이반의 친연성은 "성스럽기조차 한 바보", "바보는 신의 사람", "신은 바보를 사랑하신다", "바보는 신이 보호하신다" 등의 러시아 속담에서도 잘 드러난다. "바보는 운이 좋다", "바보는 행운아다" 등의 속담은 바보 이반의 성공 비결을 말해준다. 바보 이반에 대한 러시아인의 오랜 애정 역시 이들 속담에서 우러나오는데 이 점을 더 잘 이해할 수 있도록 러시아의 저명한 문화학자 드미트리 리하초프(1905~1999)의 설명을 덧붙이기로 한다.

> 러시아어에서 '좋다'라는 말은 '선량하다'라는 뜻을 최우선으로 갖는다. […] 선함은 인간의 자질 가운데 가장 중요하다. 착한 사람은 그 선함으로 인해 이미 모든 인간적 단점을 극복하는 셈이다. […] 러시아 민담의 바보는 착하다. […] 선함은 언제나 현명하다. […] 러시아 민중이 바보를 좋아하는 이유는 그가 어리석기 때문이 아니라 현명하기 때문이다. 최상의 지혜를 지닌 현명한 바보들은 교활함이나 기만, 사기행각, 자기 이익만을 챙기는 지혜가 아니라 거짓된 것, 겉으로만 아름다운 것, 인색함의 진정한 대가를 아는 지혜와 타인에게 그리고 하나의 인격체로서 본인에게도 선을 행하는 데서 가치를 발견하는 지혜를 지닌 자이다.

지성보다는 지혜, 이기심 대신 이타심, 탐심 대신 연민의 정을 지닌 바보야말로 진리를 아는 자이며 또 진리를 알기에 교만하지 않다. 바보 성자에 대한 이런 이해는 '어리석음이 큰 지혜와 통한다'는 노장사상과 조응한다. 그래서일까, 우리에게도 바보 예찬은 익숙한 편이다. 자칭 '바보'로서 나눔의 삶을 실천하며 우리 사회에 큰 울림을 남긴 고 김수환 추기경이 제일 먼저 머릿속에 떠오른다. 나도향의 「벙어리 삼룡이」(1925), 계용묵의 「백치 아다다」(1935), 김동인의 「발가락이 닮았다」, 김주영의 「머저리에게 축배를」 등 한국문학에도 인상적인 바보 인물들이 상당하다. 더불어 지난 2003년 「바보 이반 이야기」가 실린 러시아 민담집 『톨스토이 단편선』(박형규 역)이 국내에서 200만 부 이상 팔리며 베스트셀러가 되었던 '사건'도 기억난다. TV의 책 소개 프로그램에 나와 광고효과를 톡톡히 보기도 했으나 책을 읽은 독자라면 누구나 톨스토이의 바보 이반을 통해 전해지는 인간의 선함에 공감하지 않을 수 없을 것이다.

바보 사랑은 이렇듯 매우 한국적인 현상이기도 하며 또 그렇기 때문에 한국인이라면 러시아의 바보 이반들이 누리는 성공에 기꺼이 박수를 보낼 수 있을 것만 같다.

그렇지만 바보 이반이 언제나 긍정적 측면만 갖는 것은 아니다. 19세기 이래로 러시아의 지식인들은 줄곧 바보 이반과 같은 민중의 게으름을 단점으로 지적해왔다. 우밀레니에의 세속 버전이라 할 수 있는 '아보스'의 처세법이 러시아 민중으로 하여금 삶의 재난과 재앙에 적극적으로 대처하는 대신 뒤로 물러서게 만들었기 때문이다.

> 바보 이반에 관한 러시아 민담 속에는 저 높은 곳에서 복을 내려주기를 바라며 기다리기만 할 뿐, 정작 본인은 아무 책임도 지지 않으려고 하는 인간 심리가 반영되어 있다. 러시아인의 영성에서 부족한 부분이 바로 이 점이다. 러시아인에게는 성자 니콜라이의 어깨에 책임을 전가하고 그저 기다리기만 하는 습성이 배었다. 바보를 보가티리보다 더 높이 평가한다거나 개인의 노력보다 마법의 힘이 도와주기만을 바라는 기대심리를 더 높이 평가하는 점, 즉 전반적으로 강한 의지를 가진 영웅성이 부족한 인물을 선호한다는 점으로 인해 러시아 민담을 읽을 때면 놀라게 되고 또 마음도 아프다. 이는 매혹적이고 시적인 공상이며 러시아인들이 그 속에서 추구하는 것은 무엇보다도 안정과 휴식이다. 민담은 러시아인의 그와 같은 공상에

날개를 달아주지만 동시에 그의 에너지를 잠들게 만들기도 하는 것이다.

러시아 철학자 예브게니 트루베츠코이(1863~1920)는 이처럼 바보 이반의 게으름과 어리석음이 가진 이중성을 짚어내며 바보 이반으로 대표되는 민중의 수동성과 지적인 방만함, 요행을 바라는 심리 등에 심란한 반응을 보였다. 순명을 따르고자 하는 러시아인의 기질이 트루베츠코이의 지적처럼 얼마든지 부정적인 방향으로 나아갈 수 있음은 사실이다. 그리고 당연하게도, 이와 같은 가치관은 이데올로기화하기도 쉬울뿐더러 이데올로기적으로 이용될 소지 역시 다분하다. 공산혁명으로 낡은 질서가 무너진 조국에서 '새로운 인간'의 출현을 바랐던 소설가 막심 고리키(1868~1936) 역시 바보 이반과 같은 러시아 민중의 소극성을 비판하며 소비에트의 '새로운 인간'은 적극적으로 사고하고 행동하기를 희구했다. 동시에 소설가는 노동의 생산력만으로 인간의 가치를 평가함으로써 인간을 소외시키는 동시대 자본주의 풍조 역시 경계했다. "서구는 러시아인들이 일하는 것을 좋아하지 않고 일할 능력도 없다는 사실을 잘 알고 있기 때문에 그나마 우리에겐 다행"이라는 작가의 말에서 러시아인의 게으름에 대한 복잡한 심경을 읽을 수 있다.

그렇다면 러시아 민중은 이들 지식인의 말처럼 그저 뒷짐진채 아무런 행위도 하지 않았던 걸까. 이와 같은 민중의 소극성은 '소리 없는 아우성'과 같은 역설 속에서 선택된 하나의 행동강령은 아니었을까. 달리 말하면, 무엇을 하고 무엇을 하지 않을 것인가를 결정하는 것 또한 인간의 중요한 행위라는 것이다. 수동성 역시 하나의 행위이자 행동임은 명백하다. 진지한 자기성찰 없는 섣부른 저항이나 반대, 성급한 문제 제기 등이 소극적 태도보다 때로는 더 위험할 수 있음은 우리 삶의 여러 차원에서 쉽게 확인되는 사실이다. 어쩌면 인간의 비극 상당수가 '적극적으로 무언가를 함'으로써 발생했고 또 발생하고 있는 것인지도 모른다. 러시아인들은 생래적으로 유사한 상황에 매우 민감하게 반응했던 것은 아닐까. '아무 것도 하지 않기' 즉, 러시아적 수동성은 종종 이런 복잡한 내면적 계기에 대한 외적 표현이었을 것이다.

이 러시아식 경험으로부터 가능한 '교훈'을 찾아본다면 그것은, 적극적으로 무언가를 하는 대신 소극적으로 무언가를 하지 않기에서 출발할 수 있는 삶의 가능성에 대한 재고이다. 그럴 때에야 비로소 견고해보이던 일상에 균열이 생기기 시작하는 순간을 목도할 수 있으며, 또 이로부터 인간의 삶은 더디게나마 바뀔 수 있다는 가능성을 보게 될 것이다.

바보 이반의 강점이자 약점이기도 한 수동성의 측면에서 단연 눈에 띄는 민담 속 인물은 바보 이반만큼 유명한 바보 예멜랴다. 게으름과 어리석음의 화신인 예멜랴와 같은 주인공은 그림의 동화에서 눈을 씻고 찾아봐도 없다. 게으르지만 동시에 성실하고 우직한 덕분에 그에 합당한 성공을 돌려받은 그림의 얼간이들과 달리 진짜 아무 것도 하지 않는 데도 그 누구보다 더 호쾌한 행운을 거머쥐는 바보가 바로 예멜랴이다.

「꼬치고기 가라사대」, 「바보 예멜랴」의 주인공 예멜랴는 온종일 페치카에서 코나 후비며 빈둥대다가 하는 수 없이 심부름을 하던 차에 우연히 잡게 된 말하는 꼬치고기 덕분에 공주와 결혼해 왕국을 세우고 결국에는 아주 현명하고 멋진 청년으로 변신하기까지 한다.

여기서 흥미로운 점은, 바보의 성공이 모두 그의 게으름으로부터 비롯한다는 사실이다. "난 게으름을 피우고 싶어"를 입에 달고 사는 예멜랴는 일하기 싫을 때면 원하는 소원을 모두 들어주는 꼬치고기가 알려준 마법의 주문을 외운다. 그의 진기한 행동이 왕궁에까지 알려지자 왕은 예멜랴를 불러들인다. 왕의 부름에도 여전히 게으름을 피우고 싶어 페치카를 탄 채로 왕궁에 날아간 예멜랴는 공주를 보자 첫눈에 사랑에 빠졌고, 그녀의 사랑을 얻기 위해 마법의 주문을 외운다. 공주는 바보와 결혼하게 해달라고 왕에게 애원하고 이를 못마땅하게 여긴 왕은 바보와 공주를 통 속에 넣어 바다에 버린다. 통 속에서 나가게 해달라며 울며 애원하는 공주에게조차 "나는 이대로도 좋은데"라고 말하던 구제불능 게으름뱅이 예멜랴가 공주의 말을 따라 통에서 나와 그녀를 위해 궁전을 세운다. 이후 멋진 청년으로 변신해 왕국을 다스리게 되는 것으로 이야기는 끝이 난다.

미련한 게으름뱅이가 복을 받는 이야기들이 민중의 사랑을 받는 이유는 명확하다. 민담은 권력층이 아닌 하층 계급이 즐기던 이야기다. 고된 육체노동에 시달리는 민중의 쉼에 대한 갈망은 자연스럽게 게으름뱅이 인물에게 투사되었을 것이다. 안데르센 동화의 주인공 성냥팔이 소녀를 통해 전달되는, 현실의 비극에 대한 대리만족을 떠올릴 수 있겠다. 민담과 현실의 큰 격차는 민중의 고난의 크기를 가늠케 해준다. 특히나, 러시아처럼 농노제가 오랫동안 지속된 나라에서 농민의 삶은 부당함의 연속이었을 것이다. 게으름뱅이가 복 받는 이야기를 즐김으로써 민중은 비참한 현실에 대한 반항심을 우회적으로 드러낼 수 있었다.

실제로 어리석음은 양면가치적이다. 민중의 소박한 바람과 순수한 웃음의 이면에는 지배질서로부터 벗어나려는 의지가 꿈틀거린다. 주어진 질서로부터의 이탈 의지, 즉 전복의 가능성은 어리석음에 내재한 가장 강력한 에너지원이다. "어리석음 속에는 비하와 파괴라는 부정적인 요소뿐 아니라 혁신과 진리라는 긍정적인 요소가 있다. 어리석음은 전복된 지혜이자 전복된 진리다. 이것이 지배층의 공식 진리의 이면이며 하부이다. 어리석음은 무엇보다도 공적 세계의 법과 질서를 이해하지 못하고 이로부터 이탈하는 데서 나타난다. 어리석음은 공적 세계의 모든 규범과 억압, 근심과 진지함으로부터 벗어난 자유로운 축제의 지혜"라고 공언했던 소비에트 문예학자 미하일 바흐친(1895~1975)의 말을 곱씹어볼 필요가 있다. 바보 이반 이야기가 민중의 사랑 속에 끈질기게 살아남은 힘의 원천이 여기서 밝혀지기 때문이다.

바보 이반 이야기에서 찾아볼 수 있는 또 하나의 중요한 가치는 인간의 내적 가능성에 대한 믿음이다. 이 믿음이 있기에 세속의 상식으로는 무능해 보이는 게으른 바보의 내면에 잠재된 가능성이 외부 세계와의 접촉 속에서 뜻하지 않게, 그러나 필연적으로 '기적'처럼 발현되는 벅찬 순간을 보게 되는 것이다. 그리고 민담은 이런 기적의 순간을 공주와 결혼하거나 왕자와 결혼하는 식의 놀라운 결말로 포장한다. 바보 이반 이야기에서 읽어낼 수 있는 인간의 내적 가능성에 대한 순전한 믿음은 러시아 문학의 휴머니즘 경향을 든든히 받쳐주었으며 나아가 러시아 문화 특유의 가치인 인간성 추구로 자연스럽게 귀결되었다.

나아가, 바보 이반의 게으름은 러시아 예술 창조의 원천이기도 하다. 1917년 공산혁명으로 인해 조국을 떠나야 했던 러시아 철학자 이반 일리인(1883~1954)에게 바보 이반의 게으름은 러시아적인 것, 나아가 러시아 예술 창조의 시원으로 격상된다. 러시아식 '게으름에 대한 찬양'인 셈이다.

> 러시아인의 게으름은 러시아 민족의 창조적이고 사변적인 성정과 맞닿아있다. 무엇보다도 러시아의 평평한 지형이 우리를 사변으로 이끌었다. 러시아의 자연은 언제나 넓은 땅과 구름, 강, 숲, 뇌우와 눈보라와 함께 한다. 이로부터 우리의 견자(見者)로서의 성향, 우리의 몽상하기 좋아하는 성향, 우리의 사변적인 "게으름"(푸시킨)이 발원했으며, 그 뒤에는 창조적 상상력의 힘이 감추어져 있다. 러시아적 사변에는 마음을 사로잡은 아름다움이 부여되어 있으며 이 아름다움은 모든 것-직물과 레이스에서부터 여염집과 농노의 오두막에 이르기까지-에 들어있다.

사실, 노동이 우리의 삶에 행복을 주며 또한 그 행복의 근원이자 자기정체성의 근원이라고 생각하기 시작한 때는 그리 오래되지 않았다. 이는 순전히 근대적인 사고방식에 해당한다. 근대 이전의 사고 체계 속에서 노동은 고행이나 징벌에 해당하는 것이었다. 그리스・로마 시대에 노동은 노예에게 부과된 일이었으며, 노동이라는 일상의 의무에서 자유로웠던 귀족・지식인만이 윤리와 도덕을 사색하는 일에 헌신할 수 있었다. 프로테스탄트의 윤리에 침윤된 현대적 노동의 개념은 18세기 말에 이르러 '시간은 돈이다,' '게으름은 쇠붙이의 녹'이라고 말하며 절제와 근면으로 무장했던 벤자민 프랭클린에 이르러 완성된다. 오늘날 노동은 진정한 자기 자신이 되는 유일한 방법이자 존재감을 확인하는 가장 확실한 방법으로 인식된다.

노동을 신성시하는 근대인의 시각에서 볼 때 바보 이반의 게으름은 실용주의와는 거리가 멀뿐더러 낯설기까지 하다. 신교의 윤리가 싹튼 나라 독일의 민담에 나타난, 게으름을 긍정적으로 평가하지 않는 태도는 어쩌면 당연할 것이다. 반면 '창조를 위한 게으름'의 오랜 미덕을 잃지 않은 러시아 정신은 민담 속에 그 반향을 남겼다.

더불어 여기서, 일리인이 괄호 안에 슬쩍 이름을 남겨놓은 시인 푸시킨이 '사변적 게으름'을 창작의 자양분으로 삼았던 예술가였다는 사실을 짚고 넘어가려고 한다.

> 어떻게 지내냐고, 더 멋있어졌냐고 당신이 물었잖소. [⋯] 나는 아침 7시에 일어나 커피를 마시고는 3시까지 누워 있다오. 얼마 전부터는 열심히 써서 벌써 산더미만큼 썼소. 3시에 말을 타고 5시엔 목욕을 하고 나서 감자와 메밀죽으로 끼니를 때운다오. 9시까지는 책을 읽지. 자, 이게 나의 하루 일과요, 매일이 똑같다오.
>
> (1833. 10. 30. 아내에게 쓴 편지)

기나긴 '사변적 게으름'의 시간을 지나며 숙성되는 창작의 기획이 영감의 순간과 조우할 때 비로소 시가 탄생한다. 이 수고스럽고 더딘 시간을 거쳐야만 수확이 가능한 창작의 열매를 시인은 후기시 「가을」(1833)에서 다음과 같이 묘사하고 있다.

〈⋯〉
짧은 하루해가 지면
방치된 벽난로에 불꽃 다시 타오르고
때론 밝은 빛으로 흘러내리다
때론 천천히 사그라든다. 난 그 앞에서 책을 읽고
내 마음속 오랜 사색은 무르익어간다.

세상만사 다 잊고 달콤한 고요 가운데
달콤한 공상에 젖어드니

내 안에서 시가 깨어나고
영혼에 밀려든 서정의 파도에 실려
마치 꿈속에서처럼 전율하고 소리치고 찾아다니다
마침내 자유롭게 흘러넘친다
그때 내 공상의 열매, 예전부터 알았던
보이지 않는 손님들이 줄지어 나를 찾는 것이다.
〈…〉

러시아 민중의 '사변적 게으름'에 친숙한 시인이었기에 푸시킨은 러시아 민담에서 '시를 발견'할 수 있었을 것이며 또한 민담을 토대로 6편의 창작동화를 집필할 수 있었을 것이다. 그가 '러시아의 국민시인' 타이틀을 얻은 것이 과장이나 우연이 아니었음이 여기서도 드러난다.

게으름 외에 바보 이반의 또 하나의 특기인 어리석음은 인간의 순진무구함이 지닌 힘에 관심을 집중하게 만든다는 점에서 중요하다. 미련해 보이지만 타고난 선량함과 우직함으로 보상을 받는 러시아의 바보는 민담 「시브카-부르카」에서 전형적으로 형상화된다. 아버지의 묘소에 보초 서는 일을 게을리하던 두 형과 달리, 아버지의 유언을 충실히 지킨 막내 바보가 마법의 말을 얻어 공주와 결혼한다는, 유명한 러시아 민담 「시브카-부르카」는 순박한 마음으로 한결같이 신의를 지키는 순명의 태도가 보답을 받는다는 교

바스네초프, 「시브카-부르카」 삽화(1926)

훈을 전한다.

삶에 대한 경이와 순수한 호기심으로 가득 찬 바보는 동식물과도 쉽게 말을 나누며 우연한 행운과의 조우를 즐긴다. 이런 바보 이반의 매력은 지성미를 압도하고 만다. 그리고 이 호기심이야말로 나와는 다른 것, 즉 타자를 발견하는 데서 오는 기쁨을 온전히 누리게 만드는 원동력이다. 바보의 무지와 무모함은 선입견 없이 타자의 세계로 다가가는 길을 활짝 열어주기에 역설적으로 큰 장점이 된다. 또한, 타인의 아픔에 반응하고 진심으로 타인의 말에 귀 기울이면서 나와 '다른 것'을 응시하는 힘이야말로 바보 이반의 강점이다. 민담의 주인공 자리를 차지하는 인물은 세 형제 가운데 막내, 바보, 천덕꾸러기, 고집쟁이, 고아, 의붓자식 등의 소외된 자다. 덕분에 주변의 소외된 존재를 알아보고 또 그들의 마음을 이해할 수 있다.

이제까지 러시아인은 어째서 러시아를 '바보 이반의 왕국'이라고 부르는지, 어째서 바보 이반을 러시아인의 자화상이라고 하는지를 이해하기 위해 이런저런 사례를 제시하며 설명해 보았다. 요컨대, 러시아인이 세상을 해석하는 방식을 바보 이반이라는 프리즘으로 살펴보고자 하였다.

끝으로 다시 한번 강조하고 싶은 점은, 앞서도 언급했지만 러시아인의 이상은 선함의 가치를 최고의 덕목으로 삼는 데 있었다는 사실이다. 러시아인이 타민족에 비해 유난히 선량하거나 현명하다는 말이 아니다. '민족성'과 그 '민족의 이상'은 구분되어야 마땅하며 이 둘은 서로 일치하지 않는 게 더 자연스럽다. 러시아인의 정체성을 설명하기 위해 우밀레니에의 가치를 전면에 내세웠으나 이것을 현대 러시아인의 사고방식에 적용하는 것은 무리일 것이다. 이때 요점은, 러시아인이 상정한 가치관의 위계이자 그 위계를 만들기 위한 노력에 있다. 러시아인은 그 어떤 인간적 가치보다도 선함을 높이 평가하고자 했다. 인성을 동반하지 않은 지성의 파괴력은 실로 끔찍하다. 인간을 인간답게 만드는 최고의 자질로서의 선함이 바보 이반의 게으름과 어리석음 뒤에서 오롯이 빛을 발한다.

"이런 멍텅구리 같으니", "아이고 이 바보 같은 녀석!"이라는 말 속에는 러시아인의 가장 다정하고 가장 애정 어린 마음이 담겨있다고 한다. 바로 이와 같은 '민족의 이상' 속에서 러시아의 휴머니즘 정신은 둥지를 틀 수 있었을 것이며, 또한 역사적으로 형성-그것의 '실현'과는 별개의 문제로-되어 나갈 수 있었을 것이다. 인간성에 대한 믿음에서 출발한 러시아 이념은 그 믿음이 더 큰 실망으로 이어질 때마다 바보 이반에 기대어 때로는 위로받으며 또 때로는 자조自嘲하면서 그 이념의 속살을 채워나갔던 것은 아닐까.

톨스토이, 『바보 이반과 두 형 군인 세묜과 먹보 타라스, 그리고 벙어리 누이 말라니야, 그리고 늙은 악마와 세 마귀에 관한 이야기』, 1919년 표지

2장

숭배와 혐오 사이, 러시아의 곰

최정현

언제부터인가 러시아는 종종 곰에 비유되어 왔다. 최근 우리나라에서도 이른바 "불곰국"이라는 별칭으로 불릴 정도로 전세계 사람들에게 눈과 머리, 가슴을 통해 곰으로 인식되어왔다. 러시아에 대해 좀더 관심이 많은 사람들이라면 공식적인 러시아의 국가 상징으로 머리가 둘 달린 독수리를 떠올릴 수 있겠지만, 곰의 이미지가 훨씬 대중적이다. 그러면, 언제부터 어떤 이유로 러시아는 곰에 비유되었을까 하는 의문을 품을 수 있을 것이다. 물론 러시아를 곰에 비유하는 것은 더할 나위없이 적절하다고 생각하면서 말이다.

이 글은 러시아 안팎에서 곰이 러시아의 상징으로 정착된 그 첫 즈음에 대한 고찰이다. 즉, 러시아 사람들 스스로가 러시아를 곰으로 받아들였는지 아니면 러시아 바깥에서 러시아를 곰에 비유한 것인지, 언제부터, 누구에 의해, 해당 상징이 정착되기 시작했는가를 알아보려고 한다. 이를 통해 한 국가를 특정한 동물로 받아들이는 경로를 밝히며, 배면에서는 어떤 이념적 배경이 작용했는지도 알아보겠다.

1. 동물로서의 곰

동슬라브 민간전승에서의 곰

고대 신화나 성서의 차원보다는 좀더 구체적이고 개별적으로 살펴볼 수 있을 민족지학적 관점에서부터 살펴보자. 오늘날 러시아인들의 조상격이 되는 동슬라브인[1]들의 민담에서 곰은 다양한 의미로 나타난다. 곰은 유라시아 북부 삼림 지역의 최상위 포식자로서 가장 흉폭한 맹수로 등장하지만, 동시에 약한 사람을 보호하는 수호자, 또는 곤경에 처한 주인공을 도와주는 조력자로 등장하기도 하고, 다른 한편으로는 주인공의 의지와 능력을 시험하는 역할을 하기도 한다.

한 가지 흥미로운 점은 동슬라브 민담에는 우리 단군신화와 유사하게 곰과 인간 사이에 자손이 탄생하는 이야기가 있다. 대략의 내용은 다음과 같다. 숲의 왕인 곰과 결혼한 처녀에게서 아이가 태어나는데, 아이는 곰과 인간의 모습이 섞인 불완전한 모습으로 태어난다. 곰은 자신의 아이를 탐탁치 않게 생각한다. 어린 시절을 집에서 보낸 곰의 아들인 주인공은 청년이 되자 집을 떠나 모험에 나서는데, 이때 동슬라브 마녀인 바바－야가와의 싸움에서 이기게 된다. 그리고 이 승리 덕분에 곰의 아들은 완전한 인간이 된다는 줄거리이다. 이처럼, 동슬라브 민간전승에서 곰은 전형적인 선악의 어느 한 쪽으로 고정되거나, 곰 또는 인간의 모습 한쪽만 갖는 것이 아니라 반인반수의 형상으로 등장하고 결말에 인간으로 변화한다.

곰이 집과 가축의 피해를 예방하고 제거한다는 미신 또한 민간에 존재했다. 일부 러시아 마을에서는 '밭의 김을 매고 풍작을 위해 마을 주변에 곰을 몰고 다니는 의식'이 여전히 치러지고 있었다. 또한, 곰은 건강과 힘의 상징이었으며, 다산과 풍요와도 연결되었다.[2] 그래서 곰은 결혼식에서 중요한 이미지였다. 결혼식 노래에서 흔히 신랑과 신부는 수컷곰과 암컷곰으로도 칭해졌으며, 젊은 신혼 부부는 종종 곰가죽 위에 앉거나 첫날 밤을 곰가죽과 곰털로 장식한 신방에서 보내기도 했다.

러시아 모르도바 지방 축제에서는 가면을 쓴 곰이 중요한 역할을 했는데, 곰은 다산에 대한 암시를 주었으며, 종종 구경꾼들과 함께 이리저리 뛰어다니며 여성들과 유희를 즐겼다고 전해진다. 또한, 처녀나 어린 소녀들이 꿈에서 곰을 보면 약혼자가 나타나거나 결혼식을 올리거나 또는 통정이 일어난다고 했다. 19세기까지도 동슬라브 민간에서 곰은 결혼과 생산력 등을 의미했다.[3]

한편, 러시아인들은 '곰медведь; medved''을 '꿀을 안다мёд ведать; myod vedat''로 그 단어의 뜻을 풀어서 완곡하게 부르기도 했는데 이는 위협적인 동물을 덜 위협적으로 받아들이는 방법이기도 했다.

러시아와 동슬라브인들의 삶의 터전인 자연공간인 '숲의 주인'으로서 곰은 숲을 배경으로 살아가는 동슬라브인 자신들을 투사시킬 수 있는 신화적인

이반 시시킨, <소나무 숲의 아침>(1889). 한편, 이 그림은 곧 러시아의 한 제과회사가 판권을 사들여 초컬릿 포장지로도 널리 사용되었다.

존재였음을 잘 드러내는 그림이 있다. 19세기 후반 문학과 더불어 미술에서도 러시아 리얼리즘이 전성기를 구가하던 시기 등장한 <소나무 숲의 아침>이란 제목의 유명한 작품이다. 러시아와 동슬라브인들에게 곰은 가장 친숙하면서도 본원적인 자연공간의 존재라는 점을 짐작해 볼 수 있다.

이처럼 동슬라브 민속신앙에서 곰은 다양한 의미가 투사되어 적극적으로 변주되고 그 의미가 확장되어왔음을 알 수 있다. 기독교 수용 이후에도 기독교와 이교가 공존하면서 동슬라브인들의 종교문화관 속에서 곰은 입체적인 역할과 기능을 담당하고 수행해 왔다. 그러한 경계에 서 있는 곰의 다면적 의미에 대해서 좀 더 알아보자.

동슬라브 기독교 상징에서의 곰

기독교 수용 이후 곰의 의미와 해석은 한층 다양해졌다. 단순히 특정 종교로서 기독교를 받아들이며 변화가 생겼다는 것이 아니라, 슬라브 세계는 9세기부터 10세기에 동방정교를 받아들이며 문자가 생겼고 비로소 기록이 가능해졌기 때문이다.

중세 기독교 문명 시대 유럽의 기록은 크게 보아, 역사 기록과 종교 기록으로 나누어볼 수 있다. 세속의 권력인 통치자의 치적을 기록하고 보존하는 역사 기록이 하나요, 교회의 영역에서 필요한 모든 기록을 진행한 종교적 글쓰기가 다른 하나이다. 중세 동슬라브의 종교적 글쓰기에서 양적으로나 질적으로나 가장 활발하게 이루어진 장르가 바로 성자들의 생애를 기록한 '성자전'이다. 기독교 전래와 함께 그리스도와 사도들의 생애로부터 비롯해, 초기 기독교 성자들과 동슬라브에게 기독교를 전해준 동방 교회 세력인 비잔티움 제국의 성자와 교부 등 다양한 성인들의 삶에 대한 기록이 동슬라브의 최초의 정치 공동체인 키예프 루시에도 당연히 전해졌다. 이후 몽골의 침입과 타타르의 지배를 받으면서, 동슬라브 기독교 성자들은 이민족과 이교도의 통치에 항거하는 정신적 구심점의 역할을 하기 시작했다. 이때부터는 동슬라브 성인들의 생애 또한 활발하게 기록되고 전파된다. 그중, 타타르에 대한 최초의 승리(쿨리코보 전투, 1380)를 이끌어낸 수도사의 성자전에 곰이 등장하는데, 이 장면은 오늘날까지도 러시아의 '러시아다움'을 보여주는 좋은 예시처럼 쓰이고 있다.

키예프 루시 멸망(1240) 이후, 몽골과 타타르의 지배 아래에서 오늘날 모스크바와 그 인근 지역은 서서히 저항의 중심이 되어갔다. 이때 라도네시라는 작은 고장 출신의 세르게이 라도네시스키(1320년경~1392)라는 수도승의 성자전에 곰 일화가 전해진다. 그는 북동부 지역의 깊은 숲에 은거하며 수도에 정진했었는데, 어느날 그가 거처하던 움막에 곰이 나타났다. 그러나 놀랍게도 이 곰은 세르게이를 해치지 않았고 수도사의 손에서 음식을 받아먹었으며 그 이후로도 종종 수도사 세르게이를 찾아와 음식을 먹으며, 오히려 그

◂ 수도사 세르게이의 성자전에서 먹이를 얻으러 매일 세르게이에게 왔다는 곰의 이야기를 기록한 16세기 성자전 채색 수사본 페이지. 초록색 숲속에 곰이 보인다. 채색 연대기 전서 삽화, 16세기 후반, 오스테로만 제2권, 영인본 출판본, 모스크바, 2006, 7권 1부, 790쪽.

▸ 미하일 바실리예비치 네스테로프, 〈성자 세르게이의 어린 시절〉(1897)

를 보호하는 듯한 모습과 느낌을 주었다는 기록이 남아있다. 이 일화는 러시아인들에게 널리 알려져 오늘날 예술적 재현을 통해 문화적 기억으로 공유, 확산되고 있다.

이 이야기와 모티프는 여러 측면에서 해석된다. 당시 모스크바 북쪽 삼림 지역에서 곰은 실제로 종종 출몰하던 야생 동물이었다. 성서에 기반해 해석하자면, 악마 또는 사탄이 야생 곰의 모습으로 둔갑해 수도사 앞에 나타났으며 그러한 곰(즉, 악마)을 수도사가 잘 다스렸다는 종교적인 관점에서의 풀이도 가능하다. 조금 더 나아간다면, 숲이라는 야생의 환경에서 여전히 거칠게 살아가던 이교 민중이 수도사에 의해 교화되어 기독교 문명으로 들어와 살게 된다고 생각할 수 있다.

세르게이 성자와 비슷한 시기 또 다른 일화도 있다. 14세기 후반, 우랄산맥 북부의 정주민이던 핀-우그르 계열 민족인 코미-지랴네인들을 기독교로 개종시킨 인물이 있다. 우랄산맥의 페름 출신인 스테판(1340년경~1396)에 대한 일화이다. 그는 동슬라브인들에게 기독교와 문자를 처음 전파한 키릴과 메포디의 역할을 코미-지랴네인들에게 되풀이한 인물이다. 어머니가 슬라브계였을 것으로 추정되는 키릴과 메포디처럼, 스테판 역시 모계가 현지 지랴네 원주민 출신으로 추정된다. 또한, 슬라브 세계 포교를 위해 문자를 만들어 기독교를 전파한 키릴과 메포디처럼, 스테판 역시 코미-지랴네 부족의 말을 표현할 수 있는 문자를 만들어 코미-지랴네인들에게 동방정교를 전파했다. 이 공로로 페름의 스테판은 러시아 정교회에서 성자로 추앙되고 있다.

스테판의 포교 지역이었던 우랄산맥 지역과 코미-지랴네 지역은 울창한 삼림과 페름기 고생대 마지막 지형과 토질 덕분에 곰들이 살기에 아주 적합한 지역이라고 한다. 기독교 수용 이전, 코미-지랴네 지역 주술사들은 코미인들의 말로 '오실라페이oshlapey'라고 불린다. 여기서 '오시osh'는 곰을 뜻하고 이름 전체는 '강한 팔lapa, 즉 곰의 앞발처럼 강한 힘을 가진 사람'을 뜻한다. 이렇듯 곰의 이름과 힘을 빌리고 심지어 곰의 모습으로 변신한 이교 주술사와의 싸움에서 스테판은 성스런 믿음의 힘으로 승리를 거두게 된다. 그리고 기독교로 개종하려는 많은 사람들을 곰의 힘과 모습을 빌린 주술사의 위협으로부터 구해내며, 기독교가 빠르게 확산되었다고 스테판의 성자전은 쓰고 있다. 이러한 지역의 역사가 초기부터 반

우랄산맥 페름 시의 문장(1672)

영되어, 17세기부터 페름은 곰 위에 성서를 올려 놓은 문장을 사용하고 있다. 곰이 이교의 거칠고 조야한 우랄 지방의 야생의 삶을 상징한다면, 등 위에 올려진 성서는 기독교를 받아들여 문명 세계로 진입했음을 보여준다고 풀이할 수 있을 것이다.

이와 비슷한 또 다른 예시로 18세기와 19세기 경계기에 살았던 사로프의 세라핌(1750년경~1833)이라는 수도사의 성자전에도 역시 곰이 등장한다.

> 한 수녀가 성 세라핌을 찾아왔다. 성 세라핌이 승방 근처 나무 그루터기에 앉아 있을 때, 수녀는 바로 곁에 거대한 곰이 서 있는 것을 보았다. 두려움에 얼어붙은 수녀는 큰 소리로 "사제님, 전 이제 죽었습니다!"라고 소리치며 쓰러졌다. 수녀의 목소리를 들은 세라핌 장로는 곰을 가볍게 툭 치며 손짓을 했다. 그러자 곰은 마치 제정신의 사람처럼 곧장 세라핌 사제가 가리키는 숲속으로 사라졌다. 이 모든 것을 본 수녀는 공포에 떨었다. 사제는 수녀에게 다가와 "놀라지 마시오, 겁내지 마세요!"라고 말했다. 그러나 수녀는 여전히 "오, 전 이제 죽었습니다!"라고 외쳤다. 이에 장로는 "아니오, 자매여, 안 죽습니다, 죽음이라니, 가당치 않은 말입니다"라고 대답했다. 이것은 기쁨입니다!" 그리고 세라핌은 수녀를 자신이 조금 전에 앉았던 바로 그 나무 그루터기로 데려갔다. 기도를 마친 후 세라핌 사제는 수녀를 나무 밑동에 앉히고 자기도 앉았다. 두 사람이 채 앉기도 전에 갑자기 아까 그 곰이 숲속 덤불에서 나와 성 세라핌의 발치로 다가와 엎드렸다. 그처럼 끔찍한 짐승이 바로 곁에 있자, 처음에 수녀는 너무나 두려워 온 몸을 떨었다. 세라핌 신부는 곰을 순한 양처럼 두려움 없이 대했고, 심지어 곰에게 손으로 빵을 먹이기 시작했다. 그러자 수녀는 점차 안정을 되찾고 침착해지기 시작했다. 위대한 장로의 얼굴은 정말 신비해 보였다. 세라핌의 얼굴은 천사처럼 밝고 환한 미소로 가득했었다.

앞의 세르게이 라도네시스키와 마찬가지로 사로프의 세라핌 경우에도 곰은 사람을 해칠 수 있는 맹수이지만, 얼마든지 사람이 길들일 수 있는 짐승이며 또한 기독교인의 사랑과 자비로서 감화를 줄 수 있는, 그래서 올바른 영적 길로 인도할 수 있는 대상으로 그려지고 있다. 19세기 전반기 당시 가장 존경받는 종교적 지도자 중의 한 명이었던 세라핌의 이 성자전에도 곰을 길들인다는 일화가 등장하는 것을 보면, 동슬라브인들에게 곰은 맹수이지만 다른 한편으로는 교화된 삶을 살 수 있는 '경계에 선 존재', 또는 충분히 긍정적으로 받아들여질 수 있는 '예비된 존재'로 근대에까지 수용되고 있었음을 확인할 수 있다.

서로 다르게 인식되기 시작하는 곰

유럽인들에게도 곰은 상상의 존재가 아니라 실제의 존재였다. 심지어 우리에게도 지리산 반달곰이 유명할 정도로 북반구 온대 삼림 지대에서는 전 세계 거의 어디서나 곰을 접할 수 있었으니, 선사 시대로부터 여러 형태로 곰의 숭배가 광범위하게 퍼져 있었다. 이런 면에서 곰은 유럽 대륙에서 접하기 힘들었던 사자, 독수리 또는 호랑이, 심지어 상상 속의 동물인 용 등, 유럽 국가의 상징으로 등장하는 여타 동물들과 달랐다. 이처럼 곰은 오래 전부터 인간의 생활 속에 들어와 있는 존재로서, 이념적, 종교적 영향에서 벗어나 역사적으로 발전해 왔다. 곰은 지역의 가장 대표적인 동물로서, 도시의 공식 문장에 묘사되는 것 또한 자연스러웠다. 러시아의 경우, 야로슬라블과 노브고로드, 스타라야 루사 등 모스크바 북동부도시, 핀란드와 접한 카렐리야 주, 우랄산맥 남부 산악 지대의 페름, 극동의 하바롭스크, 알래스카 바로 맞은편 추코트카 반도의 북극권 도시 노릴스크 등과 벨라루시 스모로곤 시가 곰을 문장으로 쓰고 있다. 우크라이나에서는 헝가리와 접한 카르파티아 산맥의 울창한 삼림이 위치한 트랜스카르파티아 주가 곰을 상징으로 쓰고 있다. 또한 독일의 에센과 베를린 그리고 스위스의 수도 베른,[4] 그리고 폴란드의 몇몇 도시와 그린란드도 북극곰을 문장에서 자신들 지역의 상징으로 활용하고 있다. 이처럼, 자연지리적 조건 덕분에 생활 속에서 익숙하게 곰을 떠올리고 마주할 수 있었던 지역에서는 오래전부터 곰을 자신들과 함께 하

는 존재로 인식하고 있음을 알 수 있다.[5]

환언컨대, 곰이 오직 러시아 및 동슬라브와만 연결된 것이 아니라, 독일과 영국, 네덜란드 등의 게르만 문화권과 이탈리아와 프랑스, 스페인 등의 로망스 문화권 및 폴란드, 체코, 크로아티아 등 로마가톨릭을 신봉하던 슬라브 문화권에서도 자신들의 일부분으로서 수용, 인식되었던 것이다. 하지만, 근대 이후 게르만/로망스 서유럽 문화권과 로마가톨릭 슬라브권에서 러시아와 동슬라브에 대한 일종의 차별과 배제의 메타퍼로 곰이 작용했던 것은 분명 무엇인가 다른 맥락이 있다는 뜻이기도 하다.

종교적 관점에서 곰이 기독교에 저항하는 어두운 악마적 힘의 담지자 또는 기독교로 교화되어야 할 순박한 민중의 두 이미지로 표현되었다면, 동슬라브는 곰을 이른바 유희와 여흥의 차원에서도 역시 받아들였다. 그러나 유희와 여흥의 차원에서 곰을 받아들이는 러시아와 동슬라브를, 외부에서는 기이함과 일종의 경멸의 정서로 바라보기도 했다. 동슬라브 특히 러시아에 대한 부정적인 시각과 개념은, 러시아를 유희와 여흥의 대상 곰 자체와 동일시한 외부인들의 시각에서 비롯했음을 짚어봐야 한다.

동슬라브인들의 민간 풍습 중의 하나로, 크리스마스 주간(12/25~1/6) 축제 '스뱟키'와 2월 마지막 주의 봄맞이 축제 '마슬레니차'에 등장하던 '변장 행렬' 행사가 있었다. 마을의 젊은이들이 집집마다 돌아다니며 찬송가와 흥겨운 노래를 부르고 주인들은 음식을 대접했는데 이때 곰 가죽을 뒤집어 쓰고 곰으로 변장하기도 했다. 마슬레니차 기간에도 장터에 곰 가죽을 뒤집어쓰고 목줄을 찬 인물이 등장했으며, 나중에는 대중들을 위한 구경거리로 진짜 곰이 등장하기도 했다.[6]

축제나 장터 등에 곰이 등장한 것은 사람들을 즐겁게 할 목적이었던 것으로 추정된다. 동슬라브인들의 생활에 그만큼 곰이 밀착해 있다는 이야기이기도 하다. 겨울 축제에 유독 곰이 자주 등장하는 것은 겨울에 먹이가 부족한 곰이 먹이를 구하러 민가에 자주 출몰하면서 겨울에 곰을 접하게 되는 빈도가 높아진 것 때문으로 풀이되기도 한다.

1	2
3	4

1 크리스마스 주간 축제에 참가하던 마을 사람들의 모습, 벨라루시, 모힐렙스카야 주, 1903년.

2 마그누스의 책에 실린 스코모로히가 곰을 데리고 볼거리를 연출하고 있는 장면, 16세기 중반 목판화

3 독일 여행가 크리스티안 가이슬러가 러시아 여행 중에 남긴 러시아 하층민의 변장 놀이 모습, 라이프치히, 1805년.

4 프랑수아즈 리스, 〈시골의 스코모로히〉(1857), 곰이 보이며 흰 옷은 거위를 나타내는 변장이다. 프랑스 혈통으로 러시아에서 태어난 화가 리스(F. N. Riss; 1804~1886)는 스물일곱이 되던 1831년 파리로 가, 그곳에서 그림을 배웠다. 태어나 20대 중반을 넘어서까지 살았던 러시아에 대한 모습도 리스는 나중 그림으로 남겼다.

한편, 조금은 본격적인 유희와 여흥의 목적에서 곰을 적극적으로 이용하기 시작한 이들은 다름아닌 '스코모로히'로 통칭되는 소위 유랑 광대들이었다. 11세기 초의 기록부터 등장하는 이들 스코모로히는 광대, 거리의 악사, 장터와 저잣거리의 코메디 배우 등 이른바 교회와 세속적 통치 제도 바깥의 이질적 무리였다. 이 스코모로히들이 곰을 길들이고 조련시켜 구경거리로 보여주기 시작한 것이다.

장터나 광장에서, 스코모로히가 중심이 되어 곰을 일종의 오락거리로 소비하던 것은 의외로 역사가 꽤 깊다. 구체적인 기록과 흔적을 확인할 수 있는 가장 빠른 것은 대략 15세기 후반 무렵 당시 리투아니아 대공국 지배 하의 스모르곤이라는 곳에서 시작된 곰 서커스이다. 오늘날 벨라루시에 속하는 스모르곤의 스코모로시야 거리에 〈스모르곤 곰 조련학교〉가 있었다고 전해진다.[7] 바로 이들이 곰을 전문적으로 조련해 대중에게 구경거리로 공개하기 시작했다.

조금 나중의 기록이지만, 19세기 초인 1812년, 나폴레옹의 러시아 침공 당시 프랑스 군인들도 이 스모르곤의 곰 조련학교에 관심을 보였다. 1812년 12월, 퇴각하던 프랑스군 소속의 폴란드 장교 헨리크 브란트는 곰 조련학교에서 일하는 일꾼 중 한 사람의 집에서 밤을 보냈는데, 브란트는 나중 회고록에 곰 훈련 과정에 대해 그 일꾼에게 들은 말을 이렇게 남기기도 했다.

"… 넓은 방에 원형 모양의 울타리를 만듭니다. 벽은 어린 수컷 곰이 넘기에는 매우 높고, 두껍습니다. 바닥은 뜨겁게 열을 가할 수 있도록 처음부터 장만합니다. 뒷발에 자작나무 껍질을 엮어 만든 슬리퍼를 신긴 어린 곰을 훈련장으로 데리고 들어옵니다. 사실, 나무 슬리퍼를 혼자 신는 것부터 연습을 시킨답니다. 한편, 이미 바닥을 뜨겁게 해뒀기에, 슬리퍼를 신지 않은 어린 곰의 앞발 발바닥은 매우 뜨겁습니다. 자연히, 곰은 앞발을 들어 올려 벽에 기대려고 하지만 울타리 바깥의 조련사들은 회초리를 휘둘려 곰을 가운데로 밀어 넣습니다. 조련사들은 불쌍한 어린 수컷 곰들이 뒷다리로 서고, 걷고, 명령을 받으며 여러 우스꽝스러운 동작을 잘 따라할 때까지 계속 반복합니다. 때로 곰은 인내심을 잃고 조련사를 향해 공격을 해오기도 하지만, 그런 경우를 대비해 미리 준비해둔 날카로운 쇠꼬챙이로 찌르면 이내 단념하게 됩니다. 이렇게 곰이 일어서서 걷는 법을 배우면, 다음 단계를 준비하기 위해 코에 고리를 끼웁니다. 다음 단계는 탬버린과 피리 소리에 맞춰 춤을 추는 '학습'이죠. 이 학습을 충분한 마친 후에 이젠 곰은 조련사들과 함께 유럽 곳곳으로 순회 공연을 떠난답니다 … "

하룻밤 신세를 진 까닭이긴 하지만, 전쟁에서 퇴각하던 적국의 장교가 이러한 곰 조련학교에 관한 내용을 자신의 회고록에도 수록하는 것은 그 인상이 꽤나 강렬했기 때문이었을 것이다. 스모르곤의 곰 조련학교는 그 당시 상당한 유명세를 누렸는데, 카르파티아 산맥 헝가리 지방의 유서 깊은 축제에도 바로 이 스모르곤의 곰 조련학교에서 훈련받은 곰이 참가해 인기가 높았다고 한다.

17세기경 마을에서 공연하고 있는 스코모로히. 오른쪽에 푸른 옷을 입은 악사가 악기를 연주하고, 왼쪽 뒤편에 곰이 보인다. 독일의 지리학자, 역사가인 아담 올레아리우스가 남긴 그림으로, 스코모로히에 대해서 가장 자주 인용되는 그림이다. 1643년.

우리가 좀더 눈여겨 봐야될 지점은, 이들 스코모로히가 곰과 밀접한 관계였다는 사실을 증언하는 밀도는 동슬라브 바깥의 타자에게서 더욱 높았다는 사실이다.

동슬라브 바깥의 외부인과 타자는 다른 관점에서 곰을 바라보았다. 무엇보다 곰의 야생성과 공격성, 흉폭함을 동슬라브와 러시아의 특징으로 이해했다. 곰을 훈련시키는 것이 동슬라브인들에게도 신기하긴 하지만 특별히 부가적인 기록으로까지 남아있지는 않다. 반면, 동슬라브와 접하고 살았던 리투아니아, 폴란드 그리고 스웨덴 등에서는 곰을 훈련시키고 이를 보여주는 것이 매우 인상적이었던 것 같다. 1687년부터 2년 동안 폴란드－리투아니아 이중왕국을 여행한 프랑스 수도사는 유럽 전역의 도시를 순회하며 공연을 하기 위해 곰을 조련하는 스모르곤이라는 곳이 있음을 기록으로 남기고 있다. 표트르 대제가 스웨덴에 맞서 치르고 있었던 북방 전쟁(1700~1721) 기간 동안 스웨덴과 폴란드의 두 국왕은 전장인 스모르곤에 머물렀고, 이때 스웨덴 왕의 수행단도 스모르곤의 곰 조련에 대해 기록을 남겼다. 스코모로히는 곰을 자신들 공연의 중요한 한 부분으로 적극 활용했고, 이러한 곰의 등장과 '활약'은 외부인들의 눈에는 진귀한 현상으로 인식, 기록되고 있었음을 알 수 있다.

그러나, 대단히 아이러니하게도 곰을 여흥과 유희의 목적으로 소비하는

프랑스 루숑(Luchon) 시의 곰 코메디, 1900년.

미국 메사추세츠 공연에 등장한 곰, 1915년.

행태는 러시아와 동슬라브뿐만이 아닌, 유럽 전역에서 접할 수 있었던 현상이었다. 17세기까지만 해도 영국에서 곰을 사나운 개들과 싸움붙이는 이른바 '곰－미끼 싸움Bear-baiting'이 큰 인기를 누렸었고, 프랑스와 독일, 이탈리아 등 유럽 각국에서는 20세기 초까지 러시아와 그리 다르지 않은 곰 공연이 있어 왔다.

요컨대, 러시아 및 동슬라브는 맹수로서 곰을 두려워는 하지만, 또한 곰을 자신들 곁에 가까이 있으며 심지어 놀이의 대상으로 받아들이고 있었다. 반면, 러시아 바깥에서는 동슬라브에 대한 낯설고 이질적인 느낌을 다름아닌 곰이라는 동물로 환치해 받아들이고 있었던 것이다. 유럽에서도 역시 생활과 흥미의 차원에서 곰과 밀접한 관련을 맺고 있었지만, 자신들 곁에 있는 곰과 러시아를 상징하는 곰은 조금은 다른 맥락에서 받아들여졌다. 러시아를 곰으로 상징할 때, 많은 경우 호감보다는 비호감으로 종종 나타난 양상에 대해서는 다음에서 살펴보겠다.

2. 루소포비아의 이념으로서의 곰

한 국가를 특정 동물과 연결하며 부정적인 뉘앙스를 읽어내고 표출하는 경우는 사실 그리 흔하게 찾아볼 수 없다. 우리의 경우 일본과는 식민지배를 통해 민족 감정이 나쁘지만, 일본이라는 국가를 특정 동물로 지칭하거나 개념화하는 경우는 잘 없었다. 현재는 빈도도 부쩍 줄었고 1980~90년대 정도에 일본을 원숭이에 비유하는 말을 했을 뿐이었다. 오늘날 서구를 위시해 전세계가 러시아와 동슬라브를 여러 곰의 이미지로 생산, 소비하는 것에 비교할 수는 없다.

러시아와 동슬라브에 대한 부정적인 정서와 시선을 곰이라는 특정 동물과 연계해 이를 표현하고 확산시키는 것은 의외의 현상이라고 여겨진다. 심지어, 독일의 베를린이나 스위스의 베른은 도시 이름도 곰에서 비롯하고 있으며 도시 문장에는 그들에게도 낯설지 않고 역사적으로 오래된 상징으로 곰이 채택되고 있다. 그러나, 러시아와 동슬라브인들에게 존재한다고 믿는 폭력성, 공격성, 야만성을 잘 보여주는 상징이자 매개로 다름아닌 곰을 적극 활용하고 있는 것이다. 러시아와 동슬라브는 게르만/로망스 문화권 국가에 대해 특별히 어떤 동물로 그들 국가를 부정적으로 묘사하거나 인식, 수용하지 않음에도 불구하고 말이다.

요컨대, 곰이라는 특정 동물과 상징이 문제가 아니라 러시아와 동슬라브에 대한 외부의 인식과 시선 자체가 이미 어느 정도 결정된 상황이 아닌가 싶을 정도이다. 자신들과 다르며 그렇기 때문에 이질적으로 보던(또는 보이던) 동슬라브에 대해, 그런 사전인식 자체를 확고하게 고형시켜 줄 일종의 거푸집으로서, 부정적인 측면이 강하게 부각된 곰이라는 동물을 결합시킨 것이 아닌가라고 생각할 수도 있다. 바로 루소포비아 즉, 러시아 혐오의 생성과 증폭,

최근에 나온 러시아 혐오에 관한 서구의 연구서 표지

최근에 출판된 서구의 러시아 혐오에 대해 논박하는 서구 저자 연구서 표지

그리고 확대재생산에 다름아닌 곰이라는 동물이 적극적으로 활용되었으며 또 여전히 활용되고 있음을 확인할 수 있다.

동슬라브 내부에서는 무섭고 아둔한 것처럼 여겨지지만, 민중적 차원에서 여러 입체적 의미론을 내포하고 있었으며 또한 종교적 교화의 가능성을 품고 있었던 일종의 '경계에 선 곰'으로서 받아들여졌다. 그러나, 동슬라브 바깥에서는 러시아와 동슬라브에 대한 일관된 부정적 정서의 표징으로 곰을 포착하고 키워나갔으며, 그 결과가 오늘날까지도 여전히 이어지고 있다. 러시아와 서구의 양자 대립 구도에서 한발짝 떨어져 있는 3자적 입장의 우리는, 제일 먼저 그리고 가장 중요한 부분으로서 객관적 사실에 부합하는 내용을 일차적으로 정확하게 알아야 할 것이다. 그리고 이런 조금은 이념적 경사가 두드러지는 현상의 정착 과정에 대한 객관적인 인식 또한 가다듬을 필요가 있으리라고 생각된다.

울라우스 마그누스의 카르타 마리나(1539). 가로56 세로62의 숫자가 만나는 부분에 라틴어로 "무기를 든 사람을 공격하는 곰(Urus hominem armātū equocit)"이라고 적혀 있고, 곰의 모습이 그려져 있다. 그 아래에도 곰으로 추정되는 짐승 두 마리가 그려져 있다.

동슬라브와 곰의 연결의 시작

지도에서의 곰

유럽 대륙 동쪽 제일 끝 모스크바 차르국이라 불리는 그곳은 유럽 다른 지역에는 오랜 시간 동안 페르시아나 인도, 중국보다도 덜 알려진 일종의 '미지의 땅'이었다. 유럽 기독교 세계 전체를 공포에 떨게 한 몽골의 침략과 타타르의 지배에 오랫동안 묶여 있었던(1240~1480) 동슬라브는 자연히 교류가 차단되고 폐쇄적인 상태로 남아 있을 수밖에 없었다. 모스크바가 중심이 된 동슬라브 세력이 마침내 타타르를 통한 몽골의 간접 지배 체재를 걷어내면서(1480), 동슬라브인들은 자신들의 국가 만들기에 돌입했고, 유럽 기독교 세계에 소개되고 교류의 물꼬가 트이기 시작했다.

그렇게 모스크바 중심의 동슬라브와의 접촉은 인접 국가인 폴란드와 스웨덴 그리고 독일로부터 시작되었다. 폴란드의 한 역사학자는 자신의 책에 실은 중동부 유럽 지도에서 오늘날 동슬라브 영역에 곰을 그려 넣었으며(1517), 또 다른 폴란드의 역사학자는 유럽을 용에, 그리고 모스크바가 중심이 된 아시아를 곰에 비유하기도 했다(1519). 비슷한 맥락에서 스웨덴의 성직자인 올라우스 마그누스(1490~1557)는 〈카르타 마리나Carta Marina 海圖〉(1539)라는 지도에서 리투아니아와의 접경 지역에 곰을 그려 넣고 있다. 1544년 폴란드에서 출판된 모스크바 차르국 지도에는 여섯 명의 사람이 뒷다리로 서 있는 곰을 포획하는 사냥 장면이 그려져 있으며, 이는 삽화의 형식이라도 곰이 동슬라브 영역을 나타낸 지도에 일정한 맥락을 띤 채 처음으로 등장하는 경우이다. 영국이 동슬라브와의 무역을 위해 설립한 〈무스코비 회사Muscovy[8] Company〉(1555) 러시아 대표부의 대표 안토니 젠킨슨이 제작한 모스크바 차르국의 지도(1562년 제작, 1578년 출판)에도 곰이 등장한다. 곰은 언제나 리투아니아 대공국과의 접경 지역에 그려져 있는데, 이곳부터서는 동슬라브인들의 영역이라는 뜻으로 충분히 이해할 수 있다는 점이다. 이 지도는 이미 16세기에 여러 차례 인쇄되어 서구에서는 거의 교과서적인 지도로 받아들여지

폴란드의 안토니 위드의 모스크바 지도(1544). 잘 찾아 볼 수 있도록 확대된 타원형 안에 곰이 그려져 있다. 이 지도는 통상의 지도를 반시계방향으로 90도 전환해 놓은 상태이다. 즉, 가장 아래쪽 면인 폴란드와 리보니아 땅(Livonia Pars라고 적혀 있다) 등과 접경한 서쪽 지방이며, 지금 보는 지도의 오른쪽 면이 범선의 그림 위에 라틴어로 Pontus Euxinus라고 적혀 있는 흑해 지역이다.

기도 했다. 비록 별다른 특별한 의도없이 이국적인 요소와 낭만적인 모티프, 넓은 공간을 채우는 여러 요소 정도의 수준에서 그려지고 있기는 하나, 모스크바 차르국 여행에서 젠킨슨이 이용한 지도에는 '목줄을 맨 곰'이 두 명의 조련사로 보이는 사람들과 함께 있는 모습으로 등장한다. 이 지도는 모스크바 차르국과 동슬라브에 대한 신비롭고 알 수 없는, 자신들과는 역시 무엇인가 조금은 다른 모습에 대한 기대와 상상을 충족시켜 주는 요소로 작용했음은 충분히 미루어 짐작할 수 있다. 젠킨슨 이후 서구에서 모스크바 차르국과 동슬라브에 관한 여행기나 지도, 기록에는 어김없이 언제나 곰이 등장하게 되었다.

안토니 젠킨슨의 모스크바 차르국 지도(1562. 1578)

저술에서의 곰

동슬라브와 직접적으로 연결된 곰에 대한 좀더 자세한 묘사와 기술은 글과 책에서 찾아볼 수 있을 것이다. 앞에서 언급한 스웨덴의 성직자이자 외교관이었던 올라우스 마그누스는 로마에 체재하는 동안 『북방 민족의 역사』라는 제목으로 역시 자신의 고향인 스웨덴을 비롯해 지중해 세계에 잘 알려지지 않은 북유럽 노르웨이, 핀란드, 덴마크, 아이슬란드 및 발트해와 오늘날 에스토니아, 라트비아, 리투아니아 그리고 모스크바 차르국의 동슬라브에 대한 기록을 라틴어로 출간했다(1555). 나중 영국의 낭만주의 작가 월터 스코트에게까지 언급되고 인용될 정도로 이 책은 16세기 상당한 호응을 얻었다. 유럽 대륙의 모든 언어로 번역되고 나중 25판까지 간행될 정도로 인기가 높았는데, 모스크바 차르국에 대한 설명에는 곰에 얽힌 많은 이야기와 목판 삽화가 차지하고 있다. 백해와 북극해 연안의 북극곰이 묘사되고, 노브고로드 지방을 중심으로 한 타이가 지대의 곰의 꿀 수집과 사냥에 대해서 기술되며, 곰 가죽을 뒤집어 쓰고 변장을 한 사람들에 대해서도 언급되고 있다.

그러나 러시아 학자들도 인정하듯, 사실 이 이야기는 어디까지나 '북방'의 곰일 뿐 동슬라브 전체에 해당하지는 않는다.[9] 그럼에도 불구하고, 곰은 당연히 동슬라브의 러시아인들과 무관하지 않았다. 마그누스의 책에는 "용맹하면서도 전투를 피하지 않는 러시아인과 리투아니아인은 스웨덴과 가장 가까운 민족으로서, 언제나 야생 동물을 소유하는 데 특별한 즐거움을 만끽할 준비가 되어 있는 사람들이다. 그들의 야생 동물은 잘 길들여져 주인의 사소한 명령도 충실하게 따른다"라고 적혀 있기도 하다. 아마, 이미 16세기에 스코모로히들이 훈련시킨 곰을 이끌고 유럽을 순회하며 공연을 펼쳤을 것이며, 유럽인들은 호기심 반 두려움 반의 심정으로 이들 동슬라브의 곰을 보았을 것이다. 또한 마그누스는 16세기 유럽의 잦은 대홍수가 바로 동슬라브의 이 스코모로히와 곰들의 소행이며, 이들은 사실 모스크바 차르의 스파이라는 소문을 사뭇 전문가적인 입장에서 재확인하기도 하였다.

대중적으로 큰 호응을 얻었지만 마그누스의 책이 모스크바와 동슬라브를

1517년 처음으로 모스크바를 방문했을 때 차르에게 하사받은 러시아식 겉옷을 입고 있는 헤르베르슈타인의 모습

방문한 적이 없는 저자의 글이라면, 거의 엇비슷한 시기에 출판된 다른 저술은 러시아에 대해 할애하는 분량은 물론, 글의 깊이와 밀도가 달랐다. 지그문트 헤르베르슈타인(1486~1566)라는 인물이 라틴어로 쓴 『모스크바 기록』(1549, 1556)이라고 칭해지는 책이다. 헤르베르슈타인은 오스트리아 제국 출신으로 시베리아 지역까지 여행했던 최초의 진지한 외부 관찰자였다. 외교관으로서 모스크바를 두 차례 직접 방문해(1517, 1526) 1년 가량

헤르베르슈타인이 남긴 모스크바 차르국의 지도(16세기). 반드시 복수의 문헌에서 확인된 내용만 기록할 정도로 객관성을 매우 중요시했던 그는 지도 또한 별다른 내용 없이 지명과 울창한 숲 정도로만 표시했다. 동물에 대해서는, 지도 맨 아래에 들소가 그려져 있고, 라틴어(bisons urus)로 표기되어 있다. 곰에 대해서는 언급이 없다.

머물렀던 헤르베르슈타인은 합스부르크 왕가가 지배하던 오스트리아 제국 중 오늘날 슬로베니아라는 남/서슬라브 접경 지대에서 태어났다. 슬로베니아어를 모국어로 구사하는 비율이 압도적으로 높은 지역에서 태어난 헤르베르슈타인은 어려서부터 슬라브어와 폭넓게 접촉했고 따로 배웠다고도 여러 문헌에서 증언되고 있다. 합스부르그 왕가의 외교관 신분으로 국가를 위해 일해야 했이었던 헤르베르슈타인의 르네상스적 지적 호기심에서 비롯된 모스크바 차르국에 대한 관심과 서술은 16세기 중반 이후 서구 사회에서 모스크바와 러시아, 그리고 동슬라브에 대한 가장 포괄적이며 신뢰할만한 기록으로 받아들여졌다. 이 『모스크바 기록』 또한 유럽 주요 언어로 번역되었으며 21판이나 발행되었다.

모스크바를 방문한 헤르베르슈타인의 『모스크바 기록』은 러시아와 동슬라브를 폄훼하는 성격의 글은 아니다. 헤르베르슈타인에게 곰은 이국적인 동물도 아니고 특별히 러시아와 동슬라브만의 동물도 아니었다. 단순히 민족지학적인 관심에서 벗어나 사회문화, 종교와 역사, 모스크바 차르국의 정치 및 주변국의 정치까지 다뤄지는 이 책에서 헤르베르슈타인은 혹독한 러시아 겨울의 추위와 관련해 곰을 언급하고 있다. 저자는 1526년 겨울, 두 번째 모스크바 여행에 대한 인상을 다음과 같이 이야기하고 있다.

> 우리를 호위하던 경비병에서 벗어나 길을 좀더 가자, 나무가 겨울 추위로 완전히 죽어 있는 것을 보았다. 나중에 들으니, 작년에는 추위가 너무 심해서 마차 몰이꾼들 상당수가 자신들이 몰던 짐 마차에 얼어붙어 죽은 채로 발견되었다고 한다. 심한 추위로 심지어 소와 말도 죽었다고 한다. 춤을 추도록 훈련받은 곰을 이끄는 많은 부랑자들 또한 동사한 채로 길에서 발견되었다. 곰들도 굶주림 때문에 숲을 벗어나 마을 곳곳으로 민가에 출몰했다. 곰을 맞닥뜨린 농민들은 공포에 사로잡혀 마을을 벗어나 도망을 갔으나 추위와 배고픔으로 가장 비참한 죽음을 맞이했다고들 한다.

모스크바 차르국의 일상 생활에서 곰의 의미와 비중을 설명하는 부분이라고 많이들 인용되는 구절이다. 한편, 헤르베르슈타인은 라틴어로 쓰여진 초

판본 이후 자신의 감수하에 진행된 독일어 번역에 적지 않은 수정을 가했는데, 이 부분에서는 자신이 여행했던 특정 연도를 지우고 해마다 되풀이되는 일반적인 현상처럼 느껴지도록 썼다고 한다. 또한 '굶주림 때문에'라는 구절 등 몇몇 문구를 삭제했는데, 결과적으로 러시아와 시베리아는 겨울이 언제나 끔찍할 정도로 추우며 곰이 마을과 도시를 습격하는 일이 종종 일어나는 일반적인 경우처럼 독자들에겐 받아들여졌다고 학자들은 풀이하고 있다. 이후 러시아를 비롯 동슬라브를 직접 방문하지 못한 작가들은 헤르베르슈타인의 이런 진술을 반복했으며, 1526년 유난히 혹독한 겨울에 관한 일화는 러시아와 동슬라브 마을과 도시를 돌아다니는 곰에 대한 흔한 농담으로 바뀌게 되었다. 특히, 16세기 초중반 이른바 '소빙하기' 시기에 맹렬한 추위가 전세계 곳곳에서 절정에 달하며, 모스크바 차르국과 시베리아의 추위 그리고 곰과 관련한 일화는 더더욱 믿을만한 이야기로 받아들여졌다고 풀이되기도 한다.

오스트리아 제국의 외교관 헤르베르슈타인의 기록이 중립을 일정정도 지키고 있다면, 오히려 같은 슬라브 세력이었던 폴란드는 러시아에 대해 대단히 이념적이었다. 하지만 이는 당대 상황에 정합적인 반응이었다. 헤르베르슈타인이 모스크바 차르국을 방문했던 16세기 초 바실리 III세의 치세를(1505~1533) 거치며, 16세기 중반 이반 4세의(1547~1584) 모스크바 차르국은 자신들의 세력을 한껏 넓히려 시도했다. 폴란드 역시 거의 같은 시기에 리투아니아 대공국과의 합병(1569)을 전후해 모스크바 차르국과 국경을 맞대면서, 이제 러시아와 폴란드 두 세력의 경합은 불가피해졌다. 그런 상황에서 모스크바 차르국과 폴란드와의 리보니아 전쟁(1558~1583)이 일어나게 되었다. 이 여파는 17세기 초반까지 이어졌으며 폴란드의 모스크바 점령 그리고 이를 극복하는 과정에서 모스크바 차르국은 엄청난 혼란을(「동란의 시기」; 1598~1613) 겪게 되었다. 결국, 1613년 러시아에는 새로운 왕조인 로마노프 왕조가 들어서게 되었다. 이처럼, 15세기 후반부터 본격화된 동슬라브 러시아와 서슬라브 폴란드와의 무력 충돌은 이후 유럽 대륙 전체의 세력 판도에 큰 변화를 가져오는 시발점이 되었다.

16세기 중반부터 폴란드는 모스크바 차르국을 경계하기 위해 이념공세를 펼쳤으며, 이 과정에서 폴란드에서는 모스크바 차르국에 대한 부정적 선전이 강화되었다. 대표적인 경우로, 1578년 폴란드의 크라쿠프에서 라틴어로 출판된 알렉산드로 과그니니(1534~1614)의 『사르마티아 유럽[10] 개술』이라는 저작을 들 수 있다. 저자 과그니니는 베니스에서 태어난 이탈리아인이지만, 청년 시절부터 폴란드 왕실에 복무하며 폴란드인으로 살았다. 나중에는 오늘날 벨라루시의 주요 도시인 비텝스크 군사령관으로 오랜 기간(1569~1587) 활약했고, 모스크바 차르국과의 전쟁에 직접 참전도 했었다. 이때 동슬라브와 모스크바 차르국에 대한 관심이 본격적으로 커지며, 모스크바 차르국과 타타르, 우크라이나와 벨라루시 등에 대한 책을 쓰게 되었다. 그는 점령지였던 비텝스크 또한 동슬라브의 중심지였기에, 모스크바도 충분히 이해할 수 있다고 생각했다. 그는 앞서 출판된 헤르베르슈타인의 책을 많이 참고해 자신의 책을 채워 넣었는데, 과장을 섞거나 적대적인 뉘앙스와 분위기, 설명 등을 포함시켰다. 이 책은 저자가 이탈리아인이라는 후광 효과로 여러 유럽 언어로 번역되며 많은 독자들에게 광범위하게 소개되었다. 특이하게도 이 책에는 목판 삽화가 아주 많이 수록되어 있다. 그중 폴란드의 모스크바 차르국 왕실 후계 구도에 대한 개입 초기, 이에 저항한 바실리 슈이스키라는 대귀족의 초상화에 그가 러시아 출신임을 분명하게 알려주기 위해 곰을 그려 넣기도 했다.

폴란드의 모스크바 차르국 침입 및 지배 시기 러시아 대귀족(보야르) 바실리 슈이스키의 목판 초상화. 오른쪽 가장자리 중간에 곰이 보이는데, 이는 슈이스키가 러시아인이라는 것을 암시하는 디테일이다. 1611년.

과그니니는 또한 모스크바 차르국에서 전쟁 포로로 억류되어 있다 빠져나온 한 도망자의 진술서 내용을 입수해 이를 자신의 책에 소개해 널리 알리기도 했다. 「모스크바 차르국 전제군주 이반 바실리예비치의 독재에 대하여」라는 제목으로 라틴어로 작성되어, 제한된 열람만이 가능했던 이 문서를 과그니니가 입수한 경위 등은 분명하게 밝혀져 있지 않다. 여기에는 당시 모스크바 궁정에서 정적과 적군 등에 행해진 처형과 가혹 행위, 고문의 방법 등이 상세하게 기록되어 있다. 그 중 곰을 고문과 처형의 도구 등으로 이용한다는 내용이 있는데, 이런 내용이 과그니니의 책에 자세하게 다시 소개되기도 했다.

요컨대, 앞선 헤르베르슈타인의 책과는 달리 모스크바 차르국과 적대 관계였던 폴란드의 정치적 이해관계를 충실하게 따른 과그니니의 책은 모스크바와 동슬라브에 대해 부정적인 전반적 관점에서 서술된 책이라고 할 수 있으며, 이 책 또한 유럽 전역에 널리 보급되면서 러시아와 동슬라브에 대한 오해로서 부정적인 정서가 생겨나는데 적잖은 영향을 미치게 되었다. 그리고, 이런 부정적 공세는 또 다른 상황과 결합하기도 한다.

이념 선전의 새로운 매체

하나 더 언급해야 할 부분은, 16세기 후반에는 선전의 수단 또한 다양해졌다는 점이다. 폴란드는 전쟁 중이었던 당시 보다 신속하면서도 폭넓은 선전과 홍보 수단을 고안해 냈다. 폴란드는 전쟁 「호외Flugschrift, летучие листки」를 발행해 매우 적극적으로 모스크바 차르국의 러시아와 동슬라브에 대한 비방과 선전을 진행했었다. 심지어 리보니아 전쟁 당시 폴란드는 전장에 이동 인쇄기를 갖춘 야전 인쇄소를 차려서 전쟁 호외를 발행했다는 기록도 있다. 이런 전쟁 호외는 당시 보통 신문 크기를 절반으로 접어 2~4장 정도의 간략한 소식지 형태로 가장 최근의 전황을 알리면서 종합적인 내용도 함께 실어서 보강을 했는데, 후자의 주된 주제가 모스크바 차르국을 비롯한 동슬라브의 반문명성과 반기독교성이었다고 한다.

이처럼 타타르의 지배를 벗어난 모스크바 차르국은 16세기 주변 외부 세력과의 교류에 적극적으로 나서게 되었지만 유럽과의 종교적, 문화적, 사회적 골을 극복하기는 쉽지 않았다. 오랜 로마가톨릭 전통이 착종된 게르만과 로망스 세력의 유럽은 동방정교의 전통과 문화가 강하게 뿌리내린 모스크바 차르국의 동슬라브를 뭔가 낯설고 이질적으로 느꼈다. 자신들과는 뭔가가 조금 '다르다'는 심리적인 측면을 잘 형상화한 것이 다름아닌 북쪽 추운 곳에 사는 곰이자, 동유럽 대평원 가장 바깥쪽, 온통 숲으로 뒤덮힌 저쪽 너머의 곰이었다.

요컨대, 이반 뇌제의 팽창정책으로 모스크바 차르국을 잠재적 위협 세력으로 간주하기 시작한 인접국인 폴란드와 스웨덴 그리고 모든 게르만/로망스 세력이 러시아를 일종의 '공동의 위협'으로 인식하기 시작했다. 그리고, 이러한 공동의 위협에 대한 경고로서 모스크바 중심의 동슬라브를 곰의 모습으로 그 위험성을 알리려 했던 것이 오늘날 서구의 대러시아 경계의 출발점이 된 것이다. 그리고 러시아를 곰의 모습으로 완전히 정착시킨 이들은 다름아닌 영국이다. 19세기 러시아 제정 시대 이후 20세기 동서 냉전 그리고 오늘날까지 이어지는 서구 vs 러시아의 정치적 대립 구도에서 러시아의 가장 강력한 안타고니스트를 기꺼이 자임하게 된 영국은, 스스로에게도 외부에게도 러시아는 다름아닌 '사람의 모습을 한 맹폭한 곰'이라는 사실을 끊임없이 환기시키고 있다.

경계와 차별의 대상으로서 곰과 러시아의 결합

16~17세기 모스크바 차르국의 수도 모스크바를 방문한 많은 외국인 여행자들의 기록에 이어, 18세기 근대 유럽 일반에서는 동슬라브, 특히 러시아와 곰은 자연스럽고 적절한 연상작용으로 기능하기 시작했다. 그리고 그러한 머리와 가슴의 연상작용은 이제 눈으로 보이는 시각 이미지로 뚜렷하게 뿌

리내리고 정착되기 시작했다. 이 부분을 이제 확인해 보자.

사실, 특정 국가를 동물로 상징하는 것은 그리 오래되지 않았다. 무엇보다 근대 민족 국가라는 개념 자체가 희박했던 때에는 특정 동물이 대표할 정치 체제로서 국가가 사실상 존재하지 않았고, 또한 국가와 동물의 연결 자체가 또 그렇게 명확하지도 않았다. 유럽의 경우 왕실과 귀족 가문 그리고 도시는 각각 고유의 문장을 보유하고 있었으니, 왕조의 문장 속 동물이 국가를 자연스럽게 상징하게 되었다.

국가별 동물 상징은, 이탈리아는 건국신화에서 비롯해 늑대가, 영국의 경우 용맹함이 뛰어났던 사자심왕 리처드 이후 사자로 굳었으며, 서로마제국을 계승한 신성로마제국의 적통을 주장한 독일과 오스트리아는 독수리, 프랑스는 수탉 또는 경멸조로서 원숭이, 서구인들에게 일본은 표범으로 받아들여졌으며, 미국은 흰머리 독수리이다. 의외로 여겨지겠지만, 국가 상징 동물로 곰을 지정한(1985) 나라는 러시아가 아닌 핀란드이다. 한편, 러시아의 국장에는 곰이 아닌 머리 둘 달린 쌍두독수리가 그려져 있다. 시야를 약간 넓혀 본다면, 싱가포르도 사자로 유명하며 중국은 용(20세기에는 판다도 빈번하게 등장), 인도는 벵갈 호랑이(20세기 후반부터는 코끼리도 종종 등장), 페르시아는 고양이가 각각을 상징한다. 우리나라는 전통적으로 호랑이라고 생각해 왔으며, 1988년과 2018년 두 번의 올림픽에서 역시 호랑이를 마스코트로 지정하며 전세계에 '한국 = 호랑이'라는 등식을 알리려 하고 있다. 러시아와 함께 꽤 경멸적인 상징이자 인용인데, 20세기 초까지 늘 유럽을 위협했던 오스만 제국 튀르키예는 그 발음의 유사성 때문에 영어의 칠면조turkey로 유럽인들에게 표상되었다. 호주의 캥거루를 떠올려 본다면 오스만 제국을 칠면조에 빗대는 것은 모욕적인 비유임을 알 수 있다.

이러한 유럽의 국가별 동물 상징은 영국의 조각가인 찰스 모슬리가 1737~1739년까지 3부작 시리즈로 제작한 판화 〈유럽 경주〉에서 구체적으로 등장하기 시작했다. 러시아 제국은 유럽인들에게 익숙한 전통적인 상징인 곰으로 묘사되었다. 1738년에 제작된 두 번째 판화에서 프랑스의 여우,

〈유럽 경주〉, 각각의 동물로 표현된 유럽 각국이 달리기 경주를 하고 있는 모습으로, 18세기 유럽 국가들의 각축을 빗대서 보여준다. 1737년.

20세기 초 각국 동물 상징을 나타낸 미국의 한 시사주간지의 삽화, 1900년.

<영국에 맞서는 무적의 포템킨 공작을 태운 러시아 곰>(1791).
포템킨 공작을 태우고 있는 곰이 예카테리나 여제이다.

코르시카 공국의 백마, 그 다음은 네덜란드의 멧돼지, 오스만 투르크의 코끼리, 러시아의 곰, 오스트리아의 쌍두독수리 순으로 영국의 관점에서 묘사되어 있다. 흥미로운 점은, 18세기 전반의 이 유럽 각국별 동물 묘사가 20세기 전반의 국가 상징 동물과 동일하지 않은 경우가 종종 있었지만, 러시아만은 일관되게 곰으로 표현되고 있었다는 사실이다. 그래서 20세기의 캐리커처에는 각 동물에 해당하는 국가명을 써 주는 독자에 대한 배려(?)도 보여주고 있다.

바로 다음 이미지가 처음으로 국가적 차원의 상징으로 러시아가 곰으로 묘사된 삽화이다. 곰가죽을 걸치고 왕관을 쓴 예카테리나 여제(1762~1796)가 등에 자신의 총신 포템킨 공작을 태우고서는 영국 세력과 맞서고 있는 장면을 나타낸 장면이다. <영국에 맞서는 무적의 포템킨 공작을 태운 러시아 곰>이라는 제목이 붙은 1791년 4월에 제작된 이 에칭 채색 삽화가 지금까지 확인할 수 있는 것 중에서는 직관적으로 러시아를 곰으로 표현한 최초의 장면이다.

당시 러시아와 오스만 투르크간의 전쟁(1787~1791) 막바지에, 영국과 러시아의 갈등 상황을 표현한 것이다. 오른쪽 창을 든 네 명의 영국 관리들 뒤로 두 명의 성직자가 있는데, 그중 한 명이 "자비로운 신이시여, 저 러시아 곰들로부터 저희를 구해주소서"라는 기도를 하고 있다. 이 기도는 영국에서는 누구나 다 저변의 맥락을 이해할 수 있다고 한다. 9세기부터 이른바 노르만인들, 즉 스칸디나비아 반도의 바이킹들이 광포하게 잉글랜드 주민들을 죽이고 약탈했는데 이 야만스런 '러시아 곰'과 노르만인들을 동일시해서 기도를 올리는 것이다.

같은 해인 1791년 5월 3일에 발표된 것으로 알려진 또 다른 채색 삽화에도 역시 가죽을 뒤집어 쓰고 곰으로 변신한 예카테리나 여제의 모습이 조롱조로 그려져 있다. <사내들의 놀이 또는 러시아 곰-미끼 싸움>이라는 제목

1791년 '오차코프 위기'라는 영국과 러시아간의 외교적 마찰이 불거졌을 때 등장한 예카테리나 여제를 풍자하는 삽화(1791)[11]

이 붙어 있는데, 남자들이 채찍으로 곰 가죽을 입은 예카테리나 여제를 때리고 있다. 그림 앞쪽 좌우에 등을 보이는 두 사람이 특히 채찍질에 진심인데, 오른쪽 흰 말을 타고 붉은 옷을 입은 사람은 영국왕 조지 III세이며, 오른쪽에 파란 자켓을 입고 채찍을 휘두르는 인물은 프로이센의 프레데릭 윌리엄 왕이다. 땅에 엎드린 예카테리나 여제가 붙들고 있는 흰 말뚝에는 흑해 지역의 전략적 요충지인 '오차코프'가 적혀 있다. 말뚝에 묶은 밧줄의 다른 쪽 끝은 삽화 왼쪽 제일 위에 칼을 휘두르며 오스만 투르크를 내쫓고 있는 포템킨 공작의 손에 쥐어져 있다. 삽화의 윗쪽에 붉은 긴 옷을 입고 있는 인물은 크림반도의 타타르인이며, 그 옆엔 폴란드도 가세해 예카테리나 여제에게 채찍질을 가하고 있다.

1783년 크림반도를 손에 넣으며 흑해에서 러시아가 세력을 급격히 키워나가는 것을 가장 불안하게 바라본 이는 영국이었다. 러시아가 흑해로 진출하는 것도 경계했지만, 무엇보다 흑해 지역에서 러시아 세력이 강화되고, 이로 인해 영국의 유라시아 대륙 진출로가 끊길 수 있다는 불안감이 커져만 갔다. 그래서 영국은 러시아에게, 오스만 제국으로부터 승전의 댓가로 얻은 크림반도와 흑해 북부 연안의 요충지 오차코프를 되돌려 주라고 압력을 넣게 되었다. 예카테리나 여제는 이를 당연히 거부했고, 두 나라는 1791년 봄 전쟁 일촉즉발의 상황까지 치닫고 있었다. 그러나 영국 의회에서 전쟁 비용을 이유로 전쟁을 반대하면서 두 나라는 전쟁을 피해 갈 수 있었다. 이런 상황이 〈오차코프 위기〉라고 말하는 영국과 러시아간의 갈등이었으며, 이 대립 국면에서 러시아와 예카테리나에 대한 극도의 반감과 조롱을 아끼지 않았던 정치적 캐리커쳐가 나왔고 확산되었다.

하나 더 말하자면, 두 번째 캐리커쳐에서의 곰을 미끼로 한 싸움 또한 사실 영국이 러시아로부터 받아들인 결과물이다. 곰의 목이나 발 등을 쇠사슬에 묶어 기둥이나 벽에 고정시키고, 잘 훈련된 불독과 사냥개를 마구 풀어 곰과 싸우게 하며 이를 오락처럼 즐기는 이른바 '곰－미끼 싸움'은 12세기 무렵부터 시작해 15세기 무렵에는 영국 왕실과 귀족층, 심지어 서민층까지 폭넓게 즐기던 오락이었다.[12] 이때 곰은 다름아닌 러시아와 리투아니아에서 수입해 온 곰이었다![13] 그러기에, 영국에게 '곰 = 러시아'로 등식이 또 하나 더 성립되었던 것이다.[14] 러시아의 예카테리나 여제가 곰가죽을 뒤집어 쓰고 마치 사냥개들과의 싸움에 미끼로 던져진 곰처럼 가운데에서 매와 채찍질을 당하는 것이, 맥락을 모르는 우리가 3자적 관점에서 보자면 꽤 놀랄만한 장면이지만 당시 영국인들에게는 지극히 자연스러운 모습이기도 했다.

19세기 초 나폴레옹의 프랑스가 발호하자 영국은 프랑스에 쩔쩔 매는 러시아와 그 동맹 오스트리아(오스트리아에 더해 스페인 국왕의 자리까지 겸하게 된 합스부르그 왕가의 상징인 쌍두 독수리의 머리 하나가 잘려 나갔다)를 함께 조롱하는 다음과 같은 캐리커처를 남기기도 했다. 영국과 직접 맞서는 러시아의 모습을 곰과 사자의 외나무 다리에서의 결투로 묘사한 삽화도 있다. 한편, 러시아를 곰으로 묘사하는 내용은 일본에까지 알려져, 일본 역시 러시아를 곰으로 묘사한 지도를 만들기도 했다. 물론 곰이 아닌 다른 모습으로 나타난 경

틸지트에서 나폴레옹에게 명예로운 훈장을 수여받는 곰(러시아)과 독수리(오스트리아). 1807년.

사자와 북극곰으로 묘사된 영국과 러시아가 나폴레옹을 사이에 두고 서로에 대해 으르렁거리고 있는 모습. 1808년.

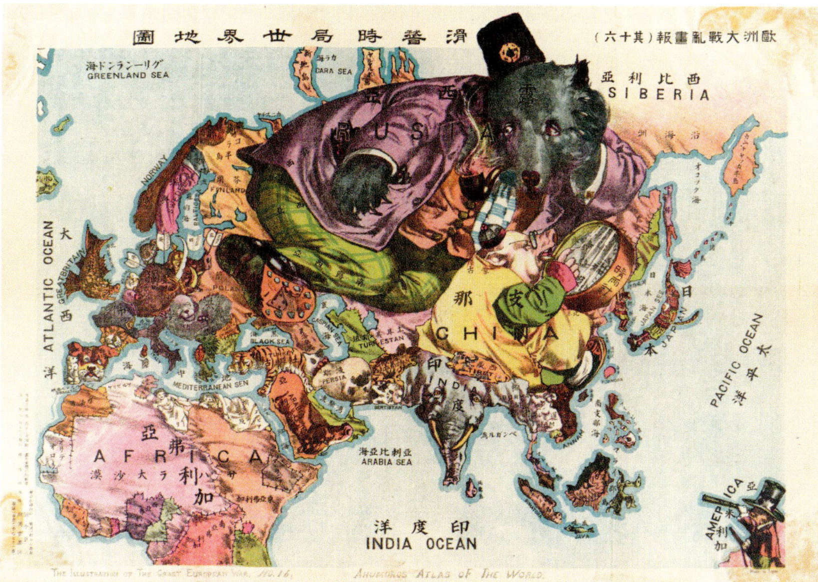

일본에서 제작한 풍자 세계지도에 러시아는 곰으로 표현되었다. 1914년.

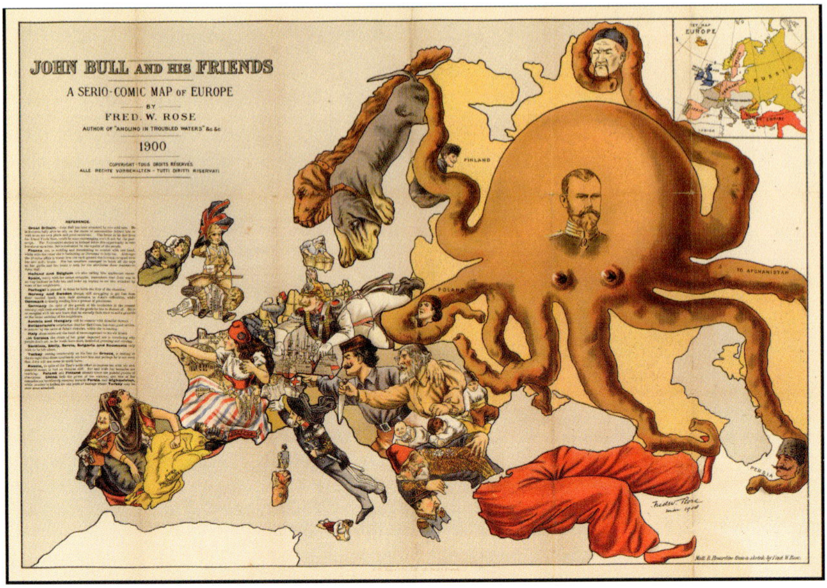

러시아 제국의 마지막 황제 니콜라이 2세가 문어 머리에 그려진 지도. 20세기 초반 러시아가 세계 각국 정세에 개입한 상황을 문어로 표현하기도 했다. 1900년.

우도 있다. 여기저기 손을 뻗치지 않은 곳이 없다는 의미에서 러시아를 문어로 나타낸 캐리커쳐도 있다. 문어의 머리에는 당시 황제 니콜라이 2세의 얼굴이 그려 넣어져 있기도 하다.

요컨대, 국가로서 러시아를 상징할 때 문어를 제외하고서는 언제나 곰이 선택되어 왔다. 유럽의 다른 나라들의 의인화된 동물 상징이 가끔씩 바뀌는 경우가 있어도(영국은 전통적인 사자가 아닌 불독으로 묘사된 경우가 있으며, 프랑스는 수탉과 원숭이를 오갔다), 러시아는 언제나 곰이었다.

그러나 좀더 진지하게 짚어야 될 부분은, 다른 유럽국들이 모두 사람의 모습으로 등장할 때에도 러시아는 언제나라고 말해도 좋을 만큼 곰이라는 동물로 남아 있었다. 아래의 그림이 가장 대표적이라고 할 수 있다. 미국의 대중 시사잡지(『Puck』)에 실린 캐리커쳐인 <중국의 마지막 방어벽>인데, 1901년에 발표된 것이다. 시베리아와 극동으로 진출하며 러시아가 중국까지 넘보자 같은 동북아시아의 일본은 물론, 영국, 미국, 독일, 프랑스, 오스트리

〈중국의 마지막 방어벽〉. 1901년.

아, 오스만 투르크 등 거의 전세계가 총출동하다시피 해서 방어선을 구축하는 장면이다. 이때 모든 나라는 군인의 모습으로서, 즉 사람의 얼굴로 그려져 있다. 그러나, 러시아만 사람이 아닌 '곰의 얼굴'로 그려지고 있다.

19세기 중반 프랑스의 명망 있는 역사학자 쥘 미쉘레(1798~1874)는 "러시아인은 아직 완전한 사람이 아니다"라고 말했다. 미쉘레는 '러시아 국민이란 누구인가? 사람들의 공동체인가, 아니면 조직화되지 않은 자연 요소인가? 어쩌면 모래일 수도 있고 날아다니는 먼지일 수도 있다 … 아니면 물일까? 러시아인은 심지어 모래도 물도 아니다. 모래는 러시아 사람들보다 훨씬 더 믿을 만하고 물도 그렇게 기만적이지는 않다'라는 글을 남기고 있다.

러시아 및 슬라브권 전반에 대한 서구 게르만/로망스 문화권에서 이렇게 바라보는 편견은 이미 오래전부터 두텁게 존재했었다. 신성로마제국 내에서 게르만 혈통의 프랑크인들은 체코인들을 언제나 2등 국민으로 취급했으며, 합스부르그 왕실은 발칸반도의 남슬라브인을 언제나 2등 인간으로 바라보았고, 히틀러 역시 러시아와 슬라브인에 대해 이와 같은 인종주의적 시선으로 바라보며 전쟁을 일으켰다. 슬라브인과 슬라브 세계에 대한 그런 숨길 수 없는 인식은 또한 다음과 같은 삽화로도 나왔다. 사람처럼 보이는 곰이 총을 들고 싸우는 모습은 러시아 군을 형상화한 것이다. 이는 슬라브 세계 전체에 대한 게르만/로망스 세계의 뿌리깊은 편견을 다시 한번 확인하게 해준다.

마지막으로 '그레이트 게임'이라는 레토릭으로 대표되는 러시아에 대한 강력한 견제 의식의 진원지가 영국이긴 하지만, 러시아가 곰으로 확산된 또 다른 원인 중의 하나로서 기술적인 면을 감안해야 한다. 18세기 후반의 영국 또한 인쇄와 출판업, 특히 신문과 잡지가 엄청난 호황이었고 언론 자체가 폭발적으로 팽창하던 때였다. 지식인들이 라틴어로 러시아에 대해 아무리 심오한 글을 쓴다 하더라도, 여제에게 곰가죽을 씌운 삽화를 보여주는 것보다 대중의 뇌리에 강하게 각인되는 것은 없을 것이다. 일단 그렇게 대중에게

19세기 중반 크림 전쟁 예비대에 편성된 러시아 병사를 곰에 빗댄 프랑스 화가의 그림

각인되면 내용을 전달하기가 훨씬 더 수월해진다. 또한, 그런 대중의 생각과 믿음을 지속적으로 충족시켜주기 위해서라도 정향화된 정보와 해석이 더욱 증폭될 수밖에 없을 것이다. 물론, 이 과정에서 상업적 이익 또한 당연히 고려되었으니, 더 많은 판매를 위해 더욱 자극적인 묘사가 사용되었다. 지금의 엄정한 시선으로 보자면, 초기 러시아에 대한 정보는 황색 언론과 정론 사이에서 이념 선전에 충실한 경우도 많았을 것이다. 하지만, 교차검증이나 사실 확인 등이 쉽지 않은 상황이었으니, 한번 구르기 시작한 바퀴는 내리막을 만나 더욱 빨리 구르기 시작했던 것이다.

베를린과 베른 같은 도시도 곰을 자신들의 문장에 그려 넣고 있는 것처럼, 상징으로서의 곰 그 자체는 중립적이다. 그러나 러시아에 대한 상징으로서의 곰은 상당부분 이념적으로 작용했다. 그리고 유럽 그 어느 나라보다 러시아에 대한 오랜 경계와 의혹을 깊이 품고 있던 영국에서 러시아를 곰으로 비유하기 시작했던 것이 러시아에겐 불운이라 할 수 있을 것이다. 20세기 냉전의 시대에 영국은 대서양 건너 미국과 함께 소련에 대한 여론을 좌우지하게 되었고, 지구의 절반은 이로부터 자유롭질 못했었다. 그렇게 우리는 오늘날 '불곰국'으로 개념화된 러시아를 소비하고 있는 것이다.

3. 러시아인들의 곰에 대한 인식

역사적으로 동슬라브 공동체로부터 시작해 러시아 제정과 소비에트 시대 그리고 오늘날 러시아 연방에 이르기까지 곰을 민족과 국가 전체에 대한 상징으로 동슬라브인 및 러시아인들 스스로 인식하기 시작한 계기를 찾는 것은 사실 매우 쉽지 않다. 신화와 민간의 집단무의식 그리고 민속 등에 곰은 언제나 동슬라브인과 러시아인들에게 친숙하면서도 가까이 존재했었지만, 하나의 집합적 의식이자 상징으로서 러시아인들에게 뚜렷하게 표상으로 뿌리내린 것은 아주 늦은 시기로 판단할 수밖에 없을 것 같다.

전반적으로 러시아인들은 곰을 훨씬 친숙하고 긍정적으로 여겼다. 러시아 스스로는 곰을 결코 부정적 색채나 배경과 연결해 받아들이지 않았다. 그러했기에 1980년 하계 모스크바 올림픽 마스코트로 곰을 선택할 수 있었다. 올림픽 4년 전인 1976년 소련의 한 방송 프로그램과 동물 대중잡지가 공동으로 동물 마스코트를 결정하는 설문 조사를 한 적이 있었다. 이때 다람쥐, 황새, 들소, 곰 등 중에서 곰이 압도적인 찬성표를 받아 모스크바 올림픽 마스코트로 결정되었다. 올림픽 개막식에 곰이 등장하자 전세계는 '러시아 = 곰'이라는 인식을 다시 한번 상기했다. 이를 계기로 국가와 전체에 대한 상징으로 곰을 러시아인들 스스로도 뚜렷하게 받아들이게 된 것 같다. 비록 서방세계가 보이콧했지만, 올림픽 마스코트가 상업적으로도 성공을 거둔 것은 이 모스크바 올림픽의 미샤가 처음이라고도 한다. 특히, 폐막식에서 작별을 슬퍼하는 미샤가 눈물을 흘리는 장면을 카드섹션으로 연출하자, 현장은 물론 중계방송을 지켜보던 수많은 사람들은 감동의 눈물을 지었다. 이런 연장선상에서 2014년 소치에서 열린 동계 올림픽에서도 곰이 마스코트로 채택

◂ 1980년 모스크바 올림픽 폐회식에서 대회 마스코트인 곰 미샤가 하늘로 날아오르며 작별을 고하고 있는 장면

▸ 폐회식에서 눈물짓는 마스코트인 아기곰 미샤의 모습을 카드섹션으로 연출한 장면

러시아 여당이자 집권당인 〈통합 러시아〉 당의 로고, 왼쪽이 2001년 처음 제정된 로고의 곰이고, 오른쪽이 2005년 제정되어 오늘날까지 쓰이고 있는 곰의 모습이다.

된 것은 충분히 납득이 된다. 이를 입증이라도 하듯, 폐막식에서도 80년 올림픽 오마주처럼 마스코트가 눈물을 흘리는 모습이 연출되었다.

2001년 러시아 집권여당이자 푸틴 대통령의 정당인 〈통합 러시아〉당은 정당의 로고로 다름아닌 곰을 선택한다. 그러면서 '러시아는 곰이다'는 외부의 시선을 정치 차원에서 공식적으로 내재화시켰다. 의회 최대의석을 차지하고 있는 정당의 로고에 곰과 함께 배경에 러시아 국기와 영토까지 그려 넣어져 있으니, 이는 명백히 국가적 차원에서 러시아의 상징으로 곰을 선택한다는 선언이었다. 약 4년 뒤인 2005년에는 처음의 로고를 업그레이드(?)하기도 했으니, 조금은 거칠어 보이는 불곰에서 흰 북극곰으로 바꾸기도 했다.

정당의 로고에서 곰은 왼쪽이 아닌 오른쪽, 즉 단순히 펼쳐진 지도 상에서 생각하자면 서쪽의 유럽이 아닌 동쪽의 아시아를 향해 걸어가고 있는 모습이다. 이에 화답하듯, 러시아의 가장 동쪽이라고 할 수 있는 캄챠트카 반도에 "여기서부터 러시아가 시작한다"는 문구와 함께 곰 동상이 2011년에 세워졌다. 캄챠트카 반도 지역에서 유명한 연어를 입에 문 어미곰이 새끼곰을 데리고 가는 모습이다.

도시 문장이 곰인 야로슬라블 역시 2006년에 곰 동상을 세우며 동상 받침돌에 "러시아의 상징, 야로슬라블의 전설"이라고 써넣었다. 스테판 성자전에서도 언급한 페름 또한 2009년에 도시에 곰 동상을 세웠다. 재미있는 점은, '러시아에는 길에 곰이 돌아다닌다'는 서구의 오랜 편견을 입증(!)해주기 위해 페름시 가장 번화한 거리에 곰 동상을 세우기로 했다고 그 설립 배경이 설명되고 있다. 2015년 극동의 중심지 하바롭스크시는 공항의 로고에 앞발

캄차트카 반도의 페트로파블롭스크 도시 근처에 세워진 "여기서부터 러시아가 시작한다"는 문구와 곰의 동상

을 쭈욱 펴고 고개를 들고 하늘을 나는 곰의 모습을 그려 넣었다. 당시 러시아에서는 이 디자인을 둘러싸고 엄청난 화제가 되었으며 기발한 패러디가 속출했다.

하바롭스크시 공항의 로고로 두 팔을 펴고 하늘을 나는 듯한 모습의 곰이 그려져 있다.

2017년, 200루블 지폐가 새로 도안, 발행될 때에 러시아를 대표할 수 있는 동식물이 들어가야 된다는 의견도 개진되었는데, 이때 가장 강력하게 지지를 얻은 것이 바로 곰이기도 하다. 참고로, 200루블 지폐에는 2014년에 새로 편입된 크림 반도의 역사적 의미를 되새긴다는 차원에서 세바스토폴이 채택되었다. 러시아의 지폐는 도시를 테마로 삼고 있기도 하다.

1	2
3	4

1 만화영화 〈마샤와 곰〉(2009)의 모습
2 오늘날 벨라루시 스모르곤 시의 곰 조련학교 기념동상
3 체르노빌 국립공원 생태계 보존 기금 조성을 위해 발행된 우크라이나 기념 주화(2022년)
4 오늘날 러시아에서 많은 호응을 얻고 있는 스툐파라는 애칭의 곰이 등장하는 사진. 스툐파라는 애칭은 아마 페름의 스테판에서 따 온 것으로 여겨진다.

위에서 살펴본 것처럼, 소비에트 해체의 혼란을 딛고 2000년대부터서는 중앙 정부 및 정당, 지방 자치단체 등에서 부쩍 곰을 상징으로 내세우는 경우가 많아졌음을 어렵지 않게 관찰할 수 있다. 이는 그만큼 러시아인들의 의식 속에 곰이 일정정도 내재화되고 자신들의 상징으로 자리잡았음을 뜻하는 것이다. 너무나 당연하지만, 서구 및 외부에서 생각하는 곰의 부정적인 면모는 전혀 반영되거나 고려되지 않은 것이다. 한 가지 부언하자면, 2009

년부터 러시아에서 방송이 시작된 그 유명한 〈마샤와 곰〉 시리즈에 코믹하면서도 늘 당하는 곰의 모습이 보여지며, 곰에 대한 친근하면서도 긍정적인 이미지가 러시아 뿐 아니라 전세계 특히 어린이들 사이에서 생겨난 것 또한 분명 적잖은 영향을 미쳤을 것이다.[15] 물론, 〈마샤와 곰〉 시리즈는 그 이전 소비에트 시대 선풍적인 인기를 끌었던 아기 곰을 주인공으로 한 애니메이션 체부라시카의 연장선상에 서 있기도 하다.

한편 소비에트 해체 이후 곰의 대표성이 상징으로 반영된 것은 러시아에서만이 아니니, 앞에서 언급한 〈스모르곤 곰 조련학교〉로 유명한 오늘날 벨라루시에서도 과거의 명망에 걸맞는 동상이 2014년 도시에 세워졌으며, 우크라이나에서도 2019년과 2022년에 자국의 동식물과 체르노빌 국립공원 생태계 보존과 복원을 환기하고 기금 마련을 위해, 곰이 들어간 기념우표와 기념주화가 발행되었다. 이처럼 러시아뿐만이 아닌 동슬라브인들에게 곰은 자신들의 역사, 문화 그리고 자연을 표방하는 중심 제재임을 다시 한번 확인할 수 있다. 그리고 여기에는 그 어떤 외부에서 러시아와 동슬라브를 바라볼 때 생겨나는 부정적인 뉘앙스는 담겨 있지 않음 또한 물론이다.

4. 숭배와 혐오 사이에서 길 잃은 러시아의 곰

여러 이야기가 나와 분산되는 느낌인 이 글을 마무리해야겠다. 동슬라브 최초의 역사적 공동체였던 키예프 루시 시대부터 19세기 러시아 제정 시대에 이르기까지, 러시아를 비롯한 동슬라브에게 곰은 오랜 시간 동안 민중적 차원에서 폭넓게 받아들여졌다. 초기에는 신화적 요소와 이교적 요소가 혼재했고, 기독교 수용 이후에는 다분히 종교적 측면에서 해석되었다. 그리고 민속적 차원에서도 곰은 나름의 독특한 의미를 띄고 있었다. 무엇보다 유랑광대 무리인 스코모로히에 의해 곰은 부쩍 동슬라브 민중 곁으로 자리를 잡아갔다. 그리고 앞에서 살펴보았듯이, 19세기 중후반부터 문화와 예술 분야에서 곰은 러시아와 러시아인을 대변하고 상징하는 동물로 서서히 자리잡기 시작했다. 20세기 말, 자국에서 열린 올림픽의 마스코트로 곰이 등장하면서(1980) 국가에 대한 전체적 상징으로서 곰에 대한 합의와 자각이 러시아인들 스스로에게도 비로소 어느정도 이루어지기 시작했던 것으로 보인다. 2001년 현 여당인 〈통합 러시아〉당의 상징으로 곰이 채택되면서 국가적 차원의 상징으로서 다시 한번 등장했고, 오늘날의 러시아와 러시아인들은 자신들에 대한 상징으로서 곰을 좀더 직접적이면서도 광범위하게 인식하기 시작한 것으로 여겨진다.

그러나, 특정 국가에 대한 고정 상징으로서 러시아에 곰을 연결지은 것은 명백히 러시아 바깥 외부인들의 관점이었고 그들의 결과물이었다. 17세기 말엽까지 동유럽 대평원 가장 가장자리의 은둔에 쌓인 모스크바 차르국을 간헐적으로 접한 외부인들은 러시아와 동슬라브에 대해, 익숙하지만 낯선 듯 또는 낯선 것 같지만 익숙한 듯싶은 복합적인 감정으로 바라보았다. 그런 복합적인 감정으로 러시아와 동슬라브를 묘사한 글과 그림을 보며 독자들은 더더욱 러시아와 동슬라브를 자신들만의 복합적인 방식으로 '상상'했었다. 그런 낯섦과 익숙함의 끊임없는 교차와 뒤집힘을 어느정도 안정시키는 역할을 해낸 것이 바로 곰이었다. 사자, 독수리, 용 등과 달리 곁에서 어렵지 않게 접하고 들을 수 있었던 곰, 그러나 사실 그 누구도 제대로 접한 적 없었던 곰, 바로 그 곰이 다름아닌 러시아에게 딱 들어맞다고 느꼈던 유럽은 러시아를 곰에 비유하기 시작했다. 미지의 신비로운 땅, 시베리아의 숲의 지배자 곰, 혹독한 추위의 러시아, 그곳 도시를 거니는 곰 …, 이처럼 익숙한 듯싶지만 생경한 러시아를 곰이라는 존재로 바꿔 이해할 수 있다고 유럽은 믿었다.

그러나 18세기 초 러시아가 몸집을 키우고 강한 세력으로 떠오르기 시작하자, 인접국인 폴란드와 스웨덴 그리고 오스만 투르크까지 러시아를 경계하기 시작한다. 러시아 제국에 대한 전방위적 경계에 유럽의 대륙 세력은 물론, 영국이 적극적으로 가담하게 된다. 자국의 이익을 지키기 위해 영국은 러시아에 대해 한껏 비판의 날을 세우게 되고, 그러한 분위기가 18세기 언론과 출판 산업의 호황과 맞물리면서 러시아를 곰으로 묘사하는 많은 신문 삽화와 시사잡지의 정치만평 등이 등장하게 된다. 그리고 곧 이는 유럽 전역으로 퍼져 나가며, 러시아는 곰으로 고정되게 되었다.

이후, 국제 정치 및 외교 문제에서 러시아와 대립을 빚을 때마다 영국과 유럽 각국은 러시아를 곰으로 표현했다. 유럽의 정치와 언론에서는 러시아를 곰으로 시각화, 의인화하며 유럽의 평화와 안전을 위협하는 거칠고 야만적인 외부 세력으로 간주했다. 정치적 대립을 거듭할 때마다 러시아는 유럽 전체에 대한 일종의 '공동의 적'으로 설정되었고, 그러한 적대적 의미론은 지속적으로 확대 재생산되며 증폭되어 갔다. 여기서 이른바 오늘날까지 넓게 번져있는 러시아 혐오, 즉 루소포비아가 정착되었다고 할 수 있다. 그러한 루소포비아를 선명하고 명백하게 눈으로 확인시켜 주는 것이 바로 러시아 숲의 거칠고 광포한, 날카로운 발톱의 곰이었던 것이다.

오늘날, 러시아 내부에서는 곰에 대한 친숙함과 애정이 더 커져가는 반면, 러시아 바깥에서는 여전히 러시아에 대한 경계심과 차별, 배제의 순간에 곰의 부정적인 면을 상기하며 곰을 러시아와 연결짓고 있다. 마치 다시 처음으로 돌아온 듯, 곰에 대한 숭배와 혐오, 이 중간 어디쯤에서 방향을 잃은 러시아의 곰이 어디로 갈 것인지 아직은 지켜볼 수밖에 없을 것 같다. 어쩌면, 확증편향에 빠진 서구도 러시아도 자신들이 바라보는 방향으로 러시아의 곰은 걸어가고 있고 또 걸어가야 할 것이라고 믿을 것이다. 개인적인 경험이지만, 지금으로부터 30년 전인 1994년 1월의 겨울, 어학연수를 떠난 모스크바 대학 근처의 유명한 서커스 장에서 외발 자전거를 줄 위에서 타던 새끼곰이 생각난다. 곰에 대한 숭배와 혐오, 양 극단의 감정이지만 아주 가까이 인접한 두 감정 사이의 위태로운 줄타기는, 마치 1994년 그때 외발 자전거로 줄을 타던 그 새끼곰의 아슬아슬한 줄타기처럼 앞으로도 계속될 것 같기만 하다.

1 흔히 우리가 영어를 가장 대표적인 예로 생각하는 인도유럽어족에는 여러 언어가 속해있다. 이들 언어를 크게는 게르만어파(독일어, 영어, 네덜란드어 등)과 로망스어군(이탈리아어, 프랑스어, 스페인어 등) 그리고 슬라브어파(러시아어, 폴란드어, 체코어, 불가리아어 등)의 세 분류로 생각할 수 있다. 러시아어가 중심이 되는 슬라브어는 다시 동/서/남슬라브어군의 세 그룹으로 나뉘는데, 이중 오늘날 러시아어와 우크라이나어 그리고 벨라루시어가 동슬라브어에 속하며, 이들 언어를 기준으로 '동슬라브 지역'이라고 흔히들 말한다.

2 1970년대 이전 출생자들에게는 예전 "우루사"라는 이름의 간기능 보조제로, 원기를 북돋워 주고 활력을 불어넣어 준다는 약효로 국내에서 성황리에 판매된 약을 기억할 수도 있다. 마침 그 약을 제조한 제약회사의 회사명도 대웅제약으로 곰이 들어가 있다. 한편, '우루사'라는 약 이름에서도 곰의 흔적을 찾을 수 있으니, 다름 아닌 곰의 학명이 라틴어식으로 ursus이기 때문이다.

3 러시아 최고의 작가 알렉산드르 푸시킨의 『예브게니 오네긴』에서도 사랑에 빠진 타티야나가 곰이 나오는 꿈을 꾸는 부분이 있다. 이 장면은 『예브게니 오네긴』에서 가장 신비로운 부분 중의 하나인데, 푸시킨의 작품에도 당시 19세기 전반 러시아 민간에 널리 퍼져 통용되던 곰에 관한 바로 이런 생각이 반영된 것임은 분명해 보인다.

4 독일의 베를린(Berlin)과 스위스의 베른(Bern)이라는 도시명 또한 곰을 뜻하는 독일어 Bären(복수형)에서 비롯한 것이다. 오늘날 베를린에서 개최되는 국제영화제의 상이 '황금곰상', '은곰상' 등인 것 또한 도시명이 곰에서 비롯하고 있기 때문임을 뚜렷하게 자각하고 의식적으로 활용한 것이다.

5 한 가지 흥미로운 사실은, 러시아 및 동슬라브에서 문장에 쓰이는 곰은 거의 모두 기립해 있는 모습으로 그려져 있는 반면, 다른 유럽 국가에서는 곰이 자연스럽게 네 발로 걷는 듯한 모습이 좀더 자주 그려져 있다. 한편 미국의 캘리포니아도 주 깃발에 다름아닌 곰을 그려 넣고 있다.

6 이중 신앙의 잘 알려진 예로서, 동슬라브 민간 신앙인 봄맞이 축제가 기독교의 사순절과 결합된 의식인 마슬레니차가 가장 극적으로 표현된 경우는 <러브 오브 시베리아>라는 제목으로 국내에 소개된 영화에서일 것이다. "이건 러시아의 옛 전통이다"는 대사가 주인공인 영국인 여성 로비스트 제인에 의해 계속 반복되는 이 영화에서도 러시아의 마슬레니차 축제는 그러한 러시아의 옛 전통의 하나로 시장에서의 떠들썩한 여러 행사로 선명하게 시각화되어 잘 보여진다. 이 마슬레니차 축제에도 '러시아의 옛 전통처럼' 진짜 곰이 등장하는 모습이 나온다. 그런데 이 곰은 여성 로비스트 제인을 가운데 두고 사실상 삼각관계를 형성하고 있는 영화의 또 다른 주요 등장인물인 사관학교 교장 라들로프 장군의 모습과 선명하게 시각적으로 겹쳐진다. 사관학교 교장이 키가 크고 뚱뚱하면서도 둔하지만 오로지 제인과의 사랑이라는 목표(즉, 먹이)만을 쫓는 인물로 영화에서 그려지고 있음을 생각한다면 수긍할 수 있을 것이다.

7 광대라고 칭할 수 있을 이들 스코모로히와 곰과의 관계를 더욱 뚜렷하게 확인해 볼 수 있는 사실로, 스코모로시야 거리는 나중 그 이름을 '곰' 거리(ул. Медведская)로 바꾸게 된다.

8 Muscovy는 표트르 대제 이전까지 동슬라브의 모스크바 공국과 모스크바 차르국을 칭할 때 모스크바에 대한 표기이다. 오늘날 모스크바와 다른 근세 개념임을 분명히 하기 위해 일부러 '무스코비'라고 우리말로 소리나는대로 썼다.

9 별자리 중 큰곰자리와 작은곰자리는 각각 Ursa Major / Minor 라고 불린다. 북쪽 하늘의 등대와 같은 북두칠성이 바로 큰곰자리를 말하며, 작은곰자리의 가장 끝쪽 별은 다름아닌 북극성이다. 이처럼, 북극곰의 존재를 알기 아주 오래 전인 고대 그리스 시대 때부터 곰은 북쪽과 관련지어져 왔으며, 이런 맥락에서 고위도 지방에 분포한 동슬라브를 곰과 연결하는 것 또한 자연스럽다.

10 오늘날 우크라이나 남부 스텝 지대에 주로 거주하면서 서쪽으로는 폴란드의 비스툴라 강, 동쪽으로는 코카서스 산맥과 볼가강 하류, 그리고 카스피해에까지 이르는 넓은 유역에 산포했던 고대 유목민인 사르마티아인(The Sarmatians)으로부터 비롯해, 중동부 유럽을 넓게 지칭하던 용어이다.

11 1791년이라는 18세기 말엽은 비단 영국만이 아니라 유럽 전역에서 출판업 분야 중, 인쇄와 소통의 매체로서 신문이 큰 역할을 하던 때였다. 1789년 프랑스 대혁명 직후, 유명한 〈10월 행진〉이라는 베르사유 행진을 묘사한 아래의 신문 목판화 역시 당대 여성의 정치 참여라는 메세지와 맞물리면서 매우 큰 관심을 끌었다. 신문이라는 매체에 실리던 삽화의 주목도는 남달랐다.

1789년 10월 베르사유 행진을 표현한 프랑스 신문의 목판 삽화. 여성들로 이루어진 시위대가 대포를 끌고 행진하는 이 삽화는 프랑스 신문에 처음 실린 이후 엄청난 반향을 불러 일으켰다.

12 곰을 미끼로 사냥개와 붙이던 이 싸움은 사실 곰에게 상당히 불리하고 가혹한 싸움이었다고 한다. 기록에 따르면, 주로 곰의 목을 쇠사슬로 기둥에 묶어 두는데 곰의 앞발 하나를 부러뜨리기도 하고 미리 곰의 눈을 멀게 하고서는 사냥개와 싸움을 붙이기도 한다고 전해진다. 투우에 단련된(?) 스페인의 귀족도 영국의 이 '곰-미끼 싸움'의 잔혹함에 고개를 돌렸다는 기록도 남아 있다. 일부 학자들은 이 '곰-미끼 싸움'이 로마가 브리튼에 주둔할 무렵, 콜로세움의 유희와 여흥으로서의 동물에 의한 죄수 처형과 싸움과 함께 보급된 것이지 않을까라고도 추측한다.

13 〈스모르곤 곰 조련학교〉 또한 15~16세기 리투아니아 대공국의 영토 내에 있었으며, 여기는 오늘날 벨라루시의 울창한 삼림 지대이자 리투아니아와 폴란드의 국경에 걸쳐 있다.

14 많은 연구자들이 지적하듯, 그래서 셰익스피어의 작품에 러시아의 곰이 종종 언급되고, 심지어 17세기 케임브리지 대학의 대학신문에도 바로 이 '곰-미끼 싸움'이 벌어지니 많이들 구경하러 오시라는 광고까지 실렸다고 언급하고 있다.

15 2021년 영국의 저명한 일간지 『더 타임즈』에는 〈마샤와 곰〉 시리즈가 전세계에 러시아에 대한 긍정적이고 우호적 이미지 조성을 위한 이른바 '소프트 파워' 외교의 일환으로 러시아 정부에 의해 계획된 활동이라는 주장까지 등장했다. 『해리 포터』의 조앤 롤링처럼, 〈마샤와 곰〉 시리즈는 전체 총감독 올레그 쿠좁코프 총감독이 자기 딸에게 들려주던 숲속 곰 이야기를 발전시켜 만든 작품이다.

3장

러시아, 자작나무의 나라

라승도

1. 자랴디예의 자작나무

자작나무는 유라시아 대륙과 북아메리카 대륙을 포함한 북반구 한대 지역 대부분에서 서식한다. 그러나 자작나무가 세계에서 가장 많이 자라는 나라는 단연 러시아다. 세계 최대 영토 보유국으로 유라시아 대륙 상당 부분을 차지하는 러시아는 유럽 쪽 고립 영토인 칼리닌그라드와 본토 북서부 끝 무르만스크로부터 북동부 끝 추콧카와 캄차카, 사할린에 이르기까지 광대한 범위에 걸쳐 다양한 종류의 자작나무가 분포한다. 게다가 러시아에서 자작나무는 도시와 시골을 가리지 않고 어디에서나 흔하게 접할 수 있다. 예를 들면, 2017년 9월 9일 '시의 날'에 맞춰 크렘린 옆 붉은광장 남단과 모스크바강 사이에 13만㎡ 규모로 조성된 모스크바 도심 한복판의 자랴디예 공원에 가면 자작나무 군락을 어렵지 않게 만날 수 있다.

흥미롭게도 개원 직전부터 자랴디예는 툰드라와 삼림, 스텝 지대를 한꺼번에 경험할 수 있는 도심 공원으로 널리 홍보됐다. 그러나 이처럼 특별한 도심 공간에서 가장 큰 면적을 점유하는 식생대는 바로 삼림지대이다. 이는 혼합림과 낙엽수림으로 이뤄진 삼림지대가 러시아 영토에서 최대 규모를 자랑하는 식생대라는 사실을 그대로 반영한다. 특히 주목할 점은 러시아 삼림지대에서 약 85%를 점유하는 침엽수림에 속하는 소나무와 잎갈나무(낙엽송), 가문비나무, 전나무, 잣나무 대신에 활엽수림을 대표하는 자작나무가 착공 전 자랴디예 공원 청사진을 화려하게 장식했고 개원 후 실제 풍경에서도 가장 많이 보이는 수종이라는 것이다. 실제로 자작나무는 붉은광장 남단 쪽에서 들어가는 공원 입구에서부터 방문객들의 눈길을 사로잡는다. 곧이어 입구를 통과하여 반대편에 멀리 있는 원형극장을 향해 가다 보면 극장 앞으로 드넓은 잔디광장이 펼쳐지는데, 이 광장 가장자리에도 자작나무들이 옹기종기 모여 있다.

하지만 자작나무가 군락을 이루며 집중적으로 분포해 있는 곳은 잔디광장 바로 앞으로 꽤 넓게 조성된 삼림지대이다. 이곳은 공원 중심부를 형성하고

자랴디예 공원 여름 자작나무

자랴디예 공원 가을 자작나무

있어서 어느 쪽에서도 쉽고 빠르게 접근할 수 있으며 방문객의 눈에도 그만큼 잘 띈다. 더욱이 이 자작나무 군락은 러시아 어디에서든 흔하게 만날 수 있는 자작나무 숲을 고스란히 옮겨 놓은 듯하여 공원을 찾는 러시아 사람들에게는 친근감과 편안함을 불러일으키면서 상호 동질감과 소속감을 느끼게 해주고 외국인들에게는 러시아 자연에서 흔히 보이는 자작나무 풍경의 묘미를 도심 한복판에서 직접 만끽할 기회를 선사한다. 요컨대, 자랴디예 공원의 자작나무 군락은 옛날이나 지금이나 러시아 숲과 들과 강 주변에서 때로는 삼삼오오 흩어져서, 때로는 커다란 집단을 형성하며 서 있는 새하얀 자태의 자작나무가 러시아 대자연 풍경의 본질적 구성 요소 가운데 하나임을 확실하게 상기시켜준다. 이와 함께 자랴디예 공원에서 사람들이 자작나무 사이로 난 크고 작은 오솔길을 따라 산책하고 자작나무 오솔길에 군데군데 설치된 벤치에 앉아 쉬는 모습은 러시아에서는 자작나무가 인간 삶과 공간에 가장 가까운 거리에서 존재하는 나무임을 떠올리게 해준다.

2. 〈닥터 지바고〉와 자작나무

자작나무 군락이 모스크바 심장부에 새롭게 조성된 자랴디예 공원에서 중추 부분을 이룬다는 사실은 이 식물이 아주 오래전부터 러시아 땅에 드넓게 분포하며 러시아인의 일상생활과 물질문화, 정신세계에 깊숙이 녹아든 본질적 자연 요소였음을 방증하는 최신 사례라고 할 수 있다. 더 나아가 자작나무가 러시아를 표상하는 주요 상징물 가운데 하나임을 예증해주는 사례도 많이 존재한다. 그중 한 가지는 외국에서 러시아 예술 작품을 수용하고 해석하는 방식을 통해서도 찾아볼 수 있다. 예를 들면, 노벨문학상 수상 시인이자 작가인 보리스 파스테르나크가 1957년 발표한 장편 소설 『닥터 지바고』는 1965년 영국의 데이비드 린 감독에 의해 동명 영화로 제작됐다. 곧이어 소설과 영화는 시너지 효과를 일으키며 세계적으로 커다란 성공을 거뒀다.

영화 〈닥터 지바고〉는 약 7분간 길게 이어지는 서곡 부분부터 강렬한 인상을 자아낸다. 특히 서곡에서는 파스테르나크의 원작 소설에도 자주 나오는 자작나무 이미지가 감미로운 발랄라이카 선율에 맞춰 흐르는 모리스 자르의 주제곡과 함께 제시되면서 관객들이 영화 시작 순간부터 러시아 분위기에 심취하도록 강력한 시청각적 연상 작용을 불러일으킨다. 〈닥터 지바고〉가 외국인 감독의 연출과 외국인 배우들의 연기 속에 외국에서 촬영됐는데도 관객들이 처음부터 러시아를 떠올리게 하는 분위기를 공감각적으로 오롯하게 느낄 수 있다면, 그것은 바로 자작나무 이미지의 효과적인 연상 작용 덕분일 것이다. 더욱이 자작나무 이미지는 서곡에 이어 간주곡 부분에서도 약 2분 30초에 걸쳐 제시된다. 이처럼 자작나무 이미지 활용은 러시아 원작 소설을 각색한 외국 영화에서 러시아다운 감성이나 기분을 물씬 풍기게 하고자 할 때 무엇을 어떻게 활용하면 가장 효과적일 수 있을지를 잘 보여주는 사례라고 할 수 있다.

영화 〈닥터 지바고〉 서곡 자작나무 이미지

관객들은 영화 서곡과 간주곡에서 색감을 달리하며 총 10분 가까이 계속해서 제시되는 자작나무 이미지를 응시하면서 러시아에서는 자작나무가 숲속이나 들판, 강가, 거리, 심지어 집 창문가 등등 어디든 가리지 않고 곳곳에 서식한다는 사실을 즉각 떠올릴 수 있다. 이와 함께 러시아 사람들이 자작나무를 끔찍이도 아끼고 사랑하고 더 나아가 그리운 고향이나 고국과 동일시한다는 것도 곧이어 알게 된다. 이러한 연상과 인식 과정에서 어떤 사람들은 19세기 러시아 회화를 대표하는 유명 화가들의 풍경화에 나오는 자작나무 이미지를 기억해낼지도 모른다. 예를 들면, 알렉세이 사브라소프, 이삭 레비탄, 이반 시시킨, 아르히프 쿠인지, 일리야 레핀 등의 자작나무 그림들을 떠올리면서 자작나무의 존재와 의미가 러시아에서 얼마나 큰지를 가늠해볼 수도 있다. 이들 화가의 풍경화에서만 아니라 소련 시대를 거쳐 현재에 이르기까지 수많은 러시아 화가의 다양한 그림에서도 자작나무는 러시아 민족과 문화를 상징하는 핵심 자연 요소로 등장한다.

이와 함께 19~20세기 러시아 문학을 접해본 관객이라면 수많은 러시아 시와 소설에서 자주 묘사되는 자작나무에 대한 기억을 반갑게 되살려볼 수 있다. 예를 들어 19세기 러시아 서정시 중에서는 미하일 레르몬토프의 「조국」(1841)이나 아파나시 페트의 「버드나무와 자작나무들」(1856)에서 선명한 자작나무 이미지를 접할 수 있다. 또한, 20세기 러시아 시 중에서는 세르게이 예세닌의 유명한 시 「자작나무」가 관객의 뇌리에 가장 먼저 떠오를 것이다. 특히, 파스테르나크의 『닥터 지바고』를 읽어본 관객이라면, 제17부 '유리 지바고의 시'에서 "갑자기 십자가 행렬이 / 성의를 받아들고 앞으로 나오니 / 대문 옆 자작나무 두 그루가 / 옆으로 비켜서야 한다"(「수난 주간에」)라거나 "정원의 통로가 담장을 뚫고 / 자작나무 숲으로 사라진다 / 집안에서는 웃음과 가정의 소음 / 똑같은 그 소음과 웃음이 저 멀리"(「인디언 서머」)라고 묘사되는 인상적인 대목을 기억할 수도 있다.

사실, 영화 〈닥터 지바고〉는 후반부의 바리키노 장면들을 제외하면 파스테르나크의 원작 소설에 등장하는 자작나무의 다양한 이미지를 서사 안에 충분히 반영하지 않았다고 할 수 있다. 앞서 지적했듯이, 영화에서 자작나무는 무엇보다도 먼저 서곡과 간주곡을 구성하는 회화적, 추상적 이미지 속에 압축적, 집중적으로 제시된다. 그래서인지 사건들이 본격적으로 펼쳐지는 영화 서사에서는 자작나무가 지바고와 그의 가족이 우랄지방의 바리키노에 와서 일정 기간 머무는 시기를 묘사할 때만 주로 나타난다. 하지만 소설에서 자작나무는 러시아 사람들이 추운 겨울을 무사히 나야 할 때 매우 긴요한 땔감으로 나오기도 하고 성령 강림을 기념하는 정교회 전통 축일에 사원 내외부를 장식하기도 하고 시적 분위기가 물씬 나는 아름다운 자연 풍경의 독

영화 〈닥터 지바고〉 속 바리키노 자작나무 풍경

보적 요소로 묘사되기도 한다. 예를 들면, 제7부 '여로'의 제25장에서 화자는 "아직 겨울인 양 거의 벌거벗고" 있었던 "철둑 아래 젊은 숲"을 바라보면서 "여기저기에 쌍떡잎 새싹이 돋니나 화살처럼 꽂힌 자작나무들이 순교자처럼 곧추서 있었다"라고 묘사한다.

자작나무는 여성, 특히 '젊은 여성'과 밀접하게 관련된다. 이는 러시아에서도 마찬가지다. 자작나무의 여성성은 러시아어로 자작나무를 뜻하는 '베료자', '베료스카', '베레존카'라는 단어들이 모두 여성형 어미로 끝난다는 사실에서부터 분명하게 알 수 있다. 또 러시아에서 자작나무는 예로부터 '숲속의 미녀'로 불려왔다. 이처럼 자작나무를 여성과 비교하거나 동일시하는 러시아 문화의 전통은 파스테르나크의 소설에서도 잘 나타난다. 라라의 장래 남편이 되는 파샤 안티포프는 처음 보는 순간부터 그녀의 영향력에서 헤어나지 못하는데, 이때 그의 눈에 비친 라라의 강렬한 존재감은 다름 아닌 자작나무 숲에 다음과 같이 비유된다. "파샤 안티포프는 아직 어린아이처럼 순진무구해서, 라라가 방학 때 보는 깨끗한 풀과 구름이 있는 자작나무 같은 존재라도 되는 양, 그녀의 방문이 안겨주는 지복을 감출 줄 몰랐으며, 그렇기에 놀림을 받을까 봐 걱정하지도 않은 채 그녀로 인한 송아지 같은 환희를 스스럼없이 표현할 수 있었다." 이 밖에도 『닥터 지바고』에서 자작나무 이미지는 "자작나무 가지의 그림자"를 "여자의 숄"에 비유하는 묘사 등에서 여성적 성격이나 세계와 결부되곤 한다.

3. 아낌없이 주는 나무

열과 빛의 원천

자작나무는 수 세기 전부터 러시아 일상생활과 전통문화에서 다양한 목적에 사용되면서 민족 생활의 본질적 일부로 자리 잡았다. 추운 나라 러시아에서 자작나무는 무엇보다도 한겨울 난방에 긴요한 땔감으로 자주 쓰였다. 러시아 전통 농가인 '이즈바'에서 난방과 요리, 침실 등 여러 가지로 기능하는 '페치(난로)'의 연료로 많이 쓰였던 것이 바로 자작나무였다. 앞서 언급한 데이비드 린의 영화 〈닥터 지바고〉에서는 화자로 나오는 지바고의 이복동생이 극심한 물자 부족에 시달리던 혁명기 모스크바에서 땔감을 얻기 위해 남의 집 울타리 판자를 뜯어내 훔쳐 가는 형의 모습을 한쪽에 숨어서 지켜보는 장면이 나온다. 이 장면은 파스테르나크의 원작 소설 제2부 '다른 세계에서 온 소녀'의 제7장에서 갑자기 철 이른 한파가 몰아닥쳤을 때 기마제트딘이 티베르진의 어머니인 마르파 가브릴로브나와 함께 모스크바-토바르나야 역에서 장작을 한가득 싣고 왔다고 말하는 장면과 현격한 대비를 이룬다. 이 대목에서 기마제트딘은 장작이 "전부 자작나무인데 질이 좋아, 마르기도 잘 말랐고"라고 덧붙인다. 이는 잘 마른 자작나무 장작이야말로 러시아에서 추운 겨울을 나는 데 제격이라는 사실을 잘 뒷받침해준다.

이보다 한참 뒤인 제10부 '모스크바의 야영지'의 제10장에서는 집 안에 남은 장작이라곤 두 쪽이 전부인 어려운 상황에서 지바고의 아내 안토니나 알렉산드로브나가 어떻게든 땔감을 구해보려고 시도하다가 집 앞 골목길에서 교외 마을의 젊은 농부에게 자신의 작은 화장대를 내주고 자작나무 장작을 간신히 손에 넣는 장면이 다음과 같이 묘사된다.

> "썰매 안 나무껍질로 엮은 광주리, 멍석 밑에는 얼마 안 되는 자작나무 더미가 쌓여 있었는데, 지난 세기의 사진에서 보던 구식 시골집 난간보다 더 가늘었다. 안토니나 알렉산드로브나는 그 값어치를 알았다. 명색만 자작나무일 뿐, 베낸 지 얼마 되지 않아 땔감으로는 적합하지 않은, 질 나쁜 원자재였다. 하지만 선택의 여지가 없으니 뭐라 말할 처지가 아니었다."

이 장면도 러시아에서 자작나무는 겨울철 난방에 긴요하고 인기 있는 땔감임이 분명하다는 점을 잘 보여준다. 하지만 안토니나가 품질이 엉망임에도 다른 대안이 없어 어쩔 수 없이 받아 든 갓 베어낸 자작나무 장작은 위에 언급한 기마제트딘의 잘 마른 장작과 너무나 대조적이다. 달리 말하자면 자작나무 장작은 적절한 건조 장소와 기간을 거쳐서 잘 말라야 제 값어치를 받을 수 있다.

어쨌든 자작나무 장작은 오늘날에도 러시아에서 땔감으로 인기 만점이다. 시골 농가에서는 여전히 숲이나 들에 가서 직접 베어온 자작나무를 톱으로 일정한 크기로 자른 다음 도끼를 사용하여 장작으로 패서 적당한 곳에 가지런히 쌓아 놓는다. 장작더미는 두세 달 동안 시간이 흐르면서 자연스럽게 건조되어 땔감으로 쓰기에 안성맞춤이 된다. 잘 마른 자작나무 장작은 한겨울 집 안 난방에 최고의 땔감일 뿐만 아니라 농가 한쪽에 있는 전통 목욕탕 '바냐'의 난로를 지피는 데도 매우 유용하다. 이처럼 러시아에서 자작나무 장작이 땔감으로서 참나무에 못지않게 인기가 많은 이유는 여러 가지다. 마른 자작나무 장작은 무엇보다도 먼저 타는 시간이 오래 지속되고 높은 열기를 뿜어내어 에너지 효율이 높다. 특히, 자작나무는 연소 과정 내내 고온이 계속 유지된다고 알려진 덕분에 대장간과 목욕탕에서 땔감으로 인기가 많았다. 자작나무는 마르지 않은 상태에서도 불에 잘 타는 것으로 알려졌지만, 덜 마른 자작나무 장작은 고온을 내기가 어려워서 주택 난방을 위해 사용한다면 훨씬 더 많은 양이 필요하여 경제성이 낮다. 자작나무를 땔감으로 많이 쓰는 또 다른 이유는 자작나무 장작이 타면서 발생하는 연기가 살균 효과를 발휘하여 호흡기에 순기능으로 작용한다는 학설에서 찾을 수 있다. 그래서인지 자작나무는 호흡기 질환자들에게 가장 유익한 나무로 통한다.

자작나무 장작은 사시사철 가리지 않고 생산할 수 있다. 하지만 박테리아와 곰팡이, 잎사귀가 없는 겨울철에 자작나무를 베어다가 장작을 만드는 것이 시기상 가장 좋다고 한다. 자작나무를 통나무 상태에서 장작으로 만들 때는 통나무를 약간 얼려 놓으면 훨씬 더 수월하게 여러 조각으로 쪼갤 수 있다. 이와 함께 자작나무가 높은 열효율을 내게 하려면 장작을 통풍이 좋은 건조한 곳에 잘 보관해야 한다. 요즘은 자작나무 장작을 손수 마련하는 과정

옛 모스크바－시베리아횡단도로변의 자작나무

이 번거롭다 보니 특히 도시에서 판매장을 직접 방문하여 장작을 사서 차로 실어 오거나 소량일 경우 집에서 편하게 온라인으로 주문하여 배달받을 수 있다.

다른 한편, 자작나무는 전기는커녕 촛불도 없었던 시절부터 불을 붙여 어둠을 밝힐 때 매우 요긴한 재료로 널리 쓰였다. 잘 알려졌듯이, 자작나무는 지방질을 풍부하게 함유하고 있어 다른 나무들보다 불에 더 잘 탈 뿐 아니라 더 오래 타기도 한다. 그래서 러시아와 벨라루스, 우크라이나 등 동슬라브 민족들은 아주 오래전부터 얇고 길게 깎아 다듬어 만든 자작나무 조각에 불을 붙여 '나무 양초'로 사용했다. 또한, 옛날부터 러시아 사람들은 적절한 크기의 자작나무 줄기를 베어다가 횃불을 만들어 사용하기도 했다. 빛의 원천으로서 자작나무의 유용한 쓰임새와 관련하여 러시아 역사에 흥미로운 이야기가 전해진다. 우랄 지역 농민들은 예카테리나 2세(1729~1796)가 사망한 직후인 1783년 건설된 모스크바-시베리아횡단도로를 재건하는 과정에서 160㎞에 달하는 거리에 자작나무를 심어 가로수를 조성하라는 명령을 받았다고 한다. 이때 자작나무는 매우 실용적인 목적 실현에 십분 이바지한 것으로 보인다. 새하얀 자작나무 줄기에서 나오는 반짝이는 빛줄기가 한밤중에 외롭고 쓸쓸한 도로를 달리는 마부들이 어둠 속에서 길을 잃지 않도록 밝게 비춰줬기 때문이다.

가재도구에서 귀중품함까지

자작나무가 많이 자생하는 나라들에서 흔히 볼 수 있듯이, 러시아에서는 오래전부터 자작나무 원자재를 활용하여 일상생활에 필요한 용품을 다양하게 만들어 사용했다. 아주 옛날 옛적에 러시아 사람들은 숲속에서 버섯이나 산딸기, 각종 열매를 채취하여 담아 집으로 가져올 때도, 부엌에서 여러 가지 음식을 만들어 담아 보관할 때도 자작나무에서 종이장처럼 얇고 새하얀 껍질 표층을 벗겨내서 정교하고 섬세하게 가공하여 여러 겹으로 쌓아 엮거나 묶고 색칠도 하여 크고 작은 바구니나 광주리 등 집 안팎에서 필요한 가재도구를 만들었다.

자작나무는 여느 나무와 마찬가지로 뿌리부터 시작하여 줄기와 가지, 잎사귀까지 큰 부분들로 구별된다. 이 중에서 자작나무 줄기(몸통)는 다른 나무들처럼 세워놓고 좌우 옆으로 베어보면 속-관다발(물관-형성층-체관)-피층-표피로 구성되어 있음을 알 수 있다. 하지만 자작나무는 세상 거의 모든 나무와 아주 다르게 껍질(표피) 표면이 은빛으로 새하얗고 부드럽고 매끄러운 데다가 조금씩 자라면서 자연스럽게 종이장처럼 얇게 벗겨지는 특성이 있다. 이처럼 얇고 새하얀 자작나무 껍질을 가리켜서 한자로는 화피樺皮라고 하고 러시아어로는 '베료스타' 또는 '베레스타'라고 부른다.

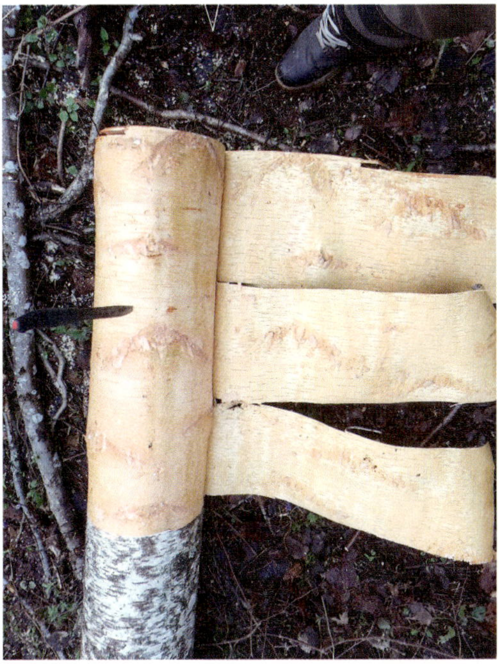

자작나무 껍질 베료스타

자작나무 껍질 베료스타로 만든 원통형 용기 '투야소크'

'베료스타'는 과거부터 유럽과 아시아에 걸친 러시아의 광대한 영토의 여러 지역에서 바구니와 광주리, 상자, 물통과 술통, 꿀통 등 각종 가재도구를 만들 때 매우 요긴하게 쓰였다. 예를 들면, 시베리아 자바이칼주에서 구교도들은 '베료스타'를 원재료로 하여 원통형 용기 '투야소크'를 만들어 사용했다. 이들은 '투야소크'에 기름과 크림, 잼 등을 담아 보관하기도 했고 산속이나 들판에서 일할 때 먹을 음식을 담아 가기도 했다. '투야소크'는 자바이칼에서 가까운 야쿠티아 등 다른 지역들에서 '투예스' 또는 '투예소크'로 불렸고 우랄지방 페름에서는 '부라크'로 불렸다. 이처럼 이름은 달라도 재료와 형태, 용도가 다르지 않은 '투야소크'를 만들 때 원재료로 쓰는 '베레스타'는 얼룩과 옹이가 없이 깨끗하고 늘씬하게 쭉 뻗은 자작나무 줄기에서 벗겨내 채취한다. 그렇다고 연중 아무 때나 채취하는 것도 아니다. '투야소크' 제작에 적절한 '베레스타'는 보통 자작나무 수액 활동이 끝나는 유월에 채취하기 시작한다.

'베료스타'를 원재료로 만든 가재도구들은 과거에 농부들이 직접 만들어서

다양한 형태의 스콥카리

가정에서 사용하기도 했고 시장에 내다 팔아서 가계수입을 올리기도 했다. 어느 경우이든 러시아 사람들은 옛날부터 '투야소크'나 '투예스' 등 자작나무 껍질로 만든 생활용품들을 물이나 술 같은 액체류와 갖가지 식료품을 담아 보관할 때 유용하게 사용했다. 그렇지만 러시아인들이 주방용 가재도구를 반드시 '베료스타'로만 만들어 사용한 것은 아니었다. 러시아 북부 지방에서는 자작나무 줄기를 사용하여 '스콥카리'로 불리는 나무남비를 만들었다. 이 '스콥카리'에는 두 개의 손잡이가 달려 있는데, 흥미롭게도 한쪽은 거위 머리 모양을, 다른 한쪽은 거위 꼬리 모양을 하고 있다.

이처럼 러시아 사람들은 자작나무 껍질이나 줄기로 다양한 용도의 물건을 만들어 사용했고 이러한 전통은 오늘날에도 크게 다르지 않다. 다만, 지금은 일반인들이 자작나무를 원재료로 한 가재도구를 손수 만들어 사용하기가 쉽지 않다. 현재 자작나무 가재도구들은 대부분 특정 공방에서 전문 기술을 보유한 장인들이나 기업형 공장에서 자동화된 기계들에 의해 생산된다. 어떤 목적에서든 이런 도구들이 필요한 사람들은 자작나무 장작을 집에서 인터넷으로 손쉽게 주문하여 편리하게 받을 수 있는 것처럼 '투예스'나 '스콥카리'를 온라인 매장에서 간편하게 구매할 수 있다. 예를 들면, 시베리아 노보시비르스크에 본사를 두고 있는 '베료스타' 전문 온라인 쇼핑몰인 '베료스타닷컴'에서는 '투예스' 같은 식료품 용기만 아니라 실내화까지도 다양한 선택지로 살 수 있다.

이 온라인 공방-매장은 명칭에서 분명하게 알 수 있듯이 자작나무의 여러 구성 부분 중에서도 오직 '베료스타'만으로 만든 제품들을 다채롭게 만들어 판매하고 있다. 빵바구니에서 컵받침, 장신구, 기념품, 실내화, 귀중품함에 이르기까지 다양한 제품이 앙증맞은 디자인으로 사이트 방문자들을 유혹한다. 식료품이나 일상용품을 담아둘 때나 아니면 소중한 물건을 넣어둘 때 필요한 제품을 뭔가 유별난 것으로 사고 싶다면, 특별한 선물이 필요하다면 이런 매장에서 좋은 선택을 할 수 있을 것이다.

러시아에서는 귀중품함을 만들 때 자작나무 재료로 많이 만드는데, 앞서 얘기했듯이 자작나무 껍질인 '베료스타'로 만들기도 하지만, 자작나무 줄기로 튼튼하게 만들기도 한다. 자작나무 줄기로 만드는 귀중품함은 현재 핀란드와 접경하고 있는 카렐리아 지역에서 자생하는 자작나무로 만든 것을 예나 지금이나 최고로 친다. 이와 관련하여 러시아인 최초로 노벨문학상을 받은 망명작가 이반 부닌이 1927년에 쓰기 시작하여 1939년에 완성해 출판한 자전적 소설 『아르세니예프의 인생』을 읽어본 사람들은 주인공 화자가 "나는 카렐리아산 자작나무로 만들어진 이 귀중품함 속에 가장 귀중한 물건을 보관했다"라고 말하는 대목을 기억할 것이다. 곧이어 화자가 "카렐리아산 자작나무로 만들어진 귀중품함"을 가지고 있었다고 재차 강조하는 것도 생각날 것이다. 화자가 이 물건에 관해 두 번에 걸쳐 연달아 언급하는 이유는 바로 카렐이아에서 나는 자작나무로 만든 귀중품함이 최고급품이고 자신이 이런 제품을 소유할 정도로 부유한 대지주 귀족의 후예임을 암암리에 강조하려는 데에 있다.

일명 카렐리아 자작나무는 광활한 러시아 영토에서 대부분을 차지하는 일반적인 흰색 자작나무 또는 은색 자작나무와 몇 가지 점에서 다른 변별적 특성을 띠고 있다. 먼저, 카렐리아 자작나무는 러시아에서 흔히 볼 수 있는 자작나무들과 외관상 현저히 다르다. 러시아 자작나무들은 대체로 하나의 큰 줄기로 최대 30m까지 늘씬하게 뻗어 있는 모습을 보인다. 하지만 카렐리아 자작나무는 여러 개의 줄기로 분화하여 자란다. 아니면 한 개의 줄기로 자라더라도 곧게 뻗어 자라는 경우가 거의 없이 한쪽으로 기울어져 자라거나 삐뚤빼뚤 자란다. 게다가 껍질도 여느 자작나무와 다르게 매끈하지도 부드럽지도 않다. 줄기도 울퉁불퉁 우둘투둘하여 껄끄럽게만 보인다. 그러나 카렐리아 자작나무 줄기 속을 들여다보면 목질이 매우 단단하고 촘촘할 뿐만 아니라 목질 속에 다채로운 무늬가 형성되어 있다. 다른 자작나무 품종들에서 볼 수 없는 이런 특성 덕분에 카렐리아 자작나무는 귀중품함을 만들 때 예나 지금이나 최고 품질의 원재료로 인정받는다.

고급 공예품 제작에서 카렐리아 자작나무가 최고의 원재료로 사랑받았음을 뒷받침해주는 사례는 세계적으로 유명한 세공사 파베르제가 러시아의 마지막 황제인 니콜라이 2세의 주문을 받아 그의 어머니인 마리야 표도로브나 황태후를 위해 제작한 부활절 달걀에서도 찾아볼 수 있다. 파베르제는 니콜라이 2세의 주문에 따라 1917년 4월 15일 부활절에 맞춰 황태후에게 선물할 달걀을 제작했는데, 이때 사용된 원재료가 바로 카렐리아산 자작나무였다. 부활절 특별 선물로 제작된 달걀의 원재료가 카렐리아산 자작나무여서 당연히 그렇겠지만, 달걀 표면 전체에 걸쳐 선명하게 드러나 보이는 목질 무늬가 특히 눈길을 끈다. 이 달걀은 가로와 세로 테두리를 금으로 장식했을 뿐 원재료를 대부분 자작나무로 사용해서인지 공식 명칭도 자작나무를 가리키는 '베료조보예'이다. 파베르제의 자작나무 부활절 달걀은 애초 받기로 됐던 마리야 표도로브나에게 끝내 전해지지 못한 채 우여곡절을 거친 끝에 현재 독일 바덴바덴 박물관에 소장되어 있다.

카렐리아 자작나무

카렐리아 자작나무로 만든
파베르제 달걀 '베료조보예'

소통과 기록의 수단

자작나무의 얇은 겉껍질(표피)을 가리키는 '베료스타'는 앞서 소개했듯이 러시아에서 가재도구 재료로만 사용된 것은 아니었다. '베료스타'는 러시아 극동의 하바롭스크와 연해주 일대에서는 소수 토착민인 나나이족이 천막집을 지을 때 주재료로 사용하기도 했다. 또 시베리아의 일부 토착민은 캐나다 북부 지역 인디언들이 그랬던 것처럼 '베료스타'로 카누를 만들어 타고 다니기도 했다. '베료스타'로 만든 카누는 가벼워서 이동성과 속도감이 매우 뛰어나다고 한다. 자작나무 껍질은 고대부터 전 세계 여러 나라와 민족이 그림을 그릴 때 화폭으로 쓰기도 했다. 경주 천마총에서 발견된 천마도의 원재료가 바로 자작나무 껍질이었다. 자작나무가 흔하디 흔한 러시아에서는 '베료스타' 바깥 면에 그린 그림들을 과거부터 현재까지 곳곳에서 어렵지 않게 찾아볼 수 있다.

그러나 다른 여러 나라에서도 그랬던 것처럼 러시아에서도 자작나무 겉껍질인 '베료스타'는 그림을 그릴 때뿐만 아니라 글을 써서 남기는 기록의 수단으로도 요긴하게 사용됐다. 11~15세기 고대·중세 러시아 사람들은 주변의 흔한 자작나무에서 부드럽고 매끄러운 겉껍질을 손쉽게 벗겨내어 적당하게 말려두었다가 뭔가를 써서 누군가에게 보내거나 특별한 목적의 기록으로 남겨 보관하기 위해 종이 대용으로 사용했다. 이것을 러시아어로는 '베레스탸나야 그라모타'라고 부르고 우리말로는 '자작나무 껍질 편지'라고 말한다. 이 고대 문서는 1956년 7월 13일 러시아 북서부의 고대도시 노브고로드에서 고고학 발굴 작업에 참여했던 니나 아쿨로바가 처음으로 발견했다. 곧이어 몇 개의 편지가 더 발굴됐는데, 총 열 개의 편지 뭉치는 1224년으로 추정되는 해에 일곱 살로 벌써 글을 쓸 줄 알았던 '온핌'(애칭 '온핌카')이라는 소년이 작성한 것으로 알려졌다.

최초 발견 시점부터 2023년 현재까지 70년이 다 되는 세월 동안 자작나무 껍질 편지는 노브고로드에서만 1,154개가 발견됐고 러시아와 벨라루스, 우크라이나의 다른 도시들에서도 100여 개가 추가로 발견됐다. 자작나무 껍질 편지들이 노브고로드에서 집중적으로 발견된 이유는 이러하다. 먼저, 노브고로드가 다른 지역과 차별되는 지질학적 특수성에서 기인한다. 다시 말해 노브고로드의 토질이 진흙으로 이뤄진 덕분에 공기 침투가 쉽지 않아 자작나무 껍질이 잘 썩지 않았다. 800년의 세월을 거치면서도 재질 상태가 양호하여 그 위에 쓴 글을 해독할 정도였던 것은 자작나무 본연의 탁월한 방습

우리말로 '자작나무 껍질 편지'로 불리는 '베레스탸나야 그라모타'

효과에 더해 외부 공기 유입을 차단해주는 특별한 지질학적 요인이 있었던 것이다. 이밖에도 고대 노브고로드가 발트해와 흑해를 남북으로 잇는 활발한 교역 중심지였고 '베체'라는 민주적 의사결정기구가 존재했던 데서 짐작할 수 있듯이 고대 러시아에서 선진 정치제도의 발상지였다는 점 또한 고려해볼 수 있다. 이런 배경에서라면 자연스럽게 각계각층의 사람들이 훨씬 더 자유롭고 활발하게 상호 교류와 의사소통을 펼칠 수 있었기 때문이다.

가로 15~40cm, 세로 2~8cm 길이의 자작나무 껍질 편지를 쓸 때는 잉크나 붓을 사용하지 않았다. 그 대신 금속이나 동물 뼈, 단단한 나뭇가지를 침 모양으로 끝이 뾰족하고 날카롭게 갈고 다듬어서 색깔이 어두운 자작나무 껍질 안쪽에 꾹꾹 눌러 글을 썼다. 자작나무 껍질 편지의 흥미로운 특징은 이 편지를 공적인 목적으로 사용하지 않았고 주로 사적인 서신과 개인적 기록을 위해 사용했다는 사실이다. 사적인 서신 중에는 빚 독촉과 상거래, 가사일 지시처럼 사무적 성격의 편지들도 있었고 젊은 남녀 사이에 애틋한 감정을 전하는 연애편지들도 있었다. 또한, 유언장이나 물건 판매 영수증, 재판 기록을 담은 문건들도 있었다. 고대 노브고로드 사회에서 개인적 이동이나 이주의 자유에 관한 기록도 자작나무 껍질 편지에 담겨 있어 당시 사회・정치적 상황의 세부 내용을 파악하는 데 좋은 실마리를 제공해 주는 것으로 알려졌다.

온핌카 기념동상

2019년 8월 23일 노브고로드시는 현지에서 활동하는 조각가인 세르게이 가예프가 제작한 '온핌카' 기념 동상을 '베료스타'로 만든 편지가 처음 발견된 곳에 설치하여 세간의 관심을 끌었다. 이 동상은 일곱 살 소년 '온핌카'가 작은 나무 의자에 편안히 걸터앉아 왼손으로는 자작나무 껍질 편지를 눈높이까지 들어 올려 바라보고 있고 오른손으로는 집필 도구인 철침을 엄지와 인지, 중지 사이에 끼어 붙잡고 있는 모습을 형상화해 놓았다. 동상 뒤쪽에는 당연하다는 듯이 자작나무 한 그루가 든든하게 서 있다. 가예프의 동상은 '온핌카'가 자작나무 껍질 편지에 글을 쓰거나 그림을 그리는 과정의 일부를 재현해놓았다는 점에서 2015년 9월 노브고로드의 다른 장소들에 설치된 '온핌카' 관련 기념상들과 근본적으로 다르다. 당시 설치된 첫 번째 기념상은 '온핌카'가 자작나무 껍질에 새겨 넣은 그림들을 형상화한 것이고 두 번째는 '온핌카'의 모습을 표현한 것인데 손으로 만지거나 건드리면 신기하게 팔도 움직이고 얼굴도 찌푸린다. 이보다 2년 후인 2017년 7월 23일에는 자작나무 껍질 편지 최초 발견 66주년을 맞아 발견 장소에 표지석이 설치됐다. 참고로 2011년 노브고로드주에서는 7월 23일을 '베료스타의 날'로 선포했고 이후 해마다 이 역사적인 날을 기념하며 갖가지 행사를 진행한다.

천연 접착제 겸 방부제

자작나무는 원시시대까지 거슬러 올라가는 머나먼 과거부터 인류에게 매우 유용한 천연 접착제와 방부제 재료를 선사했다. 오래전부터 인류는 자작나무 껍질을 구덩이 같은 곳에 한데 모아 넣고 불로 장시간 태우면 나오는 기름지고 끈끈한 검은색 액체인 타르를 배에 물이 스며들지 않도록 판자와 판자 사이에 끈끈하고 단단하게 바르기도 했고 목재 건축물의 부패를 막는 방부제로 사용하기도 했다. 또 자작나무 타르는 가죽으로 만든 갑옷이나 신발이 물에 젖지 않도록 바르기도 했고 마차 바퀴 허브에 윤활제로 사용되기도 했다. 이와 함께 사람들은 기관지염 등 호흡기 질환 치료제와 요충과 회충 등 기생충을 제거하는 구충제로도 타르를 잘 이용했다. 이 밖에 자작나무 추출 타르 성분은 두피 상태 개선 등 피부 미용에도 좋은 것으로 널리 알려졌다.

과거 러시아에서 자작나무 타르 추출은 여름 내내 숲속에서 살다시피 하

자작나무 껍질을 태워 얻은 타르

는 나이 많은 남자들이 주로 담당했다고 한다. 숲속에서 타르를 만들 때는 보통 타르 추출용으로 특별히 만들어 놓은 커다란 가마를 이용했다. 이와 동시에 시베리아 토볼스크 같은 지역에서는 '쿱'으로 불리는 화덕을 설치하여 자작나무 껍질인 '베료스타'를 태워 타르를 추출하기도 했다. 하지만 화덕을 이용하여 추출하는 타르는 가마에서 얻어내는 타르보다 용량이 훨씬 더 적었다. 화덕은 규모가 작아서 자작나무 껍질을 많이 태울 수 없었기 때문이다.

타르 추출용 '베레스타'는 고사목에서 채취하는 것이 더 일반적이다. 껍질이 적절하게 말라 있어 연소 효과가 좋기 때문이다. 이와 함께 살아 있는 신선목에서도 '베레스타'를 채취한다. 이 경우에는 나무줄기에서 벗겨내기가 비교적 손쉬운 시기인 오뉴월에 '베레스타'를 채취한다. 이때가 자작나무 수액 활동이 종료되는 시점이기 때문인 것으로 보인다. 고사목이든 신선목이든 상관없이 하나의 자작나무 줄기에서 벗겨낸 껍질은 일정한 크기로 자잘하게 잘라낸다. 작게 자른 껍질들은 안쪽 방향으로 통나무 모양처럼 돌돌 말아 묶어 둔다. 그런 다음에는 껍질 더미를 솥단지처럼 파놓은 곳에 세로로 차곡차곡 가득 쌓아 놓고 나서 그 위에 땔감을 수북이 덮고 불을 붙여 짧게는 하루 내내 길게는 삼사일씩 일정 기간 태운다. '베레스타'의 양이 많으면 많을수록 태우는 시간도 그만큼 오래 걸리고 타르 추출량도 그만큼 많아진다.

19세기 러시아 작가 알렉산드르 쿠프린의 소설 『올레샤』(1898)의 마지막 부분에 보면 비극적 여주인공인 올레샤가 성난 마을 여자들에게 둘러싸여 집단 폭행을 당할 일촉즉발의 상황에 놓인 장면이 다음과 같이 묘사된다.

"몇 번이고 올레샤는 자신을 둘러싸고 있는 무서운 원을 빠져나가려고 안간힘을 썼지만, 그들은 계속해서 그녀를 다시 가운데로 떠밀었다. 갑자기 째지는 듯한 나이 든 목소리가 군중 뒤 어딘가에서 크게 울렸다. '저년을 타르로 쳐 바르자. 저 몹쓸 년을!' (알다시피, 소러시아에서는 처녀가 사는 집의 대문이라도 타르로 더럽혀지게 되면 그것은 그녀에게 씻을 수 없는 큰 치욕으로 연결된다.) 거의 그 순간에 흥분으로 제 정신이 아닌 부인네들의 머리 위에서 손에서 손으로 타르가 담긴 통과 붓이 건네졌다."

과거 유럽과 미국 등에서는 특정인(범죄자나 이방인 등 타자들)을 다수 집단으로부터 분리하여 처벌할 때 사람의 몸에 타르를 바르고 심지어 타르를 바른 몸에 깃털을 잔뜩 퍼부어 붙여 놓는 관습이 존재했다. 인용한 쿠프린의 소설에서도 부인들을 중심으로 한 마을 주민들이 올레샤를 마녀로 취급하면서 사악한 존재로 낙인찍으려고 할 때 그녀에게 바로 타르를 바르고 집단 폭행을 가하려고 시도한다. 마을 주민들의 이런 행동 역시 특정인에게 타르를 바르는 식으로 처벌을 가하는 오래된 관습에서 나온 것이다. 이와 함께 화자가 부연 설명하는 데서 알 수 있듯이, 예로부터 러시아에서는 타락한 여성이 사는 집 대문이나 방 문에 타르를 잔뜩 칠해 놓곤 했다. '여자의 집 대문에 타르를 칠해 놓았다'는 것은 곧 그 '여자가 타락했다'거나 '순결을 잃었다'라고 알리는 것이었다. 이렇게 타락한 여자의 집 대문에 하필이면 타르를 칠해 놓는 배경에는 타르를 씻어내기가 아주 어렵기도 하고 어떻게 해서든 씻어낸다고 하더라도 여전히 타르 냄새가 나기 때문에 범죄나 부도덕한 행위 사실을 감추기가 그만큼 어렵다는 뜻이 담겨 있다.

지금까지 살펴본 것처럼, 자작나무 껍질에서 추출한 타르는 사람이나 사물을 나쁘거나 해로운 것으로부터 보호하거나 그런 것을 제거하는 데 사용되어 왔다. 천연 방부제로서 자작나무 타르는 지금도 러시아에서 수요가 많다. 오프라인 약국을 직접 방문해서 자작나무 타르를 손쉽게 구해 이용하는 사람들도 많다. 또 요즘은 인터넷 상점에서 필요한 제품을 간편하게 주문하여 집에서 받아 사용하기도 한다. 자작나무 껍질에서 추출한 타르로 제조한 천연 방부제나 소독제가 수십 종에 이르며, 그중에서 자작나무 추출 타르로 만든 채소와 과일용 천연 해충제도 눈길을 끈다.

생수 또는 약수

자작나무는 줄기 자체나 껍질로써만 아니라 줄기에 작은 구멍을 내어 관을 꽂으면 흘러나오는 수액으로써도 사람들의 건강과 복지 증진에 적잖이 이바지하는 고마운 식물이다. 기나긴 겨울이 끝나고 마침내 봄을 알리는 해빙이 시작되고 나서 새싹이 돋아나기 전까지 길지 않은 시기에 자작나무는 겨우내 저장해 두었던 녹말 성분을 당분으로 변환하기 시작하고 특히 성장 중인 뿌리털들이 땅에서 수분을 빨아들이는 흡수력을 배가시킨다. 이때 뿌리압력이 작용하면서 수분이 당분은 물론이고 칼륨과 마그네슘, 비타민 C 등 영양분을 풍부하게 함유한 채 물관을 통해 뿌리에서 줄기를 거쳐 멀리서 여전히 겨울잠을 자고 있는 잔가지들까지 퍼져 나간다. 바로 이 시기에 맞춰서 튼실하게 자란 자작나무의 밑둥에 드릴로 작은 구멍을 내고 빨대를 아래쪽으로 기울여 꽂으면 비교적 맑은 수액이 흘러나온다. 물론, 자작나무 가지를 부러뜨리거나 베어 놓아도, 자작나무 껍질을 깊게 벗겨 놓아도 그 자리에서 생수처럼 맑은 액체가 새어나온다.

태고 시절부터 사람들은 자작나무가 자라는 곳이면 어디서든 이런 방식으로 수액을 채취하여 물 대신 마시기도 했고 음식과 약용으로 먹기도 했다. 자작나무 수액을 둘러싼 이런 관행과 전통은 러시아에서도 크게 다르지 않았다. 특히 러시아에서는 영토가 광대하고 민족 구성도 다양하여 자작나무 수액을 채취하고 이용하는 방식도 지역에 따라 조금씩 차이가 있었다. 어떤 지역에서는 자작나무에서 채취한 수액을 발효시켜 두었다가 마셨다고 한다. 반면 다른 지역 사람들은 이 수액을 그냥 물처럼 마셨다. 다른 한편, 세계의 다른 지역에서도 그렇지만, 러시아에서도 예나 지금이나 자작나무 수액은 건강 증진의 원천이기도 하고 중요한 가계 수입 수단이기도 하다. 한때 소련 시절 러시아에서는 자작나무 수액 채취와 이용이 조직적·체계적으로 육성·관리됐을 정도로 국가 산업의 중요한 일부이기도 했다.

일반적인 자작나무 수액 채취 과정

자작나무 수액 채취 시기는 채취 지역이나 장소, 기상 상황에 따라 조금씩 다르지만, 보통 3월 중순부터 나무에서 새싹이 돋아나기 시작하는 4월 초·중순까지 약 3~4주간이다. 자작나무 한 그루에서 나오는 수액은 하루 평균 2~3리터인데 아주 큰 나무에서는 하루 7리터 이상 뽑아낼 수도 있다. 그러나 한창 자라야 할 어린 나무들에서는 수액을 뽑아내면 고사할 수 있어 보호 차원에서 채취를 삼간다.

러시아에서는 자작나무 수액 채취를 가리켜서 '포드소치카'라고 말한다. 이 말은 나무줄기에 금을 내서 수액을 얻는다는 뜻인 러시아어 동사 '포드소치티'에서 나왔다. '포드소치카'에는 일정한 규칙과 기술이 따른다. 먼저, 자작나무 줄기에 금을 내는 곳은 땅에서 위로 30~60cm 지점이다. 그런 다음 이곳에 칼을 사용하여 V자 형태로 금을 내고 V자 맨아래에 작은 도관이나 빨대를 기울여 댄다. 혹은 자작나무 줄기의 적당한 지점에 드릴로 구멍을 빗각으로 내고 도관을 박아 놓기도 한다. 어느 경우이든 수액이 흘러나오는 도관 아래로는 유리병이나 양동이를 받쳐 세워 놓는다. 아니면 끈이 달린 비닐봉지를 먼저 줄기에 묶고 입구를 도관 아래로 벌려 놓는다. 이 밖에도 물이 한창 오르는 철에 자작나무 가지를 간단히 꺾어서 그 자리에 플라스틱 용기를 꽂아두면 수액이 한방울씩 똑똑 떨어져 들어간다.

자작나무 가지를 꺾어 플라스틱 페트병을 꽂아 수액을 채취하는 과정

러시아 일간지 <모스콥스키 콤소몰레츠>의 2016년 6월 21일 자 기사에 따르면, 상트페테르부르크에 사는 알렉세이 그리빈 씨는 2014년 우크라이나 사태와 크림반도 합병 이후 러시아에 대한 서방의 경제 제재와 러시아의 맞제재 속에 경제 위기가 고조되자 자신의 다차와 인근 마을 주변에서 자라는 자작나무를 활용한 기업형 사업을 시작하여 대박을 터뜨렸다. 그가 경영하는 '셈베료스(일곱 그루 자작나무)'는 자작나무 원액과 수액으로 만든 시럽이나 아이스크림도 판매하여 큰 성공을 거뒀다. 처음에 그는 자신의 다차에 있는 자작나무들에서만 수액을 추출했다. 그러다가 규모를 더 확대하여 인근 보예이코보 마을에 있는 자작나무 약 300그루를 임대하여 '자작나무 플랜테이션'을 건설했다. 수액 채취기에 자작나무 한 그루당 최대 50리터까지 얻을 수 있는데, 생산량이 많을 때는 연간 총 15t가량 채취했다고 한다. 흥미로운 점은 그리빈 씨가 수액을 채취할 때 자작나무마다 개별 용기를 배치하지 않고 자작나무들에 설치된 도관을 연결하여 여러 곳의 수액이 자동적으로 한 곳에 모이게 하는 혁신적 시스템을 구축했다는 사실이다. 이처럼 효율적인 채취 방식을 적용하면 사람이 나무마다 일일이 찾아다니며 추출한 수액을

가져다가 한곳에 취합하는 수고를 하지 않아도 된다.

수학도 출신의 그리빈 씨가 자작나무 수액 채취에 기계화・자동화 혁신 기술을 도입하여 시간과 인건비는 대폭 줄이고 작업 능률과 수입은 크게 올려서 사업에 성공한 이야기는 여기서 그치지 않았다. 그는 단기적인 성공에 만족하거나 안주하지 않고 지속 가능한 사업을 위해 자작나무 수액을 채취하는 과정에서 성급해 하지도 않았고 과욕을 부리지도 않았다. 자작나무는 그에게 향후 수익의 원천이었으므로 나무들을 함부로 다루지 않았다. 수액 채취 과정에서도 일정한 규칙을 지켰다. 나무 줄기에 구멍을 낼 때는 땅에서 50cm 떨어진 지점에 냈고 구멍 크기도 직경 4mm, 깊이 3cm로 작았다. 또 어린 나무들은 제외하고 줄기 직경이 20cm 이상 되는 나무들만 대상으로 수액을 뽑았다. 그는 자작나무 한 그루에 구멍을 커다랗게, 그것도 몇 개씩 뚫는 '채취업자들'도 있는데, 그러면 당장 수액을 많이 얻을 수는 있어도 머지않아 나무를 죽이고 결국 그들의 사업도 손해를 보게 된다고 지적했다. 그의 말은 자작나무 수액 채취에도 일종의 직업윤리라는 것이 있고 자연보호 정신도 필요하다는 뜻이다.

자작나무 수액은 유익한 미네랄과 항산화제가 풍부하여 건강에 좋다는 사실이 오래전부터 잘 알려졌다. 전문가들은 건강을 위해 자작나무 수액 함유 영양분을 최대한으로 흡수하려면 하루에 200~300ml를 마시면 충분하다고 한다.

건강에 유익한 자작나무 수액은 오프라인과 온라인 매장에서 다양한 형태의 제품으로 손쉽게 사서 물처럼 마실 수 있다. 이와 함께 자작나무 수액을 가공한 각종 음료 제품을 이용할 수 있다. 예를 들면, 러시아 전통 음료 중 하나인 저알코올성 청량음료인 '크바스'도 자작나무 수액을 이용한 제품이 있다. 자작나무 수액 채취가 산업적 규모로 이뤄졌던 소련 시절에는 수액을 끓여 얻은 농축액이 괴혈병 치료에 쓰였는데, 요즘은 자작나무 수액 농축액으로 시럽을 만들고 여기에다 크림을 섞어서 이른바 '자작나무 아이스크림' 제품까지 생산하여 판매하고 있다. 러시아에서는 해마다 4월 말이면 레닌

자작나무 축제에서 한 여성이 타르 추출기 앞에 관련 제품을 들고 서 있다.

그라드주 중심으로 '자작나무 수액 축제'가 열린다. 이때 수액 채취 방법부터 수액을 활용해 만든 제품 소개까지 다채로운 내용의 여러 가지 행사를 볼 수 있다. 앞서 소개한 그리빈 씨도 이 축제에서 다양한 활동을 펼치는데, 그가 특히 열성을 기울이는 일은 자작나무 수액 농축액으로 만든 시럽과 '자작나무 아이스크림' 홍보 작업이라고 한다.

'자작나무의 암'

알렉산드르 솔제니친은 소련 시절 러시아에서 보리스 파스테르나크, 미하일 숄로호프와 함께 노벨문학상을 받은 작가 가운데 한 명이다. 이 중에서 솔제니친은 반체제 작가로 낙인찍혀 1973년 국외 추방당해 서독을 거쳐 미국으로 건너가 살다가 소련 붕괴 이후 1994년 러시아로 영구 귀국했다. 솔제니친의 파란만장한 생애에서 특기할 대목 가운데 한 가지는 그가 1953년 반소 선전 죄목으로 국내 추방 선고를 받은 뒤 암에 걸린 채 카자흐스탄 남부 지역의 강제노동수용소에서 복역하다 우즈베키스탄 타시켄트에 있는 병원으로 옮겨져 암 치료를 받은 경험을 1968년 소설 『암병동』에서 자세히 다뤘다는 사실이다. 『암병동』은 솔제니친에게 세계적 명성과 함께 1970년 노벨문학상 수상의 영예를 가져다준 소설 『이반 데니소비치의 하루』와 비교하면 상대적으로 덜 알려졌고 그만큼 덜 읽히는 작품이다. 그러나 『암병동』은 중병에 걸려 언제 죽을지 모르는 상황에서 삶에 대한 희망의 끈을 절대 놓지 않고 생명의 불씨 하나라도 어떻게든 살려내려고 하는 사람들의 세계를 생생하게 묘사하고 있어 특별히 주목할 만하다.

이와 관련하여 소설 속에서 환자들이 삶에 대한 의지를 보여주면서 기적을 가져다줄 수도 있는 항암 치료제에 관해 듣고 나서 깊은 관심을 드러내는 장면이 다음과 같이 묘사되고 있어 매우 흥미롭다.

> "……그는 계속 연구하고 연구했지요." 코스토글로토프가 만족스러운 듯 재차 강조했다. "그러다가 드디어 중요한 사실을 알아냈답니다. 그 지역 남자들이 차를 살 돈을 아끼려고 보통 차 대신 차가를 끓여 마셨답니다. 차가는 원래 자작나무에서 자라는 버섯인데……."
>
> "그러니까 자작나무 버섯이었군?" 포드두예프가 끼어들었다. 최근 며칠 동안 절망에 사로잡혀 울적해하던 예프렘은 이렇게 흔하고 구하기 쉬운 약재가 있었다니 반갑기 그지없었다.
>
> 그러나 이곳 환자들은 대부분 남쪽 지방 출신이라 자작나무 버섯은커녕 자작나무도 본 적이 없었고, 코스토글로토프가 하는 말을 이해할 수도 없었다.
>
> "아니야, 예프렘! 자작나무 버섯이 아니야. 정확히 말하면 자작나무에서 자라는 버섯이 아니라 자작나무의 암이라고 해야 할 것야. 혹시 기억할지 모르겠는데, 오래된 자작나무를 보면……흉하게 생긴 혹 같은 것이 달려 있어. 겉은 까맣고 속은 암갈색인데……."

자작나무는 지금은 전 세계에 걸쳐 항암 치료제로 아주 유명해져 많은 사람이 한 번쯤은 들어봤을 차가버섯이 기생하는 것으로 잘 알려졌다. 실제로 차가버섯은 솔제니친의 소설에서 흥미진진하게 묘사하고 있듯이 적절한 방법으로 끓여 마시면 암 환자에게 일정한 치료 효과가 있다고 한다. 이는 암 환자들에게 희소식이 아닐 수 없었다. 그래서 『암병동』 속 인물들도 이런 소식에 "그 순간 마음속으로 '그게 정말 내 다리를 치료해줄 수 있을까? 정말 낫게 해줄까? 하고 기대에 부풀었다"라고 묘사되기도 한다. 또 어떤 이는 "혹시 목에 난 종양에도 효과가 있다고 합니까?"라고 기대에 차 묻기도 한다. 그러자 소설의 주인공인 올레크 코스토글로토프는 항암 치료제로서 차가버섯 사용법에 관해 마슬레니코프 박사의 편지에 적힌 대로 동료 환자들에게 "차가를 바싹 말리지 말고 어느 정도 말려야 하는지, 어떻게 가루를 내는지, 물은 어느 정도 끓여야 하는지, 어떻게 우려내고 거르는지, 얼마나 마셔야 하는지를 설명까지 곁들여 이야기했다." 하지만 문제는 작중 인물 한 명이 "그런데 자작나무를 도대체 어디서 찾아야 합니까?"라고 애타게 묻는 것처럼 코스토글로토프 자신을 포함하여 많은 사람이 암병동에 수용된 상태에서는 아이러니하게도 러시아에서 흔하디흔한 자작나무를 당장 구하기가 매우 어려웠다는 사실이다. 그래서 희소식에 기뻐했던 환자들은 다음과 같이 실망감을 감추지 못한다.

> 그러자 모두들 한숨을 내쉬었다. 오래전에 러시아를 떠난 이들이나(그중에는 자발적으로 떠난 사람들도 있을 것이다.) 아니면 한 번도 러시아에 가 본 적이 없는 이들의 머릿속에 작열하는 햇볕에 노출된 적이 없는, 기후가 온난하고 평온한 나라의 풍경이 떠올랐다. 버섯을 키우는 보슬비가 장막처럼 드리우고, 봄이면 얼었던 눈이 녹아 범람하고, 들판과 숲으로 오솔길이 끝없이 이어지는 평온한 땅, 그곳은 도처에 흔한 나무 하나도 인간에게 꼭 필요한 역할을 하고 봉사하는 곳이었다. 그 땅에 사는 사람들은 가끔씩 자신의 조국을 제대로 이해하지 못하고 선명한 푸른 바다나 바나나를 동경하지만 진정으로 인간에게 필요한 것이 무엇인지 생각

해 보라. 바로 하얀 자작나무 줄기에 생겨난 검고 보기 흉한 혹, 자작나무의 상처, 자작나무의 암을 말이다.

자작나무에서 나는 차가버섯을 달여 마시면 당장이라도 암에서 해방되기라도 할 듯이 차가버섯에 관한 소식을 듣고 희망에 부풀었던 환자들은 정작 흔한 자작나무를 구할 수 없어 이내 실망한다. 이와 관련하여 화자는 러시아 땅을 예찬하면서 이 땅에 자라는 많은 나무 하나하나가 인간에게 얼마나 소중한 존재인지, 인간 삶에 얼마나 필요한지를 강조하고 흔하디흔한 자작나무도 바로 그중 하나임을 설파한다. 특히, 자작나무 하면 줄기가 새하얗고 부드럽고 매끄러워 으레 아름답게만 보일지 모르지만, 자작나무는 "검고 흉한 혹"도 달고 있다. 하지만 "자작나무의 상처"이자 "자작나무의 암"으로 표현되는 흉측한 부분조차도 암을 치료해줄 수 있을 정도로 사람들에게 그저 이롭기만 하다. 한마디로 자작나무는 자신이 가진 모든 걸 사람들에게 아낌없이 내준다.

차가버섯의 이름(고대 교회슬라브어에서 기원한 것으로 알려진 '차가'라는 말은 '입술'을 의미한다)은 러시아어에서 나왔다. 이런 사실은 차가버섯이 러시아가 종주국이자 원산지라고 해도 과언이 아님을 뒷받침해준다. 게다가 차가버섯은 일반적으로 북반구 지역 중에서도 매우 추운 곳에서 나기 때문에 춥기로 둘째라면 서러워할 러시아가 차가버섯의 생성지로 좋을 수밖에 없다. '비뚤어진 다공균'을 뜻하는 라틴어 학명 이노노투스 오블리쿠스Inonotus obliquus에서 짐작할 수 있듯이, 차가버섯은 검고 딱딱한데다가 쩍쩍 갈라져서 우둘투둘, 울퉁불퉁하게 생겼다고 해서 '다공균 암'이라고 불리기도 한다.

자작나무에 기생하는 차가버섯

솔제니친이 『암병동』에서 차가버섯을 가리켜 '자작나무의 암'이라고 말한 이유도 여기에 있다. 또 차가버섯이 검은색을 띠고 있는 것은 그 안에 흑색소를 가리키는 멜라닌 성분이 많이 함유되어 있기 때문이다. 자작나무에 기생하며 수액을 먹고 크는 차가버섯은 직경 40cm까지도 자랄 수 있고 잘라내도 나중에 그 자리에서 다시 자라날 수 있다고 한다. 숙주인 자작나무는 최대 20년까지 기생하며 생명을 앗아가는 차가버섯 때문에 결국 고사하게 된다.

러시아 시베리아·극동 지역에서는 한티족 등 여러 토착민이 아주 오래전부터 각종 질병 예방과 건강 유지를 위해 차가버섯을 빻아 분말로 만들어 끓인 차를 마셨다. 이들은 '슐타'나 '슐가' 등 차가를 뜻하는 자체 이름을 갖고 있기도 하다. 베타글루칸과 항산화 효소SOD, 크로모겐콤플렉스처럼 종양 확산 저지에 탁월한 성분들이 풍부하게 함유되어 있는 양질의 차가버섯은 바로 이 지역에서 많이 난다. 이처럼 항암 효과 등이 아주 좋다고 하여 러시아에서만 아니라 우리나라에서도 차가버섯의 인기와 수요가 많다. 요즘은 다른 자작나무 추출 제품들처럼 다양한 차가버섯 가공 제품을 인터넷을 통해 손쉽게 주문하여 이용할 수 있다. 우리나라에서도 품질 좋은 러시아산 차가버섯을 구할 수 있다. 그러나 효능이 탁월한 것으로 알려진 20년 이상 자란 천연 차가버섯은 채취하기가 어려워서 가격도 그만큼 비싸다. 분말 순도가 가장 좋은 제품은 1kg에 150만원 가량 나간다고 한다. 차가버섯이 제아무리 좋다고 해도 그림의 떡일 수 있는 이유다.

4. 한국의 자작나무

한반도에서 자생하는 자작나무는 예로부터 함경도와 평안도, 강원도 중북부에서만 찾아볼 수 있었다. 바꾸어 말하자면, 현재 우리나라에서는 강원도 북부 등 극히 일부 지역을 제외하면 자생하는 자작나무를 찾아보기가 매우 어렵다. 자작나무는 기본적으로 추운 지방에서 자라는 한대림에 속하기 때문이다. 하지만 자작나무가 반드시 추운 지역에서만 자라야만 하는 법은 없는 것 같다. 우리나라에서도 꽤 오래전부터 다양한 목적으로 인공조림이나 식수를 통해서 조성된 자작나무 숲을 어렵지 않게 찾아볼 수 있다. 이와 함께 자작나무를 재료로 하여 생산된 각양각색의 제품도 심심찮게 접할 수 있다. 요컨대, 한국에서 자작나무는 요즘 보기 드물거나 낯선 존재가 절대 아니다. 관심을 조금만 기울이면 새하얀 자태의 자작나무 군락을 가까운 우리 주변에서도 자주 만날 수 있다. 게다가 자작나무는 시와 소설 등 한국 문학 작품에서만 아니라 풍경화 화폭과 최신 영화 스크린에서도 우리나라 독자와 관객의 시선을 사로잡곤 한다.

한국에서 자작나무가 대규모 군락으로 자라고 있는 지역은 크게 강원도(인제, 원주, 평창, 횡성, 정선, 영월, 태백 등)와 경기도(가평, 광주, 남양주, 양주, 양평 등), 경상북도(청송, 영양 등)와 충청북도(음성 등)로 나눌 수 있다. 이 중에서 강원도는 자작나무 서식지 면적에서 압도적인 규모를 자랑한다. 한반도에서 자작나무가 자생하는 남방한계선이라고 할 수 있는 강원도는 자생 자작나무가 매우 드물게 존재하는 곳이기도 하지만, 그보다는 인공 식수로 조성된 자작나무 숲이 남한 지역에서 가장 넓게 분포한다. 특히, 인제군 원대리에 분포하는 자작나무 숲은 우리나라에서 가장 잘 알려진 대규모 자작나무 군락이다. 산림청에서 자연생태공원으로 공식 지정해서 체계적으로 관리하는 원대리 자작나무 숲은 코로나19 팬데믹 직전인 2019년 기준으로 43만 명이 찾았을 정도로 해마다 수많은 사람의 발길이 끊이지 않았다.

원대리 자작나무 숲은 2023년 산림청 선정 '걷기 좋은 명품숲길 30선' 중에서 최우수 숲길로 뽑혔고 우리나라 대표 명품 숲을 찾는 방문객들의 발길도 해를 거듭할수록 늘어나고 있다. 원래 자작나무 서식지가 아니었던 인제군 원대리에 자작나무 숲이 조성된 역사는 지금으로부터 약 50년 전인 1974년까지 거슬러 올라간다. 당시 이 지역 사람들이 화전민이 떠난 마을 뒷산 계곡에 잣나무, 낙엽송과 함께 자작나무를 군데군데 심었다고 하는데 자작나무 식수가 처음부터 조직적·체계적으로 이뤄진 것은 아니었다. 그때까지

인제 원대리 자작나무 숲속

만 해도 이곳에 자작나무를 심었던 이유가 특별히 없었고 입수 가능한 묘목 중에 자작나무가 있었을 뿐이었다고 한다. 그로부터 14년 후인 1988년 원대리 숲이 솔잎혹파리 습격으로 초토화되자 이듬해인 1989년 산림청이 자작나무 조림 계획에 착수했다. 1990년 3월부터 시작하여 6년간 원대리 국유림 138ha에 걸쳐 1~2년생 묘목 41만여 그루를 심었다. 이때 심은 자작나무들이 현재까지 약 25년간 무럭무럭 자라나서 대한민국에서 가장 울창하고 아름다운 자작나무 명품 숲을 형성했고 러시아 시베리아에서나 접할 수 있는 자작나무 숲의 빼어난 풍광과 압도적 위용을 한반도 남단에서도 유감없이 펼쳐 보여주고 있다.

원대리 자작나무 숲은 강원도 내륙의 깊은 산간에 자리 잡고 있어 군대 가는 남성들 사이에서 '인제 가면 언제 오나 원통해서 못 살겠네'라는 말이 널리 회자했을 정도로 대한민국 오지 중 오지로 통했던 인제군을 오늘날 많은 사람이 생태 숲 탐방과 체험을 위해 전국 곳곳에서 찾아오게 만드는 매력적인 관광지로 탈바꿈시킨 일등 공신이다. 인제군은 원대리 자작나무 군락을 활용하여 명품 숲 관광지로서 지역 이미지와 정체성을 새롭게 확립했다고 해도 과언이 아니다.

인제군의 새로운 지역 이미지와 정체성을 구성하는 핵심 요소로 굳게 자리 잡은 원대리 자작나무 숲은 최근 들어서 많은 변화가 있었다. 필자가 2015년 10월 가을에 방문했을 때와 2023년 8월 여름에 8년 만에 다시 찾았을 때 확연하게 눈에 띄는 몇 가지 변화가 있었다. 현재는 자작나무 숲으로 가는 지역이 7개 코스로 세분되어 있어서 숲을 찾는 사람과 그때그때 사정에 따라서 그에 맞는 탐방 코스를 적절하게 선택할 수 있다. 또 길 양쪽에는 어린 자작나무들을 새롭게 심어 놓아서 몇 년 후면 이곳에서 사시사철 운치 있는 자작나무 숲길을 만날 수 있을 것으로 예상된다. 예전에 없었던 매점도 근처에 문을 열어서 방문객들의 편의를 도모하고 있다. 주요 지점들에 안내 부스와 요원이 배치된 것도 큰 변화상 가운데 하나이다.

원대리 자작나무 숲 주차장에서 나와 도로 건너편의 안내소를 지나면 아담한 규모로 마련된 자작나무 목공예실이 있다. 방문객은 여기서 아기자기하고 예쁘장하게 만들어진 다양한 자작나무 목공예품을 직접 경험해볼 수 있다. 이와 함께 목공예실 내부 벽면에 걸려 있는 자작나무 풍경화와 목판 시화들도 이곳을 찾는 사람들의 눈길을 끈다. 백담사에서 출가하여 인제와 인연이 깊은 시인 만해 한용운의 시 「알 수 없어요」에 나오는 첫 두 행을

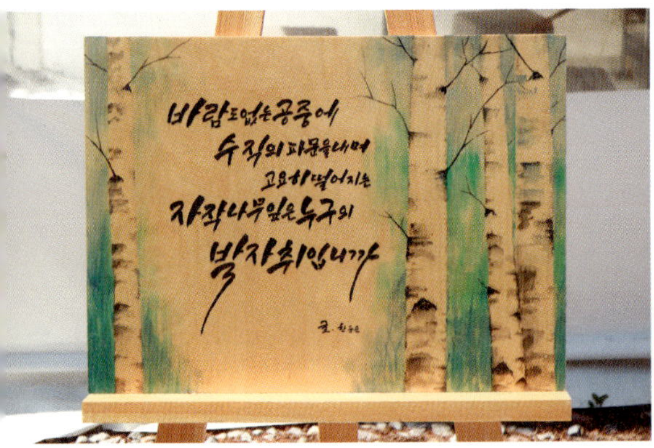

◂ 자작나무 목공예실 밖에 전시돼 있는 만해 한용운의 시를 주제로 한 목판 시화
▸ 자작나무 목공예실 안에 전시돼 있는 백석의 시를 주제로 한 목판 시화

다음과 같이 오동잎에서 자작나무잎으로 살짝 바꾸어 써 놓은 자작나무 목판 시화가 목공예실 밖에 전시돼 있어 흥미로웠다. "바람도 없는 공중에 수직의 파문을 내며 / 고요히 떨어지는 자작나무잎은 누구의 발자취입니까." 이처럼 만해의 시에는 자작나무가 등장하지 않는데도 일부러 자작나무 이미지를 집어넣어 만들어 놓은 목판화도 있지만, 자작나무에 관해 쓴 백석의 유명한 시 「백화白樺」 전문을 그대로 옮겨 적어 만든 목판 시화도 공예실 안 한쪽 벽면에 기대어 서 있다.

백석의 시에서 알 수 있듯이, 자작나무는 특히 한국 근현대 시에서 문학적 상상력의 중요한 원천 가운데 하나였다. 백석 이후로 시에서 자작나무를 묘사하고 노래했던 시인들은 고은(「자작나무 숲으로 가서」)에서 안도현(「자작나무의 입장을 옹호하는 노래」)이나 최창균(「자작나무 여자」), 정끝별(「기억은 자작나무와 같아」) 등에 이르기까지 무수히 많다. 백석의 고향인 평안도 정주처럼 자생하는 자작나무를 직접 볼 수 있는 곳이 한국에 그리 많지 않았더라도 자작나무는 시인들에게 예술적 영감을 불어넣어 주었다. 한국 시인들은 많고 많은 나무 중에서도 유독 자작나무에 각별한 애정을 보이는 것 같다. 이 점은 가장 최근 예를 들자면 2023년 9월에 동시에 나온 오대환의 『아홉 그루의 자작나무가 불타고 있네』(상상인)와 조안의 『자작나무 옹이』(책만드는집)라는 시집 제목이 보여주듯이, 한국 시인들의 시집 제목을 다름 아닌 자작나무가 유달리 많이 장식하고 있다는 점에서도 잘 뒷받침된다.

그렇다고 자작나무가 한국 문학에서 시 영역의 전유물만은 절대 아니었다. 예를 들면, 2015년에 나온 이호준의 수필집 『자작나무 숲으로 간 당신에게』(마음의 숲)나 2020년에 나온 문희융의 소설 『자작나무 아래로 내리는 눈』(그룹에이치컴퍼니)은 산문 분야에서도 자작나무가 중요한 소재이자 주제로 다뤄지고 있음을 보여준다. 특히 문희융의 소설은 제목에 나타나 있듯이 자작나무가 남녀 주인공 사이, 한국과 러시아 사이를 긴밀하게 이어주는 핵심 이미지로 설정돼 있다. 더욱 의미심장한 사실은 소설의 남자 주인공이 바로 인제 원대리 출신이라는 점이다. 일인칭 시점에서 서술되는 소설의 남자 주인공 화자는 “내가 태어나던 그해 여름, 산림 공무원이었던 아버지는 인제군에서 시작한 조림 사업의 일환으로 자작나무를 심으셨다”라거나 “내가 커 오는 동안 본 아버지는 늘 자작나무였고 자작나무가 아버지였다”라고 말한다. 또한, 주인공은 학술회의 참석으로 모스크바에 갔을 때 우연히 만난 러시아 거주 한국인 발레리나인 나타샤와도 바로 자작나무 숲을 매개로 운명적인 인연을 맺는다. 그는 나타샤가 등장하는 비디오를 보면서 “웅장하다는 표현으로도 모자라고, 아름답다는 표현으로까지도 모자란 자작나무 숲의 위용은 언제나 봐도 무서우리만치 아름다웠다”라고 말하면서 다른 한편으로 “유월의 러시아… 그것도 모스크바에서 바라보게 되는 자작나무는 원대리의 자작나무와는 또 다른 느낌이었다”라고 술회하기도 한다. 그러면서 남자는 나타샤에게서 숲의 향기가 난다고도 말한다. 이 말을 듣자 그녀는 “자작나무라… 나쁘지 않은데요? 어릴 적 아버지는 마당에 내 키보다 작은 자작나무 한 그루를 심으셨죠. […] 어쩌면 그때 내 점프의 8할은 그 자작나무가 가르쳐 줬던 것 같아요”(122)라고 답한다. 이처럼 자작나무는 남녀 주인공의 삶에서 핵심 요소였고 바로 이것이 두 사람을 운명적으로 맺어주는 동기가 되기도 한다.

인제 원대리 자작나무 숲은 많은 사진작가와 화가의 예술적 영감 또한 자극한다. 예를 들면, 2020년 11월 16~28일 강남구 슈페리어갤러리에서 ‘어찌 그리 아름다운지요’라는 주제로 개인전을 열었던 이장우 화가는 원대리 숲의 다양한 계절 풍경을 화폭에 담기 위해 겨울에서 봄, 가을까지 세 번에 걸쳐 이곳을 직접 찾아가 하늘을 향해 가지를 쭉쭉 뻗은 은빛 자작나무들을 관찰했다고 한다. 그의 그림들에서 자작나무들은 다른 대상들과 앞뒤로, 위아래로 특별히 구분되지 않게 균등하게 묘사되는 점이 특징이다. 이보다 1년여 앞선 2019년 5월에는 소나무 화가로 유명하고 인제군 홍보대사로도 활동하는 김순영 작가가 원대리 자작나무 숲의 사계절을 화폭에 담은 대작을 선보여 눈길을 끌었다. 가로 914cm, 세로 160cm의 초대형 그림 속에는 인물이 32명이나 등장하고 각종 새와 나비가 날아다니고 다양한 야생동물이 뛰어논다.

한편, 원대리 자작나무 숲이 국유림에 조성된 전국 최고의 자작나무 군락지라고 한다면, 이에 버금가는 대규모 자작나무 숲은 경북 영양군과 청송군에 조성된 국유림에서도 찾아볼 수 있다. 두 곳 역시 산림청에서 명품 숲으로 지정되어 관리되고 있지만, 원대리 숲과 비교할 때 무엇보다도 접근성이 떨어진다는 점에서 앞으로 개선할 부분이 적지 않다. 영양군 죽파리 자작나무 숲은 원활한 접근성을 위해 전기차를 도입할 목적으로 착수한 공사가 현재 마무리 단계에 있어 그나마 다행이다. 하지만 청송군 화장리 자작나무 숲은 명품 숲이라고 하기에는 접근성이 많이 떨어질 뿐만 아니라, 숲 내부도 방문객들이 편하게 돌아다니기에는 여러 가지로 불편하여 깔끔하게 정비할 부분이 적지 않다. 2023년 8월에 원대리와 죽파리, 화장리를 모두 방문했을 때 원대리와 달리 죽파리와 화장리 자작나무 숲은 찾는 사람이 거의 눈에 띄지 않았다. 죽파리 숲은 이 기간에 공사 중이라서 방문객을 통제했기 때문에 그렇다고 치더라도 당시 화장리 숲을 방문한 사람이 전혀 보이지 않았다는 사실은 명품 숲이더라도 접근성이 매우 떨어져 깊이 고립되어 있고 편의시설도 거의 조성되어 있지 않으면 사람들이 찾아가기가 절대 쉽지 않음을 보여준다.

현재 전국에는 원대리나 죽파리 같은 국유림에 조성된 자작나무 숲만 있는 것이 아니다. 경기도 양평 서후리 숲이나 강원도 횡성 '미술관 자작나무숲'은 사유림에 조성된 훌륭한 자작나무 숲으로 손꼽힌다. 두 숲은 최근 K-팝 그룹 BTS가 다녀갔다고 해서 화제가 되기도 했다. 이 중에서 횡성 '미술관 자작나무숲'은 그보다 몇 년 전인 2017년 KBS에서 설날 특집으로 제작한 〈힐링다큐－나무야 나무야〉 두 번째 편의 무대로 소개되어 이미 유명세를 탔다. 이곳은 개인이 운영하고 있어 입장료 2만5천 원을 내야 들어갈 수 있다. 입장료는 생각하기에 따라서 꽤 비싸다고 볼 수 있지만, 숲 안에 있는 안채에서 무료로 제공하는 커피 등 음료를 고려하면 비싸다고만은 할 수 없다. 미술관 안에는 자작나무를 소재로 한 다양한 그림과 사진이 전시되어

횡성 '미술관 자작나무숲'

있어 볼 만하다. 무엇보다도 이곳은 아주 광활한 숲은 아니지만, 순백의 자작나무들로 아기자기하게 잘 꾸며져 있어서 어느 계절에 와도 자작나무들이 자아내는 특유의 풍경과 분위기를 맛볼 수 있다. 특히 겨울철에 가면 미술관 안채에서 모락모락 불꽃이 피어나는 난로 앞에 따뜻하게 앉아서 밖으로 보이는 눈 내리는 자작나무 숲의 새하얀 절경을 오롯하게 만끽할 수 있다.

요즘 한국에서 자작나무는 저 멀리 인제 원대리 숲이나 평창 육백마지기 숲, 영양 죽파리 숲 등에서만 볼 수 있는 것은 아니다. 가깝게는 남양주 한강변 삼패지구에서도 자작나무 군락지를 쉽게 만날 수 있다. 또 일산 호수공원이나 분당 중앙공원 등 도시공원에서도 자작나무들이 곧잘 보이곤 한다. 성남시 판교 현대백화점 건물도 자작나무들이 둘러싸고 있다. 고양시 스타필드 쇼핑몰 건물 중앙부 앞에도 자작나무들이 펼쳐져 있다. 심지어 서울 도심 한복판에 있는 국립민속박물관 앞에도 수령 30~40년은 되어 보이는 자작나무가 몇 그루 늠름하게 서 있다. 이 밖에도 자작나무가 군락을 이루고 있거나 몇 그루씩 자라고 있는 곳이 전국에 걸쳐 헤아릴 수 없이 많이 존재한다. 이 중에서 아주 흥미로운 현상 가운데 한 가지는 자작나무가 크고 작은 카페를 장식하는 조경수로 많이 사용되고 있다는 사실이다. 예를 들면, 경기도 광주시 오포1동 신현리에 있는 '카페인 신현리'는 건물 바로 옆에 꽤 큰 자작나무 숲이 있어서 손님들이 카페 안팎에서 자작나무 풍경을 제대로 음미할 수 있다. 또 테라로사 커피공장 강릉 본점의 구관에도 건물 안팎에 수령이 꽤 되는 자작나무들이 군데군데 자라고 있어 고즈넉한 분위기를 연출하는 데 일조한다. 경기도 양평에 있는 '나인블럭' 서종점도 자작나무가 카페의 고유한 분위기 조성에 없어서는 안 될 존재이다. 이런 카페 풍경에서 볼 수 있듯이 자작나무는 어쩌면 현대 소비사회에서 자연과 인간을 이어주는 소중한 매개체가 아닌가 싶다. 그러나 다른 한편으로 볼 때 자작나무들이 원래 서식지와 매우 다른 환경에 인위적으로 이식되어 자연스럽지 않게 자라고 있는 것을 보면 인간의 욕심이 끝이 없음을 보고 있는 것 같아 씁쓸하다.

4장

카추샤, 소냐, 나타샤*

대명사로서의 이름을 부르다

김진영

* 이 글은 『시베리아의 향수 : 근대 한국과 러시아문학』(이숲, 2017)에 기술된 내용의 일부를 정리 · 보완한 것이다. 참고문헌, 상세 정보 등 자세한 내용은 원저를 찾아보기 바란다.

팔봉 김기진 수필에 보면, 태어난 아이 이름 지어주는 장면이 있다. "이왕이면 서양 이름으로" 하자는 제안에 따라 네스토르와 바쿠닌 같은 무정부주의자 이름도 들었다가, 에레나, 카테리나, 소냐 같은 여자 이름도 들었다 하는데, "그 어째 러시아 이름만 쳐드나?"라고 필자가 묻자, 친구가 이렇게 대답한다. "우리 듣기는 그런 이름이 퍽 친밀한 듯하지 않은가? 나는 안나 카레니나라는 이름이 제일 좋은 것같이 들리는데 …"[1]

작명은 시대적 징후이다. 박마리아, 차미리사, 황에스더, 김앨리스, 이도리티, 강엘리자베스…와 같은 영미권 이름이 선교사로부터 내려받거나 신여성들 스스로 선택한 문명의 표식이었다면, 러시아 이름은 조선의 남성이 특히 애호한, 발음한다는 사실만으로도 의미가 창조되는 낭만의 기호였다. 아주 드물게나마, 모윤숙의 '베르베른스키'처럼 러시아 남성을 거명하는 적이 눈에 띄기는 해도, 근대기 한국 독자들이 기억한 것은 남성보다 여성, 그것도 명작 속 여주인공들의 이름이었다.

근대기에 열렬히 사랑받고 번역된 외국 문학이 러시아문학이었음은 주지의 사실이다. 톨스토이, 도스토옙스키, 투르게네프 작품은 단순히 소설 속 이야기로 회자된 것이 아니라, 식민지 현실에 투영된 자의식과 분노와 저항의 대리 발언대로서 수용되었고, 소설 속 주인공 역시 고통받고 고뇌하는 당대적 조선인의 초상으로 자연스레 대치되었다. 국문학계는 1930년대 후반부터 러시아 여성 이름이 번역 문학 아닌 조선 문학의 일부로 편입되었다고 진단한다. 즉, 톨스토이의 카추샤, 도스토옙스키의 소냐가 어느덧 나(조선)의 카추샤, 나(조선)의 소냐가 되어 나타났다는 것이고, 이때 카추샤와 소냐는 실제 러시아 여자일 수도, 조선 여자일 수도 있다. 근대문학의 무대에 출현한 '러시아 이름을 가진 여성'에게 국적은 그다지 중요해 보이지 않는다. 요컨대 백석의 '나타샤'가 "좋아하는 먼 사람에게 붙인 이름이든 실제 마우자의 딸이든 나타샤라는 고유명사는 작품 속에 현실치외법권적인 아름다움을 부여한다"[2]는 말은 전적으로 맞는 말이다. 국적의 경계는 물론, 현실과 환상 사이의 경계마저 초월해버린 이름 '나타샤'는 더 이상 고유명사가 아니라 하나의 대명사이며, 그것은 기표와 기의 간의 경계마저 증발시킨 완전무결한 사인sign이기도 하다.

국문학계가 지목한 1930년대 후반은 구체적으로는 '나의 연인 나타샤'가 문학(시) 텍스트 안에 등장하는 시점이다.

가난한 내가
아름다운 나타샤를 사랑해서
오늘밤은 푹푹 눈이 나린다

—백석, 「나와 나타샤와 흰당나귀」(1938) 부분

백석의 뒤를 이어 김광균의 눈길 걸어가는 "나타－샤 같은 계집애"(「눈 오는 밤의 시」)가, 그리고 오장환의 음독자살한 연인 나타샤(「고향이 있어서」)가 나온다. 그럼으로써 그들의 시는 마치 "나타샤라는 이름을 마음껏 써보기 위해서 씌어진 이를테면 기호의 선율"[3]로, 또는 '나타샤'라는 이름을 놓고 경쟁하는 문학적 변용의 향연으로 읽힌다.

문제의 초점은 나타샤라는 여자가 누구인가에 있다기보다, 그 이름을 거듭 부른다는 행위에 있다. 그것이 실은 '나타샤' 등장 이전부터 이어져 온 하나의 문화적 현상으로 지목될 수 있겠다. 야콥슨의 기호학 도식을 빌어 말하자면, '나타샤'라는 말에는 시적poetic이자 교감적phatic인 기능이 도드라지지만, 동시에 맥락적referential 기능 역시 뚜렷이 존재한다. 논의 시점을 1930년대 이전으로 되돌려 그 맥락을 확인하고자 한다.

1. 카추샤

카추샤는 『부활』의 여주인공이다. 매력적인 농노 처녀, 열정적 사랑의 주인공인 그녀가 순정을 유린당한 후 타락의 길을 걸어 시베리아 유형까지 떠나고, 그러나 궁극에는 도덕적 삶을 회복하게 된다는 내용의 소설 『부활』은 20세기 초반 한국에서 가장 대중적으로 유행한 러시아문학 작품임은 물론, 톨스토이의 대표작으로 간주 되었다. 애초 최남선이 톨스토이를 처음 소개하면서 "『부활』은 선생의 저작 중에 가장 귀중한 것"이자 "만세불굴의 대작"이라 평한 탓도 있지만,[4] 소설의 대중적 인기에는 무엇보다 비련의 카추샤를 주인공으로 내세운 신파극 『부활』과 극 안에 삽입됐던 「카추샤의 노래」가 큰 역할을 했다.

톨스토이 사후 25주년을 맞아 각종 언론 매체가 특집을 기획했을 때도, 예컨대 『매일신보』 1935년 11월 20일자 특집란을 장식한 것은 대부분 『부활』과 카추샤에 대한 작가들의 회고였다. "나는 이인직을 알기 전에, 이광수를 알기 전에, 염상섭을 알기 전에, 김동인을 알기 전에, 최학송[최서해]을 알기 전에 톨스토이를 알았다. 그리고 톨스토이를 알기 전에 '카튜샤'를 알았다"는 연극인 최상덕의 회상(「'갓주사'와 나」)을 비롯하여, 김동인, 전영택, 염상섭, 김기진 등의 톨스토이 추모는 모두 『부활』에 얽힌 기억으로 시작한다.

일본의 시마무라 호게츠 각색극 『카추샤』(1913년)에 출연한 마츠이 수마코

최남선은 『청춘』 제2호(1914년)에 6쪽 남짓의 소설 요약본을 실으면서 '갱생'이라 제목 붙였다. 카추샤가 재판장에 끌려 나오는 장면으로부터 네흘류도프의 뉘우침과 청혼, 카추샤의 거절, 네흘류도프의 깨달음까지만 간략하게 전달하는 초역抄譯본이다. 소설 전체를 카추샤와 네흘류도프의 굴곡진 연애사로 단순화하여 여주인공의 재생에 초점을 맞춘 셈인데, 이 축약 버전의 참조 텍스트

로는 같은 해 일본에서 순회공연된 앙리 바타이유Henri Bataille 각본, 시마무라 호게츠島村抱月 각색·감독의 신극 『카추샤』가 활용되었다. "연극을 통해 사회 제도에 대한 톨스토이의 비판 사상을 보여준다는 것이 불가능하기에, 네흘류도프와 카추샤의 사랑만을 테마로 다루었다"는 것이 시마무라의 의도였던바, 그 의도가 적중하여 대중 멜로드라마 『부활』의 성공시대가 열렸다. 이 연극에 사용된 삽입곡이 일본 엔카의 원조가 된 「카추샤의 노래」(시마무라 작사, 나카야마 심페이中山晋平 작곡)다. 시마무라의 연인이었던 마츠이 수마코松井須摩子가 불러 유행시킨 이 노래는 극 앞부분 네흘류도프와 카추샤가 사랑하는 장면과 이후 카추샤가 감옥 안에서 그때를 회상하는 장면에 나온다.

> 가엾은 카츄샤, 헤어지기 서러워라/ 싸리 눈 녹기 전에/ 신에게나 빌어 볼까?// 가엾은 카츄샤, 헤어지기 서러워라./ 오늘밤 내리는 이 눈이/ 내일엔 산길 들길 덮어줬으면. […]

『부활』을 통해 톨스토이를 알게 되었으며, 더 나아가 『부활』을 통해 문학의 길로 접어들게 되었다는 근대기 남성 문학가들의 회상은 톨스토이 원작보다 일본에서 흘러들어온 신파극의 감동으로 굴절되었을 가능성이 크다. 카추샤에 대한 기억 또한 신파극이 강조한 순정에 집중되었다. 시대는 '연애(자유연애)'의 담론에 열광했고, 가령 톨스토이의 열혈 독자로 『부활』을 거듭 읽었다는 이광수마저도 소설의 핵심으로 꼽은 장면은 "오직 옛날의 애인 카추우샤를 따라서 눈이 푸실푸실 내리는 시베리아로 떠나가던 그 마당", 즉 실제 소설과는 전혀 다른 연애 감상의 배경이었다.

> … 그러면 그 『부활』중 어느 대목이 가장 가슴을 치더냐 하면, 마지막에 네플류도프가 공작(公爵)과 그 밖에 사회적 지위를 모두 버리고 또 재산과 사모하여 뒤에 따르는 명문의 여성까지 모두 버리고서 오직 옛날의 애인 카추우샤를 따라서 눈이 푸실푸실 내리는 시베리아로 떠나가던 그 마당이 무어라 말할 수 없이 숭고

1927년 헐리우드 영화 〈부활(Resurrection)〉(Edwin Carewe 감독) 스틸컷

> 하고 심각하며 엄숙한 맛에 눌리움을 깨달았다. 네플류도프의 그 순정적 사상과 행위, 그것은 인세에서 찾기 드문 아름다운 일의 한가지다.
>
> —「『부활』과 「창세기」: 내가 감격한 외국 작품」

원작 소설에서 네흘류도프가 카추샤를 따라 시베리아로 가는 시점은 정확히 "뜨거운 7월의 여름날"이지만, 이광수는 그것을 무의식의 심상으로 대체했던 것이다. '흰 눈 내리는 시베리아 유형길'은 신파극 등장 이후 1920년대를 거치며 확산된 상투적 북국 인식일 테고, 이광수는 그 순백의 캔버스 위에 "순정적 사상과 행위"라는 또 하나의 순백색 클리셰, 곧 톨스토이식 자기 정화의 도덕률을 덧입혔다고 볼 수 있다. 그런 의미에서 카추샤는 흰 눈 내리는 시베리아의 시각적 향수와 결합된 순정의 '개념'이었으며, 그것이 이광수 등 조선의 '청년 톨스토이주의자들'이 설정한 '낭만적 사랑'(자유연애)의 골자였다.

비록 육체적 순결을 잃고 매춘부로 타락하지만 종국에는 정신적 순결을 되찾아 '갱생'하게 된다는 카추샤 이야기는 근대적 화두인 자유연애와 전근대적 화두인 순결콤플렉스를 타락과 갱생의 선순환으로 해결해준, 남성 관점에서는 제법 편리한 서사적 방어기제였다. '잃어버린 정조'라는 시대적 논제 안에서 피해자인 여성과 가해자인 남성은 각각 피구원자와 구원자 역할로 자리 잡고, 그 뒤집힌 관계 구도를 통해 면죄부를 얻은 남성은 도덕적으로 상대적 우위에 올라설 수 있었다. 반면, 여성은 남성의 욕망과 가부장제가 부여한 이중 굴레 안에서 슬픈 '애화哀話'의 주인공으로 틀지어졌다. "[카추샤는] 이국적인 로맨스와 열정의 표상으로 떠올랐고 곧 다가올 낭만적 사랑과 열애의 시대를 예고한 대명사였다"[5]고 했을 때, 우선적으로 기억할 것은 그 대명사의 호명 주체가 남성이었다는 사실이다. 대부분 여성은 이광수와 같은 지식인 문필가, 학교 선생님, 학생 오빠 등으로부터 그들이 번역하고 해석한 카추샤 이야기를 들었다. 남성이 이야기의 진원지요 전수자였으며, 남성이 부르는 이름, 남성이 들려주는 이야기의 수신자로 머무르는 한, 여성은 남성 관점의 '낭만적 사랑'이라는 틀에 고정될 수박에 없었다.

그런 방식으로 '가엾은 카추샤'의 사랑 이야기는 통속적으로는 20~30년대 잡지를 장식한 수많은 '애화'들, 특히 순정을 배반당해 죄악의 길로 빠지는 여성 애화의 원류를 형성하기에 이른다. 가령, 일본 유학 출신 신여성으로 인천의 권번과 종로의 카페를 전전하던 여배우 복혜숙은 "우리의 '카쥬사'" 취급을 받았고, 결혼의 구습에서 도망쳐 항구 술집 여자의 길을 택한 이름모를 신여성 또한 '카츄－샤'란 별칭으로 호명되었다. '카쥬샤'라는 이름의 주점도 있었다. 『삼천리』 잡지에 실린 1930년 통계에 따르면, 조선 여성의 범죄 중 가장 잦은 것이 살인, 간음, 절도의 순이었다고 하는데, 그것은 카추샤를 법정으로 내몰았던 혐의와 정확히 겹쳐지는 죄목들이기도 했다. 당시의 많은 여성 애화(실화 기사 · 수기 · 소설 등)가 카추샤 애화의 복사판처럼 재생산되었으며, 카추샤의 비극이 실제 삶이나 문학 속에서 여성 애화의 전형으로 유형화되었던 셈이다. 그런 의미에서 '카추샤'는 근대기 여성 운명의 대명사였다.

그러나 서사의 진원지가 남성이 아닌 경우, 즉 여성이 주체적으로 카추샤 이야기를 읽는 경우 또 다른 독법이 가능했음도 기억할 필요가 있으며, 바로 이 지점에서 여성주의적 독법의 차별성이 확인된다. 비록 신파극은 남자에게 버림받은 카추샤의 슬픈 운명에 초점을 맞추었지만, 원래 톨스토이 소설에서는 그 이후 전개되는 이야기가 중요하다. 소설 속 카추샤는 네흘류도프의 참회와 보상(청혼)도 물리친 채 자신의 길을 찾아 정치범 시몬손과 결합한다는 점에서 독립적 여성의 면모를 갖추고 있다. 톨스토이 원작을 제대로 끝까지 읽은 여성 독자라면, 더군다나 여성 문제에 눈 뜬 신여성 독자라면, 이 점을 주목할 수밖에 없으며, 그것이 1914년의 나혜석으로 하여금 카추샤를 '혁신'의 이상형으로 꼽게 만든 요인이었다.

> 혁신으로 이상을 삼은 카츄샤, 이기(利己)로 이상을 삼은 막다, 진(眞)의 연애로 이상을 삼은 노라부인, 종교적 평등주의로 이상을 삼은 스토우부인, 천재적으로 이상을 삼은 라이쵸여사, 원만한 가정의 이상을 가진 요사노여사 제씨와 여(如)히, 다방면의 이상으로 활동하는 부인이 현재에도 불소(不少)하도다. 나는 결코 차(此) 제씨의 범사에 대하여 숭배할 수는 없으나, 다만 현재 나의 경우로는 최(最)히 이상에 근(近)하다 하여, 부분적으로 숭배하는 바라.[6]

나혜석에게 카추샤는 비련의 희생양이 아니라 자기 혁신의 주체이며, 비록 불완전하나마 '이상적 부인'의 한 모델로 분류될 수 있었다. 물론 "운명에 지배되어" "평이한 고정적 안일 외에, 절대의 이상을 가지지 못한 약자"[7]라는 점에서 완벽한 이상형, 즉 근본적인 문제를 자각하고 타파할 "시대의 선각자"에는 미치지 못했다. 이는 카추샤의 한계라기보다 카추샤를 읽는 당대의 신여성 자신이 맞서 싸워야 했던 구조적 한계라고 봐야 옳다. 나혜석은 카추샤 이야기를 또 다른 각도에서 보고 해석한, 당시로서는 매우 드문 독자의 한 명이다. 근대 한국 남성들이 톨스토이의 분신인 네흘류도프와 일체감 속에서 카츄샤를 대명사화 했던 것과는 상반된 방향에서 카추샤를 독자적인 여성 대명사로 만들고자 노력한 선각자였다.

2. 소냐

카추샤의 뒤를 잇는 대명사적 여주인공이 『죄와 벌』의 소냐다. 두 여주인공 모두 희생당한 운명의 매춘부지만, 톨스토이의 카추샤가 갱생 과정을 거치는 데 반해, 소냐에게는 갱생이 요구되지 않는다. 그녀는 처음부터 끝까지가 일관된 기독교적 선의 화신이고, 따라서 가족을 부양하기 위해 매춘하면서도 죄에 오염되지 않는 성서적 인물이기 때문이다. 소냐가 처한 참담한 환경은 러시아 사회의 구조적 문제와 결부되어 있으면서, 동시에 그녀 자신이 선택한 바이기도 하다. 소냐의 아버지가 나약한 술주정뱅이가 아니었다면, 또는 그녀의 계모가 자존과 자학의 히스테리아 폐병 환자가 아니었다면, 또는 소냐 자신이 희생을 자처하지 않았더라면, 상황은 달라졌을 것이다. 그것이 어떤 동기에 의해서였건, 소냐는 한없이 온유하고 인내하며 사랑하는 기독교적 이상형으로서, 인간 세계의 죄는 하나님이 계산하고 심판할 것이라는 믿음에 따라 "지상의 몸을 희생한 것뿐이오 그 마음은 언제든지 천사"[8]로 남는 여성이다.

1930년대 소련에서 출간된 『죄와 벌』 삽화 속 소냐 마르멜라도바

이 여성이 1930년대의 대명사로 호출되는 현상은, 카추샤 경우와 마찬가지로, 당대 사회 문화에 대해 많은 것을 말해준다. 『죄와 벌』은 1929년 동아일보에 연재된 이하윤의 '세계명작순례' 코너에서 처음 소개되었다. 그러나 단 9회에 걸친 요약을 통해 도스토옙스키 장편은 양심과 구원의 심오한 사상과 거리가 먼 통속적 죄와 벌의 드라마로 전락해버린 터였다. 1920년대 말은 가난의 고통과 분노에서 야기된 살인, 방화가 신경향파 문학의 단골 소재로 등장하던 때인 만큼, 러시아 소설의 범죄 현장 역시 경향(프로)문학의 파장에 휩쓸린 감이 있다. 일찍이 『죄와 벌』을 읽고 "주인공이 빈궁과 기아에 허덕이고 있는 데 대하여 공감하였던" 송영은 "그 빈궁의 원인이 어디 있는가를 알려고 하는 대신 다만 그 빈궁을 실컷 말해보고 싶었고 동시에 세상을 저주하는, 말하자면 룸펜 프롤레타리아적인 니힐리즘에 빠졌었다"고 회고했다.[9]

가난과 지적 번민 속에서 삶을 영위하던 근대조선의 룸펜 프롤레타리아 남성 계층에 소냐가 이상적 애인상으로 떠올랐다는 것은 소냐 같은 구원의 존재가 그들에게 절실했다는 말이며, 또한 그만큼 그들이 라스콜니코프의 문제와 자신의 현실을 동일시했다는 말이 된다.

> 나는 도스토옙스키의 『죄와 벌』을 읽었을 그때는 이미 여러해 전이었으나 그때 내 자신이 예술 방면에 파묻혔던 까닭인지 굳센 청년으로서의 고민이 남유달리 있었던 듯하였던 때여서 그랬던지 이 '소니아'를 찾아보려고 한 때도 있었다.
>
> 그렇게 이해가 깊고 그러니 그렇게 인간을 알고 현실을 잘 보고 그 까닭에 극도의 빈곤 중에서도 자기가 부둥켜안고 하소할 그 사나이를 찾았던 것이다. '소니아'가 조선에도 있었는지 있을 것인지?
>
> '라스콜니코프'는 '소니아'가 있음으로써 새 생활이 열렸을 것이다.[10]

1933년 『신여성』 지에 실린 특집 「내가 좋아하는 소설의 주인공이 실재해 있다면?」에서 안석주(석영)는 위와 같이 회고했다. 소냐는 문학예술인 5

인이 기억에 남는 소설 속 주인공을 소개한 이 특집에서 이상적 애인형으로 거듭 거론된 인물이다. 안석주와 함께 소냐를 지목한 안회남은 아예 "소니아의 애인 라스콜니코프가 되고 싶다"고까지 했다.[11]

그들의 소냐 예찬에는 남자 주인공 라스콜니코프와의 동질의식이 전제되어 있다. 가난한 대학생 라스콜니코프의 사상에 공명하고, 그가 겪은 "한없는 번민, 참회, 암담"의 "진실한 투쟁의 생활"에 공감한 나머지 조선의 라스콜니코프가 되고 싶어졌으며, 동시에 "법률과 부모와 친우와 성현 모든 것을 제쳐놓고" 한 명의 여인에게 안겨 구원받는 감격의 대단원을 꿈꾸게 되었다는 것이다. "도스토엡스키의 『죄와 벌』을 읽을 때에 라스콜리니코프가 소냐 앞에 엎드려 '나는 전 세계 인류 고통 앞에 무릎 굽힙니다' 하는 데 이르러 가슴이 후끈하도록 감격하여 보았"다는 조명희의 감회도 같은 맥락에서 이해될 수 있다. 정지용이 「황마차幌馬車」에 등장시킨 "가엾은 소-니야의 신세" 역시 도시 하층민인 유학생 정지용-라스콜니코프의 "쓰다듬어 주고 싶은, 쓰다듬을 받고 싶은 마음"에 준하는 자기연민의 투사로 해석될 수 있다.

> 네거리 모퉁이 붉은 담벼락이 흠씩 젖었오. 슬픈 도회의 뺨이 젖었소. 마음은 열없이 사랑의 낙서를 하고 있소. 홀로 글성 글성 눈물 짓고 있는 것은 가엾은 소-니야의 신세를 비추는 빩안 전등의 눈알이외다. 우리들의 그전날 밤은 이다지도 슬픈지요. 이다지도 외로운지요. 그러면 여기서 두 손을 가슴에 넘이고 당신을 기다리고 있으릿가?

안석주는 카프 발기인이었고, 안회남은 조선문학가동맹 소속으로 해방 후 월북했다. 정지용을 좌익으로 분류하기는 어렵겠으나, 그 또한 조선문학가동맹에 몸담았던 적이 있는 시인이다. 일본유학 후 카프에 가담했던 조명희는 1928년에 소련으로 망명하여 소련작가동맹원으로 활동했다. 문학의 감동에 이념의 꼬리표를 달 필요야 없겠지만, 조선의 독자층이 향유했던 도스토옙스키 문학의 핵심이 프롤레타리아 문학으로서의 경향성에 있었음을 부인할 수는 없다. 그러나 초점은 조선의 좌익계열 작가들이 소냐를 선호했다는 단순 사실이 아니라, 조선의 남성들이 취사선택한 여성성의 변이에 맞춰져야 한다. 소냐라는 이름의 여인은 카추샤가 표방한 "이국적인 로맨스와 열정"과 전적으로 무관하다. 자유연애나 양처주의의 신여성도 아니고, 초현실의 이상향도 아니며, 다만 도시의 빈곤을 배경 삼은 지극히 현실적이고 근대적인 인물일 뿐이다. '매음부' 대신 '매음소녀'로 불려야 할 18살 소냐에게 성적 측면의 여성성은 배제되어 있으며, 라스콜니코프와의 관계에도 남녀 간 이성애의 기미는 전혀 보이지 않는다. 애인이라기보다는 영혼의 짝이요 고통의 동반자인 소냐는, 말하자면 '누이' 같은 존재이다. 친가족(아버지)뿐만 아니라 남과도 같은 의붓 가족(계모와 의붓동생들)을 위해 "지상의 몸"을 희생하는 '천사' 같은 '누이'이다. 흡사 "내 사랑하는 오직 하나뿐인 누이 동생 순이"[12]와 같은 소냐에게 부과된 고난과 희생의 무게는 그래서 더더욱 절절할 수밖에 없다. '가엾은 카추샤'와 '가엾은 소냐'의 차이가 여기 있으며, 소냐의 이데올로기화는 바로 그 지점에서 일어난다.

저게 누구냐
저게 누구여
건넌방 북켠 벽살에 웅크리고 붙어 앉아
갓들어온 나를 바라다보는 저 여자가!

아아 쏘냐 쏘냐…

쏘-냐야 어찌 알았으랴
내 여기서 너를 만날 줄!

기억도 새롭다

그때는 겨울…

눈보라로 밝고 눈보라로 어둡는 북극
북국에도 보기 드문 눈보라치는 밤이었다

거기 · '밀나야' – 해란강가 방갈로형 아라사 바 –
으스름한 자줏빛 살롱에서 우연히 사귄 우리

너는 열여덟의 얌전한 웨이트리스
나는 스물 하나의 우울한 방랑객
숭숭 끓는 사모왈 · 활활 타는 페치카 앞에서
하염없이 주고받는 애기로 새는 줄 모르든 그 밤이여! –이찬, 「해후」 부분

인용된 시는 '소냐'를 연민하는 '나'의 관점에서 펼쳐진 독백의 서사시이다. 술집에서 도망쳤다 붙잡혀 감옥에 들어온 소냐는 서산 출신의 조선 처녀로, 과거 '북국'의 러시아 바에서 화자인 '나'와 만나 사귀며 "하염없이 주고 받는 애기로" 밤을 새우곤 했다. 그런데 한때는 "열여덟의 얌전한 웨이트리스"와 "스물 하나의 우울한 방랑객"이었던 두 사람이 4년 만에 경성의 유치장에서 해후하게 된 것이다. 화자의 서술을 통해 지난 4년간 소냐는 술집의 노예로 전락했으며, 화자는 사상범이 되었음을 미루어 짐작할 수 있다. 실제로 시인 이찬은 카프 활동 중 검거되어 2년여의 옥고를 치르기도 했다.

이찬의 시는 어찌 보면 '조선'이란 현실의 언어로 각색된 『죄와 벌』과도 같다. 물론 종교적 측면은 배제된 차원에서의 얘기이다. 라스콜니코프가 소냐를 만나 참회하고 시베리아 대지에서 구원의 깨달음을 얻는 것이 도스토옙스키 소설의 핵심 플롯이라면, 이찬의 시는 라스콜니코프격인 '나'와 '소냐'격인 조선 처녀가 서로의 처지에 가슴 아파하며 분노하는 현실의 서사이다. 동시에 일제 치하에서 짓밟히고 학대받는 박행한 약자 모두의 집단 서사이

기도 하다. 조선의 라스콜니코프와 소냐는 식민의 감옥에 갇혀 저주와 탄식의 신음을 계속할 뿐이고, 그런 그들이 고대하는 당장의 역사는 영혼의 구원이라는 관념적 이상보다 훨씬 더 다급한, 반제국·반자본의 투쟁을 향할 수밖에 없다.

> 움푹 들어간 눈 홀쪽 깎인 볼… 영 못보게 됐구나
> 억지로 들린 몇 잔 워드카에 불그스레해진 네 얼굴 곱기도 하드니
>
> 도시 어떤 녀석의 꾀에 걸렸든 어떤 녀석의 꾀에—
> 고국 산천이 그리워도 "돈 모으기 전에는 안가겠어요" 하든 너
> 그 노릇도 "싫여서 못견디겠어요" 하든 너
>
> 네 스스로 이곳에 왔을 리 그 구렁에 발을 넣었을 리 만무하거니 새삼스리 저주롭다 그 부류의 인간이!
>
> […]
>
> 아 아 쏘냐! 쏘냐!—
>
> 이찬, 「해후」 부분

'쏘냐'로 명명된 이찬의 여주인공에게는 『죄와 벌』의 가엾은 소냐와 조선의 가엾은 순이가 하나의 운명으로 얽혀있다. 얌전한 처녀에서 술집여자로 전락한 천애고아 '쏘냐'는 가난한 집 살림을 위해 여공이 되는 어린 '순이'(「가구야 말려느냐」, 1932), "가난에서 나서 가난에서 자라" 술집여자가 된 '옥순이'(「안해의 죽엄을 듣고」, 1932), 엇비슷한 길을 향해 북만주로 떠나가는 '월이'(「북만주로 가는 월이」, 1937) 등과 함께 '식민의 비극성'이라는 운명 공동체에 속한 존재들이다. 이찬의 '쏘냐'는 곧 조선의 '순이'이고, 대명사다. 도스토옙스키의 소냐 혹은 톨스토이의 카추샤와 차이가 있다면, 그것은 조선의 '쏘냐'에게

구원과 부활의 희망이 요원하다는 사실이다. 쏘냐-순이의 비극은 현재진행형이며, 그녀의 구원은 신의 은총으로 이루어질 수 있는 것이 아니다.

이찬은 와세다 대학 출신의 노문학도로(1929년 입학, 중퇴), 유학 시절 임화와 가깝게 교류하며 카프 동경지부인 '무산자사無産者社'에서 활동했다. 그가 도스토옙스키의 『죄와 벌』에 심취했을 것은 물론이고, 식민자본의 희생양인 '누이동생 순이'들의 비극에 격분했을 것도 지극히 개연성 있는 사실이다. 임화가 1929년 이후 되풀이해 호명하게 될 '종로 네거리의 불쌍한 순이'는 정지용이 그에 앞서 환기했던 '슬픈 도회 네거리의 가엾은 소-니야'와 포개어진다. 한편 이찬의 '끌려온 쏘냐'는 백신애의 단편 「꺼래이」(1934)를 여는 충격적인 첫 문장 "순이들은 끌려갔다"의 북국 '순이'와도 선이 닿는다. 시기적으로 조금 거슬러 오르면, 동일 운명을 살다 결국 마굴에서 자살하고 마는, 동반자 작가 시절 이효석의 '누이동생' 같은 소냐 '계순이'(「기우」, 1929)도 있다. 심지어 서정주가 '순아'로 바꿔 호명한 '종로 네거리의 열아홉 살쯤 스무 살쯤 되는 애들'(「부활」, 1941?)에서도 '소냐-순이'의 메아리는 지워지지 않는다.

도스토옙스키에 관해 당대 어느 작가보다 이해도가 높았던 염상섭은 「쏘니아 예찬」에서 "육체는 잃었을망정 그 기품, 그 심령의 고아순정高雅純淨함"을 지킨 '쏘니아'를 예찬했다.[13] 동시에 그 삶이 너무도 비참한 "쏘니아를 위하야 나는 라스콜리니코프와 함께 소리 없이 운다"고도 했다. '소냐'는 구체적으로는 소설 속 매춘부이지만, 포괄적인 의미에서 자신을 희생한 모든 가엾은 누이들의 대명사나 다름없다. 우연일 수 있겠으나, 향토적인 '순이(아)'와 이국적인 '소냐'는 실제 발음상으로도 유사한 이름이다. 소리의 인접성 이전에 두 이름은, 그리고 그 이름이 가리키는 조선과 러시아의 '누이'들은, 수난과 희생이라는 운명 안에서 하나인 대명사다.

3. 나타샤

'가엾은 카추샤' '가엾은 소냐'에 이어 등장한 여성형 대명사가 '아름다운 나타샤'다. 그 이름은 변변한 족보도 없이 홀연히 조선 문학에 출현했다. 1938년 백석이 "아름다운 나타샤"를 호명하고, 김광균과 오장환이 메아리 하기 이전까지의 계보는 확실치 않다. 나타샤는 카추샤, 엘레나, 소냐와 같은 뚜렷한 문학적 혈통을 가진 이름이 아니다. 톨스토이의 『전쟁과 평화』에 등장하고, 투르게네프 소설 『루딘』에, 또 도스토옙스키의 『학대받은 사람들』에도 등장하지만, 다른 인물처럼 널리 회자 된 낭만적 여주인공이 아니며, 그들 소설도 다른 작품들만큼 대중적 인기를 끌지는 못했다.

바로 그런 배경에서 나타샤는 다른 어느 이름보다도 온전히 '나의 나타샤', '우리의 나타샤'가 될 수 있었다. 카추샤, 안나, 소냐, 타티아나처럼 문학적 원형이 뚜렷한 이름들은 '나의 카추샤, 나의 안나…' 등으로 호명될 경우 은유의 그림자에서 자유롭지 못하다. 그렇게 호명된 여인은 문학 속 원형과 동일시됨으로써 자동적으로 가엾은 신세의 카츄샤 같은, 열정적인 안나 같은, 희생양 소냐 같은, 정숙한 부인 타티아나 같은 여자가 되어버리기 십상이다. 그런데 나타샤에게는 그러한 기저텍스트의 부담이 없으며, 그런 이유에서라도 그 이름은 무구하다. 진열된 과거의 이름이 아니라 살아 있는 현재의 이름이고, 따라서 별다른 꼬리표 없이 삶의 직접 공간으로 진입할 수 있다.

평론가 유종호의 추정대로, "하얼빈에 가서도 러시아 말 공부를 했고 해방 뒤에는 한동안 러시아문학의 번역에 전념했다는 백석이 나타샤란 이름에 각별한 애착을 가졌으리라는 것은 충분히 수긍할 수 있다."[14] 백석은 일본유학 시절부터 러시아어를 배웠고, 함흥 영생고보에 영어교사로 재직 중이던 1937년부터는 백계러시아인 양복점에 드나들며 러시아어를 본격적으로 공부했다.[15] 그리고 나타샤 시가 나온 후의 일이긴 하지만, 1940년대 초 만주 체류 시에는 역시 백계러시아인 지역을 자주 찾았고, 백계러시아인 작가 바이코프의 만주 소설을 번역하기도 했다.[16] 백석이 나타샤라는 이름의 여인과 실제로 교류했는지는 알 수가 없다. 그러나 나타샤(나탈리아)는 비교적 흔한 이름이다. 그리고 만약 실제 인물의 이름이라면 십중팔구 백계러시아인으로 봐야 할 것이다. 혁명 후 한반도를 위시해 만주 지역에 거주하던 러시아인들은 거의 모두가 백계였다.

참고로 함대훈이 자신의 글에서 처음 소개한 현실 속 러시아 여성도 '나탈리야'인데, 혁명 전 일본 주재 러시아 외교관의 딸로 나온다.[17] "외국어를 배우면서 이국여성과 그 나라말로 속삭일 때!" 느끼던 기쁨은 러시아어의 "명랑하고 리드미컬한 발음"과 아름다운 백계 러시아인 처녀의 입술에 떠오르는 "가벼운 미소"에서 비롯된 것이었다고 함대훈은 회고했다. 유진오의 단편 「신경」에 나오는 카바레 댄서도 백계 러시아인 나타샤다.

> 각가지 나라 말을 뒤섞어 이야기하고 있는 동안에 철은 여자의 이름은 나타-샤라는 것, 그 집은 보통 음식점이 아니라 캐바레라는 것, 나타-샤는 그곳에서 춤추고 있는 여자라는 것을 알았다. 문득 철은 이 여자도 소문에 듣던 로서아 귀족의 딸이 아닌가하고 생각하였다. 그리고 보니 딴은 여자의 말치며 몸가짐이 보통 음식점 여급 같지는 않아도 보인다.[18]

오장환도 시에서 "나타샤는 마우재, 쫓긴 이의 딸"이라고 못 박았다. 물론 백석의 나타샤가 백계인지 아닌지, 러시아인인지 아닌지, 실제의 인물인지 아닌지는 전혀 중요치 않다. 나타샤가 무엇을(누구를) 표상하는지조차도 아무 의미가 없다. 다시 말하건대, 나타샤는 기의가 부재하거나 불필요한 기표로서 시적·교감적 기능을 충실히 수행하고 있을 따름이다.

> 가난한 **내**가
> 아름다운 **나**타샤를 사랑해서
> 오늘밤은 푹푹 **눈**이 **나**린다

1938년 『여성』 3호에 정현웅 삽화와 함께 실린 백석 시 「나와 나타샤와 흰 당나귀」

나타샤를 사랑은 하고
눈은 푹푹 **날**리고
나는 혼자 쓸쓸히 앉어 소주를 마신다
소주를 마시며 생각한다
나타샤와 **나**는
눈이 푹푹 쌓이는 밤 흰 당**나**귀 타고
산골로 가자 출출이 우는 깊은 산골로 가 마가리에 살자

눈은 푹푹 **나**리고
나는 **나**타샤를 생각하고
나타샤가 아니 올 리 없다
언제 벌써 **내** 속에 고조곤히 와 이야기한다

산골로 가는 것은 세상한테 지는 것이 아니다
세상 같은 건 더러워 버리는 것이다

눈은 푹푹 **나**리고
아름다운 **나**타샤는 **나**를 사랑하고
어데서 흰당**나**귀도 오늘밤이 좋아서 응앙응앙 울을 것이다 (인용자 강조)

백석의 이 시를 움직이는 동력은 소리와 이미지의 일체성이다. 소리 내 읽어 보아야 한다. 소리 내어 읽노라면, 무엇보다 'ㄴ(n)' 음이 음성적 '지배소dominant'임을 실감할 수 있다. 빈도수가 가장 두드러진다는 말이다. 시는 'ㄴ' 자음과 'ㅏ' 모음의 합성인 '나'("나", "나타샤", "눈은 나리고") 소리의 주술적 반복으로 가득 차 있으며, 그 소리는, 눈처럼, 또는 눈이 되어, 총 19행의 시 공간에 내려 쌓인다. 시각적으로는 당연히 흰색이 지배소일 터이고, 시각과 청각의 두 지배요소를 모두 보유한 시어 '눈'을 매개로 하여 음성적 동질체인 '나'와 '나타샤'까지 흰색으로 동화하는 것도 자연스러운 일이다. '나(내)', '나타샤', '눈'은 모두 각각 5회 이상 등장하는 빈번 시어인데, 그 빈도수의 총합이 시를 구성하는 전체 명사의 50%를 상회한다. 그만큼 동음동색의 시어인 '나와 나타샤와 눈'의 결속력과 지배력은 확고한 것이다. 이 완벽한 흰 세계에서 당나귀는 도저히 다른 색을 띨 수가 없다. 그것은 당나귀가 밤새 내리는 눈에 뒤덮였다거나 알바이노성 희귀종이라는 실증 논리에 의해서가 아니라, 시의 주조색이 흰색이라는, 매우 단순하면서도 강력한 시학적 내부 논리에 의해 강제된 사실이다.

19행시 공간에 눈이 내려 쌓이는 동안 상상의 축적이 함께 일어나노라면, 시의 논리에도 변화가 생긴다. 이는 외롭고 가난한 현실에서 촉발된 초현실적 상상 논법('가난한 내가 나타샤를 사랑해서 눈이 나린다')이 마침내 순리의 현실 논법('눈은 내리고, 나타샤는 나를 사랑하고, 그러니 흰당나귀도 좋아서 운다')으로 교정됨을 말한다. '나'의 상상과 '눈'의 개입이 창조해낸 별세계에서, 그리고 오직 그 안에서, 삶의 논리는 필연처럼 정연해지는데, 이 환상적 무대에 '나타샤'는 흰색 당나귀만큼이나 불가피한 등장물이다. 그것은 소리의 관성('나'와 '나-타-샤')이 이끌어낸 메아리이자, 동시에 시각적 연상의 관성(흰눈-흰당나귀-흰나타샤)이 생성해낸 반향으로서의 이름이다. '나타샤'는 무엇보다 백석 시의 형식적 체계에 상응하는 더 없이 완벽한 '말'이며, 그런데 공교롭게도 러시아 여인의 이름이며, 다른 어떤 이름으로도 대체 불가능한 고유의 자족적 기호인 것이다.

'나타샤'는 이국적 이름이긴 하지만, 백석의 시를 통해 비로소 의미를 부여받기 시작한 조선의 이름이기도 하다. 신여성 시대의 이름이지만 신여성과는 거리가 멀고, 러시아 여인의 이름이지만 역시 더 이상 실재하지 않는 나라 러시아의 이름이다. 현실의 토양에서 떨어져 나온, 쫓기고 빼앗기고 소외된 자가 속한 세계의 이름인 동시에, 완벽하고 아름다운 이상향의 이름이며, 또한 '흰색'의 이름이다. 이 같은 배경의 친연성 덕분에 근대조선의 시인들은 '타자'의 것인 그 이름을 보다 쉽게 '나(우리)'의 것으로 만들 수 있었을 것이다. 그런 의미에서 '나타샤'를 연거푸 호명한다는 것은 그 이름 안에 내포된 '나', 현실 너머의 '나'를 거듭 부르는 것과도 같은 효과를 지닌다.

근래의 제국주의 연구에서는 '소유', '정복'과 같은 단어를 사용함으로써 탈제국적 저항 논리를 작동시키곤 한다. 그러나 과연 나타샤라는 이름을 '전시'하는 행위에 근대유럽을 소유하겠다거나 제국을 소유하겠다는 식의 탈식민주의적 무의식이 작용했을지는 의문이다. 다른 이름들도 마찬가지다. 카추샤에서 소냐에서 나타샤로 진행되어온 러시아 여성 이름의 호명 역사는 근대 한국의 시대사를 비춰주는 거울이다. 봉건에서 근대로의 이행 과정을 통해 러시아문학과 문화에서 유래된 그 이름들은 식민지 조선인의 좌절과 동경을 대변해준 '대명사'였다.

1 김기진, 「MALHEUR」(『개벽』 1926.6), 『김팔봉문학전집』 4, 322쪽.

2 유종호, 『시란 무엇인가』, 민음사, 1995, 49쪽. 마우자(마우재)는 러시아인을 일컫는 북쪽 방언이다.

3 유종호, 『시란 무엇인가』, 49쪽.

4 최남선, 「현시대 대존사 톨스토이선생의 교시」, 『소년』 8, 1909, 6쪽.

5 박진영, 『번역과 번안의 시대』, 소명출판, 2011, 272쪽.

6 나혜석, 「이상적 부인」(『학지광』 3, 1914.12), 『나혜석 전집』, 서정자 편, 푸른사상, 2013, 363쪽.

7 나혜석, 『나혜석 전집』, 363쪽.

8 「세계명저소개 5 : 도스토엡스키 『죄와 벌』」, 『동아일보』, 1931.2.16.

9 송영, 「폭풍의 밤을 뚫고」, 『우리시대의 작가수업』, 역락, 2001, 105쪽.

10 안석주, 「내가 좋아하는 소설의 주인공이 실재해 있다면? : 라스콜니콥프의 소니아」, 『신여성』, 1933.2, 95~96쪽.

11 안회남, 「내가 좋아하는 소설의 주인공이 실재해 있다면? : 매음소녀 소니아」, 『신여성』, 1933.2, 96~97쪽.

12 임화, 「네거리의 순이」, 『조선지광』 82, 1929.1.

13 염상섭, 「쏘니아 예찬 : 여자천하가 된다면」(『조선일보』, 1929.9.24), 『염상섭문장전집』, 소명출판, 2013, 157쪽.

14 유종호, 『다시 읽는 한국 시인』, 문학동네, 2002, 282쪽.

15 송준, 『시인 백석』 2, 흰당나귀, 2012, 49~52쪽.

16 송준, 『시인 백석』 3, 62-7, 89~104쪽.

17 함대훈, 「기쁘던 그날 : 외국어와 이국여성」, 『신여성』, 1933.1, 3~4쪽.

18 유진오, 「신경」(『춘추』, 1942.10), 『유진오 단편집』, 지만지, 2012, 12쪽.

5장

보드카와 캐비아, 그 신화와 사실

정정원

러시아의 음식, 즉 러시아인의 먹을거리, 마실 거리로 한국인의 머릿속에 가장 먼저 떠오르는 것은 아마도 보드카일 것이다. 그에 덧붙여 누군가는 캐비아를 떠올릴 지도 모른다. 보드카에서 연상되는 이미지가 주정뱅이들이 차디찬 거리를 활보하는 무질서와 무법천지 '후진국' 러시아라면, 캐비아의 연상 이미지는 세계 최대의 광활한 영토와 풍부한 자원의 보유국으로, 값비싼 산해진미도 넘쳐나 손쉽게 접하고 다량으로 섭취할 수 있는 이국적이고 비밀스러운 미지의 '대국' 러시아다. 책이나 영상, 지인의 경험담을 통해 러시아를 간접 체험한 이들에게 이러한 틀에 박힌 이미지와 고정관념은 아무런 여과 없이 그대로 그들의 러시아가 된다. 그런 선입견을 품은 채 직접 접한, 심지어 장기간 체류하며 체험한 러시아도 그 흔한 고정관념의 틀을 벗어나기 쉽지 않다. 직간접 경험을 통해 우리가 알고 있다고 믿는 러시아 정보들은 모두 사실에 부합할까? 이제 우리가 가진 러시아에 대한 지식과 고정관념의 진위를 보드카와 캐비아를 중심으로 팩트체크 해보자.

1. 러시아 보드카에 대한 속설 팩트체크

러시아인은 정말 술을 많이 마시나?

> 나는 약속한 만큼 술을 따랐고 그들은 씩 웃었다.
> "브루더샤프트(우정)를 위하여 할까요, 우리 친구들?"
> "브루더샤프트를 위하여."
> 모두들 피아니스트처럼 고개를 뒤로 휙 젖히고 들이마셨다.
>
> –베네딕트 예로페예프,
> 『모스크바발 페투슈키행 열차』(1970)

러시아인과 비러시아인, 러시아학 전공자와 비전공자가 공유하는 러시아인의 이미지는 술을 잘 마신다는 것이다.

2018년 발표된 WHO 자료에 따르면, 2016년 1인당 연간 알코올 소비량에서 러시아는 11.7ℓ로 196개국 중 세계 17위를 차지했다. 꽤 높은 순위이긴 하지만, 10.2ℓ로 38위인 한국의 1인당 연간 알코올 소비량과 크게 차이가 나지는 않는다. 한국인이 흔히 생각하는 것처럼 러시아가 범접할 수 없는 세계 최고 주당의 나라는 아닌 셈이다. 혹시 가정에서 만들어 비공식적으로 소비되고 유통되는 술이 통계에 잡히지 않아 순위가 기대보다 높지 않은 건 아닌가 의심할 수도 있겠지만, 이 WHO 데이터는 그러한 비공식적 음주량을 추정하여 합산한 통계치다. 이 조사에서 비공식 음주량을 러시아 3.6ℓ, 한국 1.2ℓ로 추산했기 때문에, 그것을 제외하면 러시아 8.1ℓ, 한국 9.1ℓ로 러시아의 1인당 연간 알코올 소비량은 오히려 한국보다 더 낮아진다.

더욱더 예상을 벗어나는 것은, 이 통계에서 만 15세 이상 러시아인 중 평소 술을 전혀 마시지 않는 인구도 41.9%(남 38.6%, 여 44.6%), 그중 평생 술을 한 번도 입에 대본 적 없는 인구도 27.2%(남 24%, 여 30%)나 된다. 한국의 경우 각각 36.1%(남 23.0%, 여 48.8%), 7.1%(남 3.3%, 여 10.8%)이니, 음주인구 비율에서는 오히려 한국이 러시아를 많이 앞선다.

그럼에도 불구하고 러시아인이 술을 많이 마시는 것처럼 보이는 건, 술 마시는 러시아인, 특히 러시아 남성이 폭음하는 비율이 높기 때문일 것이다. 러시아 남성 음주인구의 폭음 비율은 78.8%로 매우 높다(참고로 한국도 같은 항목이 62.2%로 낮지는 않다).

거의 모든 러시아어 동사는 행위의 완료, 종결을 문법화한 '완료상'과 그렇지 않은 '불완료상'이라는 두 형태를 가지는데, '마시다'라는 의미의 러시아어 동사 완료상 vypit'가 무엇을 마시는 지 언급 없이 단독 사용되면 '술 마시다'로 해석된다. 그래서 완료상 동사를 써서 Vchera oni prochitali / napisali / s''eli(어제 그들은 다 읽었다/ 다 썼다/ 다 먹었다)라고 누군가 말한다면 "뭘?"이라는 반응이 뒤따라오겠지만, Vchera oni vypili(어제 그들은 다 마셨다)라고 말한다면 마신 게 술이라는 걸 상대방은 단번에 이해한다. 한편, 불완료상 동사로 Vchera oni pili(어제 그들은 마셨다/마시고 있었다)라고 표현하면 술을 포함한 모든 음료가 어제 마신 것의 후보가 된다. 이렇게 단독 사용된 러시아어 동사 완료상이 자연스럽게 '술 마시다'로 이해되는 것은, 보통 러시아인이

술은 끝까지, 취할 때까지 마시는 것이라고 여기고, 이러한 음주관 또는 음주 습관이 그들의 언어에까지 반영되었기 때문이 아닌가 싶다.

러시아인은 보통 보드카를 마시나?

'보드카의 나라' 러시아에서는 왠지 다른 주종보다 보드카를 선호할 것 같다. 하지만 최근 여러 설문이나 통계를 보면 꼭 그렇지만은 않다. 최근 WHO 자료에 따르면, 러시아 음주인구의 39%가 맥주를, 38.6%가 보드카를 위시한 증류주를, 12.8%가 와인을 마신다. 보드카를 비교적 많이 마시긴 하지만 그 비중이 독보적인 건 아니다.

또한 WHO 그래프를 보면 21세기 들어 러시아에서 Spirits로 표현된 보드카 등의 증류주 수요가 감소하는 경향이 뚜렷하고, 심지어 2010년부터 2018년까지 보드카 연간 판매량이 절반 가까이 감소했다는 통계치도 있다. 대신 맥주의 판매량은 뚜렷한 증가 추세를 보여, 외국 맥주의 수입이 늘고 있으며, 러시아 내 맥주 브루어리 수도 세계 5위 규모로 성장했다. 이렇게 최근 러시아 주류시장에서 맥주가 보드카를 점차 대신하고 있으며, 앞으로도 이 경향은 계속될 것으로 전망된다. 즉 보드카를 즐겨 마시는 러시아인의 이미지 자체가 과장된 신화였다기 보다는, 러시아인의 선호 주종이 최근 도수 높은 증류주에서 도수 낮은 발효주 쪽으로 전환되고 있는 것이다.

러시아 인구 (15세~) 1인당 알코올 소비 변화추이, 1961~2016

WHO, Global status report on alcohol and health, 2018

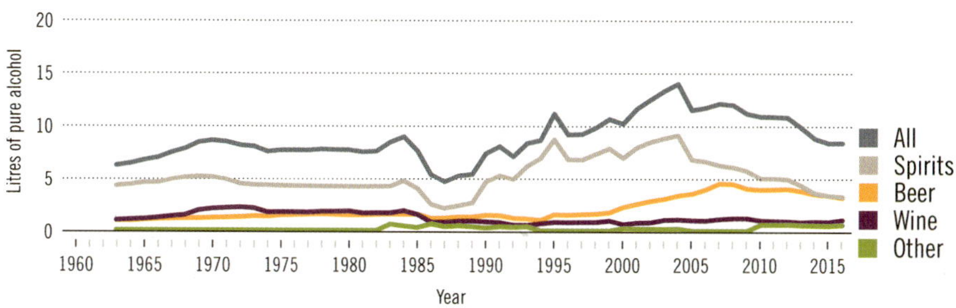

사실 최근 러시아에서는 보드카 소비뿐 아니라 음주량 자체가 전반적으로 감소하고 있다. 이것은 WHO 자료 외에 러시아 내 여러 다른 설문과 통계에서도 공통적으로 드러나는 경향이다. 이렇게 최근 러시아 내 음주량 자체가 감소하는 이유는 전 세계적으로 음주인구와 음주량이 감소하는 추세인데다가, 2000년대 이후 러시아 정부가 절주를 돕는 정책을 다방면으로 펼치고 있기 때문이다. 즉 2005년 15도 이상의 주류는 특정 공공장소, 개인, 기타 무허가 장소에서 판매를 금지하고, 2011년, 2014년 미성년자 상대 주류 판매에 대한 벌칙, 벌금을 강화하고, 2010년, 2012년 음주운전 처벌을 강화하고, 2008년, 2012년 대중교통 기반시설과 인터넷에서 주류 광고를 금지하고, 2008년, 2014년 주류세를 인상하고, 2010년에는 28도 이상의 주류, 2016년에는 보드카의 소매가를 인상했다.

음료의 범위를 알코올에 한정하지 않는다면, 실제로 러시아인이 보드카보다 더 많이, 더 자주 그리고 더 널리 마시는 음료는 차이다. 예전 러시아인들은 자기 땅에 자생하는 식물에서 추출한 허브차를 마셨고, 17세기 중국에서 차가 들어온 후부터는 홍차를 즐겨 마시고 있다. 예전에는 집집마다 '사모바르'('스스로 끓는다'는 뜻)라는 찻물 끓이는 기구가 비치되어 있기도 했다. 보드카를 비롯한 술 자체를 안 마시는 러시아 성인은 의외로 많지만, 차를 안 마시는 러시아인은 거의 없다. 2016년 1인당 연간 차 소비량 1.38kg인 러시아는 튀르키예, 아일랜드, 영국, 이란에 이어 세계 5위의 차 소비국이기도 하다.

따뜻한 차는 체온을 높이고 혈압을 낮추는 데 도움이 되기도 하지만, 무엇보다도 그 행위 자체가 러시아인의 사교생활에서 중요한 부분이어서, 러시아인은 가족, 친구, 지인들과 몇 시간씩 차를 마시며 소위 '마음으로 하는 이야기'를 나눈다. 보드카를 함께 마실 때에도 술 자체보다는 술잔을 앞에 두고 나누는 진심 담긴 대화가 중요하다. 한참 대화를 나누다가 누군가 일어나 자신의 소회와 감정을 짧게, 하지만 보통은 꽤 길게 이야기한 후 건배를 제안하고 다함께 원샷으로 마신 후, 또 한참 이야기를 나누다가 이러한 '의

보그다노프-벨스키, 〈새 주인들. 티타임〉, 1913

례'를 반복하는 식이다. 러시아 땅은 춥지만, 러시아인은 보기보다 훨씬 따뜻하다.

보드카는 가장 도수가 높은 술인가?

한국뿐 아니라 다른 국가에서도 보드카는 흔히 가장 도수 높은 술처럼 언급된다. 보드카의 도수는 EU에서 37.5도 이상, 미국에서 40도 이상으로 규정하고 있다. 러시아 내에서 생산되는 보드카는 40~45도, 50도, 56도인데, 러시아에서 가장 흔하게 만나는 보드카는 40도이다. 맥주가 대체로 4~5도, 와인이 12.5~14.5도, 소주가 16~20도 정도니, 보드카가 높은 도수의 술인 것은 맞다. 하지만 가장 높은 도수의 술이라고 말할 수는 없다.

도수만 놓고 보면, 1920년 설립된 폴란드 국영 증류주 회사 Polmos에서 생산하는 95도의 정제 증류주 Spirytus rektyfikowany도 있다. 95도 증류주는 음용이 아니니 논외로 하더라도, 마실 수 있는 증류주 중에서도 브랜디가 35~60도, 위스키가 40~60도, 중국 바이주가 35~60도, 발칸반도의 과일 증류주 라키아가 40~50도이다. 즉 증류주는 대체로 발효주보다 도수가 높지만, 전 세계 다양한 증류주 중에서 보드카가 특별히 도수가 높은 증류주인 건 아니다.

그럼에도 불구하고 보드카가 도수 높은 술의 대표처럼 받아들여지는 것은 러시아라는 나라의 이미지가 보드카라는 술에 투영되어, 왠지 어마어마하고, 가혹하고, 무자비하고, 극단적이고, 집요하고, 함부로 대적하기도 그렇다고 타협하기도 쉽지 않은 강적일 것 같은 느낌이 들기 때문일 것이다. 보드카는 그것이 많이 생산되고 소비되는 동유럽, 북유럽 밖에서 자주 접하는 술이 아닌 데다가, 특히 한국인들은 고가의 수입주종인 위스키, 코냑, 브랜디 등 다른 고도수 증류주도 즐겨 마시는 편이 아니어서, 보드카를 다른 고도수 증류주와 비교할 기회도 많지 않다. 그렇게 직접 체험한 경험이 없는 비러시아인에게 보드카는 간접 체험한 이미지로만 존재하며, 그 실체가 아닌 과대포장된 이미지만 반복적으로 재생산되고 강화되어 왔다. 잘은 모르지만 왠지 무시무시한 러시아라는 나라의 술 보드카는 그렇게 잘은 모르지만 왠지 무시무시한 독주의 다른 이름이 되었다.

또한 한국인에게 추운 지역의 대표가 된 시베리아, 추운 도시의 대표가 된 모스크바를 품은 러시아는 추운 나라의 대표이기도 하다. 이에 러시아인들이 그 혹독한 추위를 견디기 위해 개인의 취향뿐 아니라 필요에 의해서도 보드카를 마실 수밖에 없을 것이라는 추론과, '세계 최고의' 강추위를 이기게 하는 술이라면 도수가 가장 높은 술이리라는 짐작도 보드카의 독주 이미지를 형성하는

> 취한 러시아인은 명랑하다. 말이 많고, 제스처가 크고, 노래를 해대고, 시끄럽다. 그의 취기에는 우울도 침묵도 없다. (…) 취한 러시아인은 모두의 친구다. (…) 술취한 러시아인이 죽어 있는 건 드문 광경이 아니지만, 못되게 구는 걸 볼 일은 거의 없다.
>
> –라트비아 출신 외교관, 테오도르 폰 파베르, 『소곡』(1811)

데 한 몫 했을 것이다.

그런데 정말 혹독한 기후와 강추위 때문에 러시아인은 술을 자주 마실 수밖에 없고, 그들의 대표 주종은 도수가 높아야 하는 것일까? 기후와 음주 빈도, 대표 주종의 도수는 상관관계를 가지는 것일까?

2018년 WHO 자료에 따르면, 적도 부근 나이지리아는 1인당 음주량이 연간 13.4ℓ, 아프리카 동부 섬나라 세이셸은 13.8ℓ로, 이 두 나라는 춥지 않은 기후에도 불구하고 해당항목 수치가 11.7ℓ인 러시아보다 1인당 연간 음주량 지수가 높다. 또한 비교적 평균기온이 높고 기후가 온화한 유럽국가 중 불가리아는 1인당 연간 음주량이 12.7ℓ, 루마니아 12.6ℓ, 포르투갈 12.3ℓ, 몰도바 15.2ℓ이며, 특히 이탈리아와 비슷한 위도의, 발칸반도 남쪽 불가리아는 라키아로 추정되는 도수 높은 증류주의 비중도 43%로, 대체로 보드카일 것으로 추정되는 러시아의 증류주 비중 38.6%보다 높다.

한편, 러시아 대표도시 모스크바, 페테르부르크와 위도가 비슷하거나 높은 도시들이 많은 핀란드 10.7ℓ(그중 증류주 25%), 노르웨이 7.5ℓ(증류주 17%), 스웨덴 9.2ℓ(증류주 14%), 아이슬란드 9.1ℓ(증류주 15%), 캐나다 8.9ℓ(증류주 26%)로, 1인당 연간 음주량과 증류주 소비 비중이 러시아보다 낮다.

이와 같이 기후가 온화하거나 심지어 매우 덥기까지 한 몇몇 국가에서는 러시아보다 술을 많이 소비할 뿐 아니라, 러시아만큼 기후조건이 혹독한 다른 국가들의 음주량이 러시아보다 적을 수도 있다. 특정 국가의 음주량과 선호 주종의 도수는 자연환경보다는 음주문화나 국가정책, 가격, 음주에 대한 사회적 인식과 더 밀접한 연관을 갖는 것 같다.

날씨가 추우니까 독한 술을 마신다는 논리는 추운 동네에 사는 애주가가 손쉽게 둘러댈 수 있는, 술을 마시는 백만 가지 이유 중 하나일 뿐인지 모르겠다.

러시아 화학자 멘델레예프가 보드카 도수를 결정했나?

현재 러시아 보드카가 보통 40도인 것은 19세기 러시아 화학자 멘델레예프가 가장 맛좋은 보드카의 도수가 40도임을 발견했기 때문이라는 속설이 있다. 보드카에 대한 포흘료프킨의 1991년 저서에 이 이야기가 기록되어 있고, 러시아 보드카 회사 '루스키 스탄다르트'에서도 이것을 판촉에 활용해서, 많은 러시아인들이 그렇게들 믿고 있다.

그 속설의 골자는 다음과 같다 : 주기율표로 유명한 멘델레예프는 『증류수와 물의 혼합에 대한 고찰』이라는 제목의 박사논문을 썼다. 당시 보드카는 물과 알코올을 1 : 1로 섞어 만들었고, 증류를 거친 그 혼합 알코올의 도수는 41~42도가 된다. 그 배합을 조금씩 변경하다가 멘델레예프는 더도 말고 덜도 말고 딱 40도일 때 보드카 맛과 향이 가장 좋다는 걸 우연히 발견한다. 이 연구를 바탕으로 당시 제정 러시아 정부는 이 40도의 보드카를 '모스크바 스페셜'로 명명하며, 1894년 러시아 국민 보드카로 특허까지 냈고, 이 '이상적인' 러시아 보드카 도수가 현재까지 이어진다.

여기에서 멘델레예프가 1865년 증류수와 물의 혼합에 대한 박사논문을 쓴 것은 사실이다. 그리고 이 박사논문 발표 2년 후 화학 서적을 집필하던 중 그 유명한 '주기율표'를 고안해낸다.

하지만 멘델레예프 보드카 속설의 나머지 부분은 모두 사실이 아니다. 우선 멘델레예프의 박사논문에 등장하는 러시아어 단어 '스피르트spirt'는 일상에서 보드카로 대표되는 '증류주'를 가리키지만, 이 논문에서는 '증류수' 에탄올이었고, 그의 논문은 에탄올과 물의 혼합을 실험하고 그 결과를 기술한 계측학 연구일 뿐 보드카 도수 연구가 아니었다.

현대 러시아 보드카의 40도 전통이 멘델레예프에서 시작된 것도 아니다. 제정 러시아는 술의 도수에 따라 세금을 매겼는데, 19세기 초반에는 증류주 도수가 38도로 권고되고 1843년 법령으로 확정되었다. 당시 증류주를 거품이 날 때까지 끓이다가 양이 절반으로 줄어들 때까지 약한 불에 가열해서 만든 것을 '폴루가르'('절반 증류'란 뜻)라 불렀는데, 그 폴루가르의 도수가 37.5도여서 반올림하여 38도를 증류주 도수로 규정한 것이다. 이 공인 증류주 도수를 19세기 후반 제정 러시아 재정부 장관 레이테른이 주세 징수의 편이

'루스키 스탄다르트' 보드카 병에 적힌
멘델레예프 러시아 보드카 관여설

성을 위해 올림값으로 계산해서 40도로 딱 떨어지게 만들었고 이것을 1886년 주세 징수법에 명시했다. 여기서 40도라는 도수는 속설처럼 보드카 도수가 정확히 40도여야 한다는 것이 아니라 40도 이상이어야 한다는 뜻이었다. 이렇게 세금과 관련해서 결정된 것이라, 새롭게 바뀐 증류주는 포흘료프킨의 주장처럼 '모스크바 스페셜'이 아닌 '국고 알코올'로 불렸다.

이와 같이 멘델레예프가 현대 러시아 보드카의 이상적 도수를 결정했다는 주장은 세계적인 화학자의 명성의 후광을 빌어, 연금술이라는 유사과학의 우연한 산물이었던 '생명의 물'의 파생상품 보드카를 진짜 과학의 산물인 양 둔갑시킨 것이다. 하지만 취향의 상대성과 개별성을 무시한, 이상적 맛을 구현하는 단 하나의 알코올 도수가 존재할 수 있다는 유사과학적 사고의 오류는 보다 분명한 역사적 사실들에 의해 반증 가능하다.

보드카는 러시아인이 처음 만들었나?

러시아인은 수백 년간 보드카를 마셨다. 19세기 기록에 따르면 당시 러시아인의 식사는 '자쿠스카'라 불리는 애피타이저로 시작했는데, 보드카와 입맛을 돋우는 간단한 요리들이 그것이었다. 현대 러시아어의 '자쿠스카'는 의미가 달라져 술안주나 부차적 요리를 가리키는데, 이 단어가 이 둘 모두를 표현할 수 있는 것도, 또 이 단어에 '시작'을 나타내는 접두사 '자-'가 들어있는 것도 바로 이러한 예전 음식문화에서 기인한다.

이렇게 오래전부터 러시아 음식문화의 중요한 일부였던 보드카는 러시아인에게는 자기 민족과 국가를 대표하는 주종으로, 대외적으로는 러시아를

> 내 인생의 상당부분을 러시아인과 함께 했죠. 먼저 그들의 음식 요리법을 배웠고, 나중에는 가장 건강한 알코올음료인 보드카도 맛봤죠.
>
> –독일 배우, 마를렌 디트리히

대표하는 술로 간주되며, 심지어는 러시아 그 자체로 인식되기까지 한다. 하지만 보드카가 언제 어디에서 처음 시작되었는지는 정확하게 알려져 있지 않다. 누가 어디에서 처음 만들었는지 기록된 바 없기 때문이다.

러시아어 '보드카vodka'는 '물'을 의미하는 '보다voda'의 지소형인데, 지소형 접미사 '–카-ka'는 작거나 사랑스러운 것을 가리킬 때 사용한다. 즉 '보드카'는 '작은 물'이라는 의미고, 그 작은 것에 대한 애착의 뉘앙스도 담고 있다.

폴란드에도 '물'을 의미하는 '보다woda의 지소형인 '부드카wódka'라는 술이 있고, 이 또한 '작은 물'이란 의미다. 그 밖의 다른 슬라브어에서는 토착 곡물을 베이스로 증류한 도수 높은 술을 '작은 물'이라 부르지 않으며, 이것은 폴란드어와 러시아어에만 나타나는 조어법이다. 그리고 러시아뿐 아니라 폴란드 또한 보드카의 종주국임을 자부한다.

'작은 물'이라는 의미의 증류주 '보드카' 또는 '부드카'는 그 기원을 서유럽의 '아쿠아비타에aqua vitae', 즉 '생명의 물'에 두고 있다.

8~11세기 이슬람 과학자들에게서 시작되어 중세유럽에 전달된 증류 기술은 13~14세기까지 대체로 의학, 연금술, 향수의 범주에 머물러 있었다. 13세기말 처음 기록된 '아쿠아비타에'는 연금술에 현혹된 중세 수도사들이 여러 물질을 실험하던 중 증류된 와인에서 우연히 발견한 높은 도수의 알코올이었다. 가톨릭 수도원에서 처음 만들어졌기에 '생명의 물'이라는 성스러운 이름을 얻게 되었다. 영어에서 도수 높은 알코올을 spirits라 하는 것도 증류했을 때 물질, 즉 육에서 기화되어 눈앞에서 사라진 것이 다시 액화되어 형성한 그 액체를 '영'으로 본 것에서 기인한다. 중세 연금술사들은 황금뿐 아니라 불로장생 명약도 만들어내고 싶어 했고, 당시 증류를 통해 생성된 알코올은 의료용으로도 사용되었으므로, 그런 의미에서도 '생명의 물'이란 명칭은 설득력을 갖는다.

맥주, 와인 등의 발효주만 마시던 유럽인들에게 그렇게 우연치 않게 도수 높은 증류주의 세계가 열렸고, 유럽 곳곳에서 그것을 토착화했다. 보리, 옥수수, 호밀, 밀 등을 재료로 하는 아일랜드, 스코틀랜드의 증류주 '위스키 whisky/whiskey'도 '생명의 물'이란 의미의 아일랜드어 uisce beatha, 스코틀랜드어 uisge beatha에서 '생명'에 해당하는 부분은 증류되어 사라지고 '물' uisce만 남아 영어화된 표현이다. 러시아어와 폴란드어에서도 이와 유사하게 '생명'이란 표현은 기화해버리고, 이 특별한 '물'에 대한 미묘한 애착은 '작은 물'이란 의미의 '보드카', '부드카'에 남게 된 것이다.

서유럽 수도원의 '생명의 물'이 유럽 대륙의 또 다른 변방 러시아에서 어떻게 '작은 물'이 되었는가와 관련해서는 크게 두 가지 가설이 있다. 첫 번째 가설은 남부 러시아에서 시작되었다는 주장으로, 14세기 이탈리아 북부 제노바의 상인들이 비잔틴과 활발하게 교역하면서, 제노바 사신들이 비잔틴 북부 크림반도에 '생명의 물'을 처음 전해주었을 것으로 추정한다. 두 번째 가설은 러시아 서쪽으로부터 처음 받아들였다는 주장인데, 한자동맹을 통해 서유럽에서 러시아 북서부도시 프스코프, 노브고로드로 전해졌다는 것이다. 당시 이 루트를 통해 와인이 전해졌다는 기록은 있으나 아쿠아비타에나 보드카에 대한 언급은 없다. 그 시작이 남쪽이든 서쪽이든 그렇게 서유럽의 증류주 기술을 알게 된 당시 모스크바 공국에서는 기후 조건 때문에 쉽게 재배할 수 없었던 포도나 포도 발효주인 와인 대신에 지역 특산 곡물인 호밀, 보리, 밀, 감자 등을 베이스로 현지화하면서 이후 '작은 물' 보드카가 만들어지게 된 것이다(참고로 보드카가 아쿠아비타에 탄생 훨씬 이전에 러시아에서 자생적으로 발생했다는 소수의견도 있으나, 근거와 논리가 부족하여 거의 지지를 받지 못하고 있다.).

보드카 등장 이후 러시아에서는 16세기 이반 4세, 즉 이반 뇌제 시기에 처음으로 국가가 운영하는 술집이 등장하고 곧이어 가정에서도 증류주를 만들어 마시기 시작했다. 그렇게 이전에 러시아인들이 마시던 발효 음료 '스비텐', '크바스', '시타', '메도부하', '베료조비차' 또는 일종의 맥주인 '브라가' 등을 대체하게 된 증류주 보드카는 처음엔 '뜨거운 와인', '곡물 와인'이라 불렸고, '보드카'라는 명칭은 뒤늦게 등장했다.

그렇다면 공히 보드카 종주국을 자처하는 폴란드와 러시아 중 어느 나라에서 처음 보드카가 만들어졌을까?

보드카의 생산에 대한 가장 오래된 기록은 14세기 중반 폴란드 크라쿠프 야기에우워 대학 사료에서 발견된 '불타는 물aqua ardente' 만드는 법에 대한 라틴어 에세이로, 이것은 당시 폴란드에 증류주 만드는 법이 알려져 있었음을 증명한다. 러시아어 저서 『보드카의 역사』의 저자 포흘료프킨은 러시아에서 14세기 중반~15세기 초반 보드카가 처음 생산되었다고 주장하지만 그 인용출처가 불분명하다. 최소한 16세기 초에 러시아인들이 증류주를 마셨던 것은 당시 러시아를 방문한 폴란드 왕의 주치의가 폴란드인처럼 러시아인도 증류주를 마신다고 묘사했던 기록으로 알 수 있다.

'보드카'라는 표현 자체의 시작을 살펴보면, 폴란드어에서는 15세기 초반 술이 아닌 일반 액체의 의미로 '보드카wodka'라는 표현이 발견되고, 16세기 초반 사료에서 증류주의 의미로 사용된 '고잘카gorzalka'(직역하면 '불타는 것', 영어 brandy도 burn에서 나왔다), '보드카wodka'라는 단어가 발견된다. 포흘료프킨에 따르면, 러시아에서는 최소 17세기에 '보드카vodka'라는 표현이 증류주의 의미로 사용되었다.

이와 같이 현재까지 발견된 사료에 따르면, '작은 물'이라는 의미의 명칭 '보드카'의 사용과 그 생산 모두에서 폴란드가 러시아보다 조금 앞선다. 또한 가톨릭 국가 폴란드는 오랫동안 종교적으로 로마교황청의 지배하에 있었고, 라틴어를 문어로 사용하는 전통이 있었기 때문에, 서유럽 수도원의 '생명의 물'을 폴란드인이 러시아인보다 먼저 접했을 가능성이 높다. 문화적으로도 17~18세기 표트르 대제 치하에서 비로소 직접 서유럽과 교류를 시작한 러시아보다 폴란드는 서유럽과 훨씬 더 먼저 그리고 훨씬 더 활발하게 교류했고, 18세기 이전에는 서유럽의 문물과 언어 표현들이 대체로 폴란드를 거쳐서 러시아에 전달되었었다. 이에 폴란드에서는 라틴어 '아쿠아비타에'의 폴란드식 음차인 '오코비타okowita'라는 표현도 널리 사용되고, 과일, 특히 자두를 베이스로 한 50~60도의 실리보비차śliwowica 등 다른 고도수 증류주의 전통도 있다.

즉 역사적 관점에서는 폴란드가 서유럽의 아쿠아비타에를 먼저 받아들이고 포도 대신 기후에 맞는 토착곡물을 활용한 보드카로 현지화하여 그 동쪽의 러시아로 전달했을 가능성이 높아 보인다.

하지만 러시아 내부에서 보드카라는 술이 가지는 민족적·국가적 상징성을 볼 때, 그리고 두 나라 밖에서 형성된 보드카의 이미지가 러시아와 분리될 수 없음을 떠올릴 때, 이러한 사료나 사실들이 보드카를 무엇보다도 러시아 술이라 여기는 대다수의 인식을 크게 바꿔 놓을 것 같지는 않다.

그런데 그런 대외적 이미지와 대내적 가치만으로는 부족했는지, 러시아에는 보드카 독점권을 둘러싼 국제분쟁에 대한 속설이 신화처럼 퍼져 있다.

폴란드와 러시아간의 보드카 국제분쟁이 있었나?

보드카 종주국을 놓고 벌인 폴란드와 러시아 간의 국제분쟁 이야기는 포흘료프킨의 저서에 처음 등장한 후 여러 다른 저작에서도 무비판적으로 인용되고 있다. 그의 주장에 따르면, 1978년 폴란드 정부는 '보드카'라는 단어 사용에 대한 독점권이 폴란드에 있고 다른 어떤 국가도 상업적으로 이 명칭을 사용할 수 없다며 헤이그 국제사법재판소에 소송을 걸었고, 음식 전문가인 포흘료프킨 자신이 1982년 러시아가 보드카 종주국이라는 결정적 증거를 제출함으로써 재판은 러시아의 승리로 끝났다고 한다. 포흘료프킨은 폴란드뿐 아니라 서구와 미국이 소송의 배후에 있는 것처럼 묘사했고 이 그럴듯한 이야기는 러시아인의 반서구·반미 정서 그리고 결국 러시아가 승리하는 애국심 고취 서사를 동력으로 사람들 사이에 널리 퍼져나갔다. 하지만 실제로 이 사건은 물론, 이 비슷한 사건도 일어난 적이 없다.

포흘료프킨 자신이 국제소송의 자문단으로 참여해서 승소를 이끌어냈다고 주장한 1982년 당시 폴란드 정부는 내부적으로 1980년 그단스크 조선소 노동자들에게서 촉발된 반체제·반정부 움직임인 연대자유운동Solidarność의 강한 저항과 외부적으로는 소련의 내정간섭이라는 강한 압박에 시달리고 있었다. 정말로 폴란드가 그 국제소송을 제기하고 소송에서 승소했다면, 보드카의 대외수출이 늘어나고 그 경제적 호재를 통해 국내 및 국외의 정치적 난관을 극복했을 지도 모르겠다.

하지만 정치·경제적으로 '소련의 위성국'이었던 당시 폴란드에서 연대자유운동 이후 더욱더 친소련적이 된 공산정부가 소련을 상대로 그러한 대담한 소송을 진행했을 가능성은 매우 희박하다. 만에 하나 그러한 소송이 제기되었다 하더라도, 그것은 '헤이그 국제중재재판소'가 아니라 코메콘 회원국들 간 무역분쟁 중재를 담당했던 모스크바 주재 '대외교역 중재위원회'가 담당했어야 했을 것이다. 그리고 헤이그에든 모스크바에든 그 소송과 관련된 역사적 자료가 존재해야 마땅하지만, 현재 그러한 문서는 그 어디에도 남아 있지 않다.

더 나아가 이 국제소송 루머는 실제현실에 부합하지 않는 보다 본질적인 오류를 내포하고 있다. 우선, 보드카가 언제 어디에서 처음 시작되었는지 기록되거나 국내 및 국제법상 공인받은 적이 없어, 러시아와 폴란드, 두 나라 모두 보드카의 종주권을 강력하게 주장할 만한 확실한 역사적 근거를 가지고 있지 못하다. 또한 1494~1495년 공인받은 스코틀랜드 위스키가 대외적으로 '스카치위스키Scotch whisky'라는 명칭을 독점할 수 없는 것에서도 알 수 있듯이, 설사 명백한 공인 증거가 있다 하더라도 개별 상표나 상품명이 아닌 특정 주종명이나 음식명을 국제법상 공인받고 한 나라가 그 명칭 사용을 독점하는 일은 거의 없다.

하지만 그것이 공산 폴란드와 소련 간에 벌어진 일이 아니었을 뿐, 실제로 보드카를 둘러싼 국제적 논쟁이 현대사에 전혀 일어나지 않은 것은 아니다. 2004년 구 유로 공산국가들이 새롭게 EU의 일원이 된 후, 소위 '보드카 벨트'인 폴란드, 에스토니아, 라트비아, 리투아니아, 덴마크, 스웨덴, 핀란드,

이렇게 7개 EU 국가가 곡물과 감자로 만든 것만 '보드카'로 칭해야 한다고 주장하며 과일로 만든 증류주에 '보드카'란 명칭을 붙이는 관행에 제동을 걸면서, 역사상 최초로 보드카의 정체성에 관한 열띤 국제적 논쟁이 불붙었다. 결국 2007년 유럽의회가 곡물이나 감자로 만들지 않은 보드카는 재료를 따로 명시하면 된다는 중재안을 채택하면서, 논쟁의 발단이었던, 포도를 재료로 한 프랑스의 40도 증류주 시로크Cîroc를 비롯한 그 밖의 다른 유럽 지역의 과일 증류주도 '보드카'로 인정받게 되었다.

이와 같이 실제 존재했던 보드카 국제분쟁에서는 폴란드를 포함한 유럽 북쪽의 전통적 보드카 생산국들이 패한 셈인데, 다른 한편으로 이를 통해 보드카의 범위는 전통적 범주를 넘어 좀 더 확장되고 보편화되었다.

러시아 제국과 소련은 금주령 때문에 붕괴했나?

제정 러시아와 소련에서 주류산업은 국가 독점 상태였다. 16세기 이반 뇌제는 몽골-타타르가 지배하던 지역을 정복하면서 '카바크'라 불리는 그들의 국가 운영 선술집 체제를 러시아에 도입하기로 한다. 이는 법으로 규정되어, 1649년 선포한 법령의 마지막 장은 코르츄마, 즉 카바크에 대한 법조항을 담고 있으며, 불법 카바크와 가정에서 밀주를 생산, 소비할 경우 모두 벌금이나 징역에 처한다고 명시되어 있다. 이렇게 지주나 귀족들이 소유한 양조장에서 술을 생산하고 국가가 관리하는 카바크에서만 술을 판매하는 제도가 20세기 초 제정 러시아 말기까지 수백 년간 지속되었다.

러시아 '술 마시다' 제스처

러시아에서는 손가락으로 목을 튕기는 제스처가 '술 마시다'를 의

미하는데('술 마실래/마셨어/ 마시고 싶어' 등 정확한 뜻은 맥락으로 결정된다), 속설에 따르면 그 유래가 표트르 대제 시기 카바크로 거슬러 올라간다. 공을 세운 어떤 장인에게 황제가 포상을 내리겠다 하자, 장인은 아무 카바크에서나 공짜로 술을 마실 수 있게 해달라고 한다. 이에 황제는 장인에게 특별한 증서를 수여하지만 장인은 계속 그것을 분실한다. 결국 국가에서 그의 목에 표시를 해주기에 이르렀고, 이에 술꾼 장인이 자기 목의 표식을 보라고 손가락으로 튕기며 카바크에 출입한 것에서 러시아인의 '술 마시다' 제스처가 유래했다고 한다. 이 이야기 속 모든 술집에서 술을 마실 수 있는 권리를 황제가 부여한다는 전제에서도 당시 국가가 카바크를 관리했다는 사실이 드러난다.

속설에서 다시 역사로 돌아와서, 18세기 예카테리나 여제 시기에는 보드카 양조 허가증의 수를 제한하는 한편, 증세를 위해 카바크의 수는 늘렸고, 축제나 축하연 등 특별한 경우에 마시던 보드카가 이제 카바크에서 쉽게 접하는 일상음료로 자리 잡게 되었다. 이에 보드카 소비량이 급증해서 제정 러시아 말기 러시아인 1인당 알코올 소비량이 시골 지역의 경우 18~43ℓ에 달하기도 했다(참고로 2016년 WHO 조사에서는 11.7ℓ다). 그렇게 술의 생산과 공급에 국가가 관여하고 세금을 징수하면서 국가가 주류산업을 통해 막대한 수익을 거둘 수 있었다.

하지만 1914년 제1차 세계대전에 참전하게 된 러시아 제국의 마지막 황제 니콜라이 2세는 술에 취한 군인들로 군의 전력이 약화될 것을 우려하여 금주령을 선포했다. 1853~1856년 크림전쟁, 1905년 러일전쟁에서 러시아의 잇단 패전의 주된 원인이 병사들의 과도한 음주라고 보았기 때문이다. 하지만 당시 러시아 재정의 1/3 정도가 주류산업으로 충당되고 있었고, 전쟁에는 비용이 많이 들어간다는 사실을 간과하고 있었다. 금주령으로 세수의 1/4~1/3이 급감했고, 이에 정부는 다른 분야의 세금을 증세하여 그 빈틈을 메꾸고, 높은 인플레이션의 위험에도 불구하고 더 많은 화폐를 찍어냈다. 이에 경제상황은 극도로 악화되었다. 한편 주류 생산을 전담했던 지배계층은 금주령 하에서도 음주를 즐길 수 있었지만 일반 국민들은 강제적 금주 의무

소비에트 코미디 영화 〈사모곤 제조자들〉, 1961

를 힘겹게 따라야 했고, 이에 지배층에 대한 민중의 불만도 쌓여 갔다. 또한 '사모곤'('자체 제작 증류주', '말이나 개 없이 혼자 하는 사냥'을 일컫는 말에서 유래) 같은 밀주를 몰래 만들거나 보통은 식용으로 쓰지 않는 다른 알코올들, 예를 들어 오데콜론, 니스, 산업용 래커, 구두용 왁스 등에서 판매금지된 술의 대체재를 찾았다.

러시아 제국을 전복시키고 들어선 볼셰비키 정권도 초기에는 음주가 사회주의 혁명에 방해된다는 이유로, 니콜라이 2세의 다른 정책과 달리 금주정책만은 그대로 계승했다. 스탈린 통치기인 1925년에 가서야 결국 금주령이 해제되고 소련의 주류산업은 다시 국가의 통제 하에 놓이게 되었다. 그렇다고 해서 이후 소련정부가 국민들의 음주를 방관하기만 한 것은 아니다. 1929년, 1958년, 1972년 음주와의 전쟁을 벌였고, 1972년엔 보드카 생산을 제한하는 대신 와인, 맥주 생산을 늘리는 정책을 시행하기도 했지만 효과가 없었다. 소련 마지막 공산당 서기장 고르바초프는 1985~1987년 보다 공격적인 반음주 캠페인을 펼쳐 주류 가격을 인상하고 판매를 제한하는 정책을 시행했다. 당시 소련은 과도한 음주로 인한 여러 심각한 사회문제를 안고 있었기 때문이다. 고르바초프의 반음주 정책 시행 초기에는 교통사고율 감

사모곤 제조 장면

고르바초프 금주령 당시 주류 판매소 앞 풍경

소, 이혼율 감소, 사망률 감소, 출생률 증가, 기대수명 증가 등 많은 통계치들이 개선되는 긍정적 효과도 나타났다. 하지만 캠페인이 진행되면 될수록 그 부작용이 더 크게 수면 위로 떠올랐다. 2~3년간의 반음주 정책으로 인해 술을 사기 위해 매번 오랜 시간 줄을 서야하고, 그나마 그렇게 해서도 쉽게 술을 구하지 못하게 되자, 고르바초프와 소련 정부에 대한 국민들의 지지는 약화되었다. 당시에 유행하던 우스개 중에 이런 것도 있다.

> 반음주 캠페인 시기, 맥주를 사려는 사람들로 줄이 길게 늘어서 있다. 그 줄 마지막에 서 있던 사내 하나가 말한다. "그래, 더 이상 이렇게는 못 살아. 크렘린에 가서 그 고르바초프라는 작자를 죽여버리겠어." 그렇게 그가 사라지더니, 잠시 후 돌아왔다. 사내들이 그에게 묻는다. "그래 어떻게, 죽였소?" "아-아니요. 거기 줄이 더 깁디다!"

엎친 데 덮친 격으로 1986년 체르노빌 원자력 발전소가 폭발하고, 1988년 아르메니아에서 대지진이 발생했다. 이러한 대형사고와 천재지변은 거액의 복구비용을 필요로 하지만 금주 촉진정책으로 인한 주세 감소로 당시 소련 정부의 세수는 대폭 줄어든 상태였다. 이때 정부가 할 수 있는 선택은 외국에서 돈을 빌려오거나 국내에서 화폐를 더 찍어내는 것이었는데, 소련 정부는 후자를 선택하며 인플레이션을 촉발했다. 역사에서 교훈을 얻지 못하고, 제정 러시아 말기 통치자들이 했던 것과 똑같은 실수를 소련 말기에 또 반복하고 만 것이다. 일반 국민들은 술을 사려고 줄을 서는 대신 다시 사모곤을 만들기 시작했고, 또다시 구강청정제, 가솔린, 부동액, 오데콜론, 향수, 의학용·산업용 알코올 등 비식용 알코올에서 대체재를 찾았다. 그리고 러시아 제국과 마찬가지로 소련 또한 이러한 금주 장려책 시행 몇 년 후에 역사 속으로 사라지게 된다.

"아니오!"(소련 반음주 포스터)

이러한 강한 음주 억제 정책이 제정 러시아 말기와 소련 말기에 공히 등장한 것은 우연의 일치가 아니다. 비록 강한 금주 드라이브 정책이 러시아 제국과 소비에트 연방 붕괴의 직접적 원인 또는 유일한 원인은 아닐지라도, 지배 권력에 대한 국민의 반감을 높이고 심각한 국가 재정 악화를 불러와 러시아 제국과 소련의 붕괴에 어느 정도 일조한 것으로 보인다.

하지만 반음주 정책을 포기한 후 러시아의 사회·경제적 상황이 개선되기만 한 것은 아니다. 1991년 소련이 해체되자, 1992년 주류산업 국가독점 시대의 막이 내리고 그 수요와 공급이 온전히 시장에 내맡겨졌다. 그 후 자본주의로 이행하던 과도기에 러시아의 경제상황은 매우 악화되고 인플레이션이 심화되어 1993년에는 소비자 물가가 2,000% 이상 오르기도 했고, 1998년에는 국가적 채무불이행 상태까지 이르렀다. 이러한 혼란의 1990년대 국가는 반음주 정책을 시행하지 않을 뿐 아니라 주류시장에서 손을 뗐다. 이에 세수는 급감했지만 암시장이 횡행하고, 집에서 만든 사모곤이 유행하고, 러시아 밖 구소련 지역에서 불법, 탈법으로 보드카를 수입하는 일이 다반사였다. 경제·사회적으로 확대된 개인의 자유와, 그럼에도 불구하고 녹록치 않은 현실에 러시아인의 음주량은 사상 최대가 되고, 알코올 중독 및 음주로 인한 기타 질병 · 살인 · 자살이 늘어나고, 남성의 기대 수명은 58세까지 급락하기도 했다.

이후 21세기 들어 푸틴과 메드베데프 집권기에 러시아 정부는 급격한 변화를 유발하지 않는 선에서 지속적으로 반음주 정책 기조를 유지해 왔고, 앞서 언급한 것처럼 러시아인의 음주량과 증류주 소비량은 꾸준히 감소 추세를 보이고 있다.

2. 러시아 캐비아에 대한 속설 팩트체크

캐비아는 대부분 러시아에서 생산되나?

'러시아'를 연상시키는 또 다른 키워드 '캐비아'는 철갑상어의 알을 소금에 절인 음식으로, 대표적인 세계 최고 미식 요리로 손꼽힌다. 어떤 권위와 근거에서 비롯된 것인지 알 수 없는 흔한 속설에 따르면, 캐비아는 푸아그라, 트러플 버섯과 더불어 세계 3대 진미로 꼽힌다고도 한다. 캐비아가 값비싼 고급 음식이 된 것은 음식 자체의 풍미 · 향 · 식감이 훌륭할 뿐 아니라, 재료가 되는 철갑상어의 알 채취가 쉽지 않기 때문이기도 하다. 캐비아가 될 알을 품은 철갑상어, 학명 Acipenseridae 과의 어류 자체가 현재 특정 강과 바다에만 자생하는 귀한 어종이다. 게다가 수명이 보통 50~60년으로 매우 길고, 이에 비교적 늦은 나이에 성어가 되어 태어난 지 15~20년 후에야 알을 낳을 수 있고, 그나마 산란 조건이 매우 까다로워 매년 산란하지도 않는다.

> 문제는 캐비아를 살 돈이 있느냐가 아니라, 그 맛을 느낄 줄 아느냐에 있다.
> –프랑스 작가, 앙드레 모루아

수세기 동안 카스피해 남단을 차지했던 이란인들은 일찍부터 철갑상어 알을 음식으로 섭취했다. '캐비아'라는 표현 또한 '물고기 알'이라는 의미의 페르시아어 khâvyâr에서 기원한다. 이것이 튀르키예어와 프랑스어를 거쳐 영어 caviar가 되었고, 한국어에서 그대로 '캐비아'로 음차하여 사용하고 있다.

오랫동안 흑해 남단의 지배자였던 그리스인 또한 오래전부터 흑해에 서식하는 철갑상어의 알을 식용으로 삼았다. 바로 이 그리스와의 무역을 통해서 러시아인도 캐비아 만드는 법을 알게 된 것으로 보인다. 러시아는 수세기 동안 이 중요한 식량자원 산지에 인접해 있었지만, 캐비아 산업이 본격적으로 시작된 것은 몽골-타타르 지배가 종식된 이후부터였다. 16세기 이반 뇌제 시기에 볼가 지역의 교역이 활발해지고, 시베리아를 정복하면서, 카스피 해 북쪽, 볼가 강 하구 아스트라한 지역의 소금을 충분히 조달할 수 있게 되자, 흑해와 카스피 해의 철갑상어와 그 알을 소금에 절일 수 있게 되었다. 이제 비로소 산지로부터 멀리 떨어진 곳에 거주하는 러시아인이 캐비아를 즐길 수 있게 된 것이다.

이렇게 소금을 가미하면 보관 및 이동시간을 좀 더 확보할 수 있지만, 시간이 지날수록 캐비아의 풍미는 떨어질 수밖에 없다. 이에 소금이 덜 가미된 캐비아일수록 최상품으로 간주된다. 소금 5% 이하의 캐비아는 러시아어로 '적은 소금'이라는 의미의 '말로솔'이라 불리고, 그중에서도 소금 3% 이하의 말로솔이 최상품으로 꼽힌다.

캐비아를 좀 더 오래 보관하는 또 다른 방법으로는 캐비아를 모아 따뜻한 소금물에 담갔다가 수분을 제거하여 원래 부피의 1/7 정도로 압착하여 막대 형태로 만드는 '파유스나야' 혹은 '압착 캐비아'가 있다. 이렇게 압착하면 최대 6개월까지 보관이 가능하다고 한다. 전통적인 압착 캐비아는 온전한 철갑상어 알을 모아 만들었지만, 현대의 압착 캐비아는 공장에서 가공 중 손상되어 버려진 알로 만든다. 압착 캐비아는 수분 함

압착 캐비아

량이 낮고 밀도가 높아 일반 캐비아보다 7배 정도 많은 양을 포함하고 있긴 하지만, 무게당 가격만 보면 일반 캐비아보다 약간 저렴한 수준으로 큰 차이가 없다.

18세기 예카테리나 여제는 크림반도와 현재 우크라이나 동부를 러시아 제국으로 흡수하면서 흑해를 장악하게 되었고, 러시아 영토 내 철갑상어와 캐비아 산지도 크게 확장되었다. 그와 함께 그전까지 주로 러시아 현지에서 소비되던 캐비아가 해외로 수출되면서 '러시아 캐비아'가 유럽에 널리 알려지게 되었다.

현재에도 러시아 영토에 속한 흑해, 아조프 해, 카스피 해에 대표적인 고급 캐비아의 모체인 철갑상어 벨루가, 오세트라, 세브루가가 서식하고 있다. 철갑상어 서식지 중에서도 특히 러시아, 카자흐스탄, 투르크메니스탄, 이란, 아제르바이잔에 접해 있는 카스피 해의 캐비아가 고품질로 유명한데, 이 중 이란을 제외한 모든 국가가 과거에 러시아 제국과 소련의 일부였다. 즉 캐비아가 많이 생산, 수출되었을 뿐 아니라, 최상의 캐비아가 소련과 러시아에서 생산되었기 때문에 러시아산 캐비아가 유명세를 얻었고, 흔히 캐비아 하면 러시아를 떠올리게 되는 것이다.

철갑상어는 대체로 육지에 가까운 바다, 강, 호수 밑바닥에 서식하는데, 산란기인 봄에 암컷은 상류로 거슬러 올라가 알을 낳는다. 철갑상어 산란기에 흑해, 아조프 해, 카스피 해 연안이나 다뉴브 강, 볼가 강 하구에서 암컷 철갑상어를 포획하여 배를 갈라 알을 빼고 남은 고기는 따로 판매한다. 개체 수 보존을 위해 근래에는 제왕절개나 막대 삽입으로 알만 추출한 후 철갑상어는 풀어주기도 한다.

러시아 주요 철갑상어 서식지

그래도 여전히 공장 난립으로 인한 환경오염과 남획으로 철갑상어 개체 수가 많이 줄어, 2000년대 러시아 정부는 철갑상어와 캐비아 산업을 금지하고 캐비아 해외수출을 부분 중단했다. 러시아를 비롯한 카스피 해 연안 국가들은 2016년부터 카스피 해에서 학술 목적이 아닌 상업적 목적의 철갑상어 포획을 금지했다. 최근 러시아에서 생산되는 캐비아는 대부분 양식된 철갑상어에서 나온 것이고 생산량도 많지 않다.

대신 러시아와 중국 접경 지역인 흑룡강 또는 아무르강에 철갑상어가 서식하고, 칭다오 호수에서 철갑상어를 대량 양식하고 있다. 이에 현재 전 세계 캐비아의 대부분을 중국이 조달하고 있고 2010년대 이후부터 중국이 캐비아 최대생산국이 되었다.

중국에서 생산되는 캐비아는 주로 카스피 해 서식 벨루가의 민물 버전인 '칼루가' 캐비아이며, 캐비아 중에서 가장 고급 품종은 러시아어로 '흰 물고기'라는 의미의 '벨루가' 캐비아다. 즉 과거에 특히 20세기에 러시아와 구소련 국가가 누렸던 캐비아 '최대' 생산국의 타이틀은 이제 중국의 것이 되었지만, '최고급' 캐비아 생산국의 명성은 여전히 러시아의 것으로 남아 있다.

캐비아는 모두 검은색인가?

캐비아는 러시아어로 '이크라ikra'라고 불리는데, 철갑상어 알인 그 고급 캐비아는 좀 더 정확히 말하자면 '검은 이크라'다. 이 '검은 이크라' 말고 러시아에 '붉은 이크라'도 있긴 한데, 그것은 철갑상어 알이 아니라 연어 알, 송어 알이다. 참고로 연어 알을 가리키는 일본어 '이쿠라イクラ'도 이 러시아어 단어에서 나왔다. 즉 한국어 화자의 관점에서 보면 캐비아는 바로 그 검은 철갑상어 알뿐이지만, 러시아어 화자의 관점에서 캐비아 또는 '이크라'는 철갑상어 알을 가리킬 뿐 아니라 생선 알을 통칭하기도 하기 때문에 검정뿐 아니라 빨강, 노랑 캐비아도 존재할 수 있다. 워낙 러시아 캐비아가 유명하다 보니 영어에서도 black caviar, red caviar라는 표현을 흔히 접할 수 있고,

러시아인은 그 색에 상관없이 '이크라', 즉 생선 알 자체를 caviar라고 번역하는 경우가 흔하기 때문에, 러시아에서 캐비아를 구입할 때는 그 색도 확인할 필요가 있다.

하지만 철갑상어 알이라고 해서 모두 칠흑같이 검은색은 아니고, 그 검은 정도도 캐비아 종류에 따라 조금씩 달라진다.

최상급 캐비아인 벨루가 캐비아는 '검은' 캐비아 중에서도 가장 검은색으로, 검회색에 가깝고, 개중에는 금빛을 살짝 띠는 검회색도 있다. 크기는 보통 지름 3~3.5mm 정도로 캐비아 중에 가장 알이 굵고 입 안에서 살살 녹는 맛과 향, 식감이 가장 좋다고 알려져 있다. 오세트라 캐비아는 노란빛을 띠는 회색 또는 진갈색에 가까운 '검은' 캐비아다. 크기는 벨루가 캐비아보다 약간 작다. 세브루가 캐비아는 알이 매우 작아 지름이 1mm 정도 밖에 안 되는데, 벨루가 캐비아와 오세트라 캐비아보다 덜 검어서 연회색에 가깝고, 개중에는 살짝 노란 빛을 띠는 것도 있다. 민물 칼루가의 캐비아는 오세트라 캐비아보다 약간 작은 크기로, 초록빛을 띤 진회색이다.

하지만 세상의 모든 철갑상어 알이 '검은' 캐비아인 것은 아니다. 페르시아어와 러시아어로 '다이아몬드'를 뜻하는 '알마스' 캐비아는 카스피 해 남단에서 발견되는 60~100년 된 알비노 벨루가에서 추출한, 킬로그램 당 $35,000를 호가하는 가장 값비싼 캐비아다. '알비노'라는 이름 그대로 철갑상어 자체가 전체적으로 흰색이고 캐비아도 백금색이다. 그래서 알마스 캐비아는 러시아어에서도 '하얀' 캐비아 또는 '황금' 캐비아로 불린다.

다른 한편, 러시아어에서 '검은 캐비아'는 철갑상어 알에 특화된 표현이라, 아무리 생선 알이 검은 색이라도 철갑상어 알이 아니면 단순히 '검은 캐비아'라고 불리지 않는다. 북미와 중국 강에 서식하는 주걱철갑상어, 북미의 강에 서식하는 보우핀의 알은 검지만 Acipenseridae 과의 철갑상어에서 나온 알이 아니기 때문에, 러시아에 수입, 판매될 때 색깔보다는 품종으로 상품명이 명시된다.

'붉은' 캐비아인 연어, 송어의 알은 진홍색이다. 연어는 러시아 극동지방,

즉 한국에서 가까운 러시아 지역에서 잡힌다. 극동지방은 러시아 동쪽 끝이고 19세기 말이 되어서야 붉은 캐비아 산업이 자리를 잡았기 때문에, 모스크바, 페테르부르크를 비롯한 러시아 서쪽에서 '붉은' 캐비아를 섭취하기 시작한 역사는 '검은' 캐비아보다 짧다. 하지만 현재 보통의 러시아인의 식탁에서 더 쉽게 만날 수 있는 것은 '붉은' 캐비아다.

이크라, 즉 캐비아로 불리는 다른 생선 알 중에서, 러시아인이 즐겨 먹는 농어 알은 노랑 또는 주황, 알갱이가 미세하게 작은 대구 알, 잉어 알은 노랑, 베이지, 살구색, 연분홍을 띤다.

러시아인들은 이러한 다양한 색의 '캐비아'를 주로 차가운 날 것 상태로, 버터 바른 빵, 크래커, 러시아식 얇은 팬케이크 블린, 삶은 달걀, 오이 등 위에 얹어 먹는다.

러시아인은 캐비아를 즐겨 먹는가?

만약 그 캐비아가 철갑상어 알인 '검은' 캐비아를 말하는 것이라면, 물론 캐비아를 한 번이라도 맛본 경험이 있는 사람이 다른 나라보다 많기는 하겠지만, 러시아인도 캐비아를 자주 먹지는 못한다. 검은 캐비아는 예전부터 왕족과 상류층이 즐겨먹는 고급 음식이었다. 이것이 러시아의 사정만은 아니어서, 영국에서 철갑상어는 14세기 이래 고래와 더불어 '왕족 물고기royal fish'라 불리고 있으며, 현재에도 영국과 웨일즈 권역에서 포획되는 철갑상어는 법적으로 영국 왕실에 귀속된다.

제정 러시아 시대에는 차르를 위해 특별히 산지에서 철갑상어를 산 채로 썰매나 수레에 실은 뒤, 수조 달린 특별 기차에 옮겨 수도까지 특송하기도 했다. 차르는 그렇게 신선하게 조달받은 철갑상어에서 채취한 알로 만든 캐비아를 러시아에 방문한 외국 사신에게 차가운 전채 요리로 샐러드처럼 대접했다.

하지만 당시 캐비아가 차르의 전유물은 아니었던 것 같다. 귀족이나 지주 여름엔 노점 매대에서, 겨울엔 썰매 위에 탁자를 올려놓고 이런 것들을 판다 : 흰 빵, 작은 빵, 프레첼, 다양한 종류의 소를 넣어 뜨겁게 구운 파이, 블린, 젤라틴 냉편육, 키셀, 삶은 생선, 캐비아, 버섯피클, 오이피클, 구운 계란, 채소 등. 겨울철 마실 거리로는 흰 리넨에 감싼 커다란 구리통 속 향긋한 스비텐, 여름철엔 크바스 또는 커다란 유리에 담겨 거품을 이는 꽤 맛좋은 음료인 월귤 꿀술을 들고 다니며 판다. 러시아인은 식도락을 즐겨서 달달한 디저트도 길거리에서 쉽게 접할 수 있다. 당밀과자, 견과류, 달달한 콩깍지, 건포도, 신선한 베리류, 사과잼, 배잼, 체리잼 등이 노점 매대에서 흔하게 판매된다.

—부르나셰프,

『아이들과 하는 러시아 산책』(1837)

보드카와 캐비아

가 베푼 만찬이나 모스크바의 유명 레스토랑에서 처음 나오는 요리가 캐비아였다고 19세기 러시아를 방문한 외국인들이 증언하고 있기 때문이다. 또한 19세기 당시 모스크바, 페테르부르크 길에서 팔던 음식에 대한 러시아인의 묘사 중 캐비아가 포함되어 있는 걸 보면, 일반 서민들도 비교적 손쉽게 캐비아를 섭취할 수 있던 것으로 보인다. 16세기 러시아 가정의 규율을 기록한 책인 '도모스트로이'에도 정교회 부활절 전 금육하는 사순시기에 생선과 더불어 모든 종류의 '캐비아'를 섭취해도 된다고 명시되어 있고, 음식 보관 및 저장 방법 항목에 열거된 음식 중 '검은 캐비아'가 포함되어 있기도 하다.

다양한 캐비아 요리법이 기록으로 남아 있는 것도 과거에 캐비아가 진입장벽이 낮고 좀 더 자주 접할 수 있는 음식이었음을 보여준다. 예전에도 캐비아는 현재와 마찬가지로 그 본연의 풍미를 느낄 수 있도록 별다르게 조리하지 않은 채 주로 날 것 그대로 섭취했던 것 같다. 하지만 후추, 양파, 식초나 레몬즙, 버터를 가미해 캐비아를 나름 차갑게 요리했다는 기록도 있다. 또한 압착 캐비아를 얇게 슬라이스한 후 다진 양파, 후추, 오이피클, 피클 국물을 넣고 물을 부어 오븐에 쪄서 만든 스프 '칼리야', 캐비아를 넣어 반죽한 후 얇게 부친 블린 '이크린키'를 만들거나, 철갑상어 알주머니 전체에 소금, 후추로 간을 한 후 밀가루를 뿌려 팬에 구워먹는 등 캐비아를 가열한 요리의 기록도 남아 있다.

하지만 이미 20세기에는 캐비아가 일반 러시아인이 흔히 맛볼 수 없는 귀하기 귀한 최고급 요리가 되었다. 지금보다 철갑상어 개체수와 캐비아 생산량이 훨씬 많았던 소련 시절에도 소련 영토 내에서 생산되는 캐비아는 대부분 국외로 수출되어 정작 국내에서는 공산당 간부나 특별한 연줄을 가진 사람만 맛볼 수 있는 매우 귀한 음식이었다.

그 특별한 연줄이 거금으로 대체되었을 뿐, 21세기에도 여전히 캐비아는 러시아 서민이 자주 접하기 어려운 최고급 요리다. 2023년 벨루가 캐비아 1kg 당 150,000루블(약 $2,000) 이상인데, 2023년 러시아인 월급 평균이 104,000루블, 중간값이 95,200루블이다. 물가변동에 따라 그 액수는 가변적이겠지만, 캐비아 1kg이 대체로 일반 러시아인의 월급보다 비싸다. 아무리 자신의 영토에서 캐비아가 대량 생산되고 그 캐비아가 세계 최고의 품질로 유명해도, 보통의 러시아인들은 캐비아를 선뜻 구매할 엄두를 내지 못한다. 2023년 모스크바 몇몇 레스토랑 메뉴에 올라온 원산지를 알 수 없는 캐비아 요리가 6,000~15,000루블(약 $90~200)이니, 러시아 레스토랑에서 캐비아를 조금 맛보는 비용도 만만치는 않다.

이 귀한 캐비아는 보통 보드카나 샴페인을 곁들여 먹는다. 참고로 러시아에서 생산되는 최고가 보드카는 만 달러에 육박하는 에피큐어Epicure 보드카인데, '벨루가'라는 이름의 보드카 회사가 생산하는 이 750ml 최고급 보드카 병에는 철갑상어가 새겨져 있다.

한편 그 명칭 상 러시아인은 일종의 캐비아로 여기는 '붉은 캐비아'는 러시아에서 비교적 쉽게 접할 수 있다. 하지만 2023년 시세 1kg 당 7,000~8,000 루블($80~90) 내외인 연어 알, 송어 알 또한 서민들에게는 고급음식이어서, 손님접대나 새해맞이 파티 등 특별한 날에 주로 샴페인과 함께 오픈 샌드위치 위에 토핑으로 얹어 먹는다.

이 알들의 모체인 철갑상어, 연어 자체는 각각 kg당 1/100, 1/10 정도로 가격이 저렴해지는데, 러시아에서도 철갑상어 고기보다는 연어 고기가 더 자주 소비된다.

한국에 러시아산 해산물이 많이 수입되기 때문에 한국인은 러시아인이 생선을 자주 섭취할 것이라 생각하기 쉽다. 영토는 세계에서 가장 넓지만 그중 바다가 차지하는 비율은 높지 않은 러시아에서 사람들은 사실 생선을 자주 맛보지 못한다. 따라서 '검은' 캐비아뿐 아니라 어떤 색 생선 알이든 산지가 아니면 비쌀 수밖에 없다. '붉은 캐비아'인 연어 알의 경우 마트에서 파는 통조림 캔은 가격이 비싸고 맛이 덜하기 때문에 재래시장에서 파는 투명한 플라스틱 용기에 담긴 250g, 500g짜리를 사는 것이 더 낫다. 고가인 '검은 캐비아'의 경우 내용물을 볼 수 없는 용기에 담긴 것은 가짜일 수도 있으니 투명한 유리병에 담긴 것을 구매하는 것이 좋다.

러시아에는 가짜 캐비아가 많은가?

러시아에서 가짜 캐비아 판매 사기꾼을 만날 가능성보다는 캐비아처럼 보이거나 캐비아라고 쓰여 있지만 진짜 캐비아가 아닌 것들을 잘 모르고 구입할 가능성이 훨씬 더 높다. 우선 '캐비아'를 가리키는 러시아어 단어가 여러 종류의 생선 알을 통칭하기 때문에, 러시아에서 캐비아를 구입할 때는 그것이 '검은 캐비아', 즉 철갑상어 알인지를 먼저 확인해야 할 것이다.

그밖에 러시아에는 철갑상어 알이나 연어 알이 아닌 일반 생선 알을 검정이나 빨강으로 염색해서 파는 '채색 캐비아'도 있는데, 2023년 시세로 100g에 600루블($9) 정도이다. 보통 투명한 유리병에 담겨 있고 뚜껑에 러시아어로는 어떤 생선의 알인지 명시하고 있지만, 영어로는 caviar라고만 쓰여 있다. 사실 '생선 알'을 의미하는 러시아어 단어가 영어로 caviar로 흔히 번역되기 때문에 러시아인 입장에서 틀린 말은 아니지만, 러시아어를 모르는 사람이 그것만 보고 철갑상어 알인 줄 알고 구매한다면 낭패를 볼 수 있다.

러시아 채색 캐비아

최초의 인공캐비아 '이스크라'

현재 인공캐비아의 대표주자
"차르 캐비아"

러시아뿐 아니라 많은 유럽국가와 미국, 일본에서도 생선 알을 채색해서 판매하는데, 적어도 러시아에서는 이 인위적 변화를 가한, 완벽한 '자연산'이 아닌 채색 생선 알에 대한 수요가 높지 않아 자주 볼 수는 없을 것이다.

다른 생선 알을 변색해서 캐비아처럼 보이게 만든 것 이외에 러시아에는 생선이 아예 재료로 들어가지 않은 '인공 캐비아' 혹은 합성 캐비아도 있다. 처음 인공 캐비아 개발을 시도한 건 1960~1970년대 소련 과학 아카데미 화학자들이었다. 캐비아라는 고급음식을 인민들이 값싸게 즐길 수 있도록 달걀 단백질, 식물성 기름과 기타 첨가물을 넣어 만들어 '이스크라'라는 상표로 판매했다. 러시아어 '이스크라iskra'는 원래 '불꽃'이라는 의미지만, 여기서는 '인공 캐비아iskusstvennaya ikra'의 줄임말이다. 이 최초의 인공 캐비아는 자연 캐비아의 맛을 전혀 구현해내지 못했고, 석유로 만들었다는 거짓 소문 때문에 소비자의 외면을 받았다. 하지만 이후에 젤라틴, 우유, 콩, 해조류 등에서 추출한 단백질로 만든 인공 캐비아 개발이 꾸준히 시도되었고, 점점 더 실제 캐비아와 비슷한 맛과 질감으로 발전해서 최근에는 채식주의자용 캐비아로 자리 잡아가고 있다. 현재 러시아에서 인공 캐비아 대표주자는 '예브로프름' 사의 '차르 캐비아'이며, 유리병에 캐비아 그림이 그려져 있지만 '인공'이라고 러시아어로 덧붙여 있고, 검은 색과 붉은 색 모두 220g에 100루블($1~2) 정도다. 현재 모스크바 레스토랑 메뉴에 올라온 저가의 캐비아는 대부분 이 '차르 캐비아'다.

가지 캐비아

대체로 집에서 만들어 먹는 요리이기 때문에 외부인이 모르고 잘못 구입할 일은 없겠지만, 채소를 잘게 다져 만든 음식도 러시아에서는 '캐비아'라 부른다. 잘게 다진 채소에 소금, 설탕, 식초, 식용유와 물을 넣어 40분 정도 끓여 놓은 것을 쟁여두었다가 빵 위에 스프레드처럼 발라먹는데, 그것이 생선 알을 닮아서 그런 이름을 얻었다. 가장 흔한 '채소 캐비아'는 '가지 캐비아'와 '버섯 캐비아'이고, 김장김치처럼 겨울이 오기 전에 미리 만들어두었다가 저장해놓고 먹는 경우가 많다.

즉 러시아에서 러시아산 철갑상어 알로 만든 캐비아를 구입하려 하는데, 용기에 caviar라고 적혀 있는, 언뜻 캐비아처럼 보이는 검은 생선 알이 정가가 너무 싸다면, 혹은 러시아 레스토랑에서 주문하려 한 '캐비아'의 메뉴판 속 가격이 생각보다 저렴하다면, 이러한 인공적인 캐비아 혹은 인위적 변화를 가한 생선 알이 아닌지 확인할 필요가 있다.

러시아에 대한 틀에 박힌 고정관념을 형성하는 보드카와 캐비아 말고도 러시아인은 다양한 음식을 먹고 다양한 음료를 마신다. 하지만 러시아적인 음식은 바로 이것이라고 꼭 찍어 말할 만한 특별한 음식이나 요리법이 머릿속에 많이 떠오르지는 않는다. 러시아인은 몇 시간씩 이야기하는 걸 좋아하지만 그 주제가 음식인 경우는 거의 없고, 물론 개인차가 존재하지만 전반적으로 미식에 큰 관심이 있어 보이지도 않는다. 하지만 과거 러시아를 방문했던 외국인들의 묘사를 보면 러시아는 다양한 음식을 아낌없이 손님에게 대접했던, 음식문화가 발달한 '좀 먹을 줄 알았던 나라'였던 것 같다. 또한 현재 서양에서 흔히 볼 수 있는, 순서에 맞춰 음식을 차례차례 하나씩 내오는 코스요리는 '세르비스 아 라 뤼스service à la russe', 즉 러시아식 상차림이라 불리고, 말 그대로 러시아에서 시작된 것이다. 예전 프랑스식 상차림은 미각적 쾌락보다 시각적 만족을 중시해서 가장 보기 좋은 구도로 음식들을 식탁 가득 한꺼번에 차려두었고, 그렇게 프랑스인들은 식탁 위에 보기 좋게 배치된 채 금세 식어버린 음식을 먹어야했다. 그러던 중 러시아에서 코스에 따라 하나씩 서빙하며 계속해서 따뜻한 음식을 먹을 수 있게 하는 러시아식 상차림을 접하게 된 프랑스인이 그것을 전유럽에 전파하면서, 그것이 유럽의 스탠더드가 되고 우리가 아는 양식의 정석이 되었다. 과거의 발달된 음식문화가 21세기 러시아에까지 이어지지 못한 것은, 많이들 지적하듯이, 공산체제에서 맛보다는 양에 중점을 두고 값싼 가격에 대량으로 보급했던 공공의 요리들과 공산주의 체제 붕괴 후 미국에서 대량유입된 패스트푸드들로 외식문화가 획일화되고 품질이 저하되고 가치가 떨어지면서 음식문화가 쇠퇴했기 때문인지도 모른다. 하지만 최근 모스크바 유명 셰프들을 중심으로 러시아 전통음식 발굴과 재해석이 시도되고 있어, 러시아의 미식 문화는 폐허에서 일어나 다시 도약을 준비하고 있다. 다른 한편으로, 지난 세기 러시아 음식의 전반적 질적 저하, 국내외의 어려운 경제, 정치적 여건 속에서도 러시아인의 융숭한 손님 대접과 진심 어린 대화의 전통은 여전히 계속되고 있다. 그런 전형적인 러시아식 식탁 체험 속에서 보드카보다 순하고, 캐비아보다 친근한, 진짜 러시아인을 만날 수 있다.

6장

21세기에 다시 보는 냉전의 기원*

스탈린 시대 소련 외교

노경덕

* 이 글은 노경덕, 「스탈린 외교를 바라보는 한 시각, 1927-1953」, 『역사비평』 121(2017)을 수정 보완한 것이다.

20세기 공산주의 국가들, 또는 이를 뒤이은 국가들의 대외 정책은 주로 공격성과 팽창성의 이미지로 표상되곤 한다. 하지만 가장 대표적 공산주의 국가, 그것도 공포의 시대로 알려진 스탈린 집권 기 소련 대외 정책의 기조는 그저 생존을 위한 몸부림이었다. 국가 이념 상 이른바 '세계 혁명'을 추구하는 나라의 정책이라 보기에 무색할 정도로, 스탈린의 외교 정책은 자국 안보와 정권 유지를 최우선으로 하는 지극히 수세적인 성격을 띠었다. 서방의 언론과 학계가 이를 공세적인 것으로 재현했던 것(이는 주로 냉전 시대 이후에 주로 이루어졌다)은 실은 그들의 반공주의와 반러시아 감성, 그리고 때때로는 치밀한 정치적 계산에서 비롯된 곡해의 결과일 뿐이었다.

하지만 국제무대에서 소련이 드러낸 몇몇 실제 행태들이 서방의 언론이나 학자들의 그런 재현 작업을 가능케 할 정도의 여지를 준 것 또한 사실이었다. 스탈린의 소련은 줄곧 수세적 기조로 국제관계에 임했지만, 그 수성의 구체적 방법들에는 국지적 도발, 으름장, 그리고 심지어는 일부 군사행동까지도 포함되어 있었기 때문이다. 이 방법들은 소련의 현실과 입장을 잘 몰랐던(또는 너무 잘 알아서 이를 정치적으로 이용하려는 했던) 서방 사회에 '공산주의 팽창'의 공포심을 안겨주기에 충분한 것이었다. 또한 소련이 '사회주의 조국'으로서 다해야 했던 최소한의 의무, 즉 세계 각국 좌파들의 희망을 꺾지 않고 그들을 계속 자기 편으로 두기 위해 소련이 중단할 수 없었던 혁명적 수사 활용과 선전선동 역시 서방 언론과 학자들의 곡해에 끊임없는 샘을 제공하기도 했다.

이런 사실을 염두에 두고 우리는 여기서 스탈린 시대 소련의 대외 정책의 성격과 냉전의 기원을 객관적인 시각에서 파악해보려고 한다. 소련 해체 이후 소련과 과거 제 2세계 국가들의 문서고가 일부 개방되면서 스탈린의 외교에 대해 그간 새로운 연구 성과가 제법 축적되었다.[1] 그 결과가 문서고 개방 이전의 그림을 근본적으로 바꾸어 놓았는지의 여부를 두고는 여전히 논쟁 중이지만, 소련 대외 정책 형성 과정의 역사적 맥락, 즉 스탈린 등 소련의 정책결정자들이 처했던 상황 및 그들의 상황 인식을 보다 선명히 보여주었다는 점에서는 이론의 여지가 없다. 이를 통해 우리는 스탈린 외교의 속내와 의도를 추출하고 그것의 전형적 행태를 파악하며 궁극적으로 그것의 성격 규정을 시도해 볼 수 있는 위치가 되었다.

우리가 집중해 살펴볼 주된 내용은 다음과 같다. 스탈린의 소련은 국제무대에서의 고립을 자각하고 그들의 경제 및 군사적 취약성을 인지한 상태에서, 서방 자본주의 국가들과의 '정상적' 외교 관계 수립 및 유지를 위해 부단히 애썼다. 그리고 그 과정에서 필요하다면 양보도 서슴지 않았다. 그들은 국제 시가보다 불리한 자원 및 물품 거래를 선뜻 받아들였고, 서방 국가들의 신경을 자극할 만한 공산주의 및 좌익 운동의 분출을 사전에 차단하기까지 했다. 이를 통해 스탈린은 그들의 경제 및 군사적 취약성 극복을 위한 시간을 벌 수 있다고 생각했으며, 그것이 이루어진 후에는 다시 세계 혁명을 위한 공세를 펼칠 수 있다는 믿음으로 그 저자세 외교를 정당화했다. 다만 소련은 '적국' 서방 국가들에게 그들의 이런 약한 모습과 속내를 들킬 수는 없다는 판단에서, 때때로 부분적이고 한시적인 공세 전략을 펴기도 했다. 하지만 그 '공세'가 서방 자본주의 국가들의 강력한 대응을 불러일으켰을 때, 스탈린의 소련은 자기들이 목표로 했던 것 중 최소한의 실리만 취한 상태에서 바로 물러서곤 했다. 물론 경우에 따라서는 곧장 퇴장이 아니라 버티기가 실리의 양을 늘려주기도 했다. 하지만 한편으로 그 '공세'와 버티기로 인해 생긴 이미지 때문에 소련은 더 큰 것을 잃기도 했다.

위와 같은 수세적이고 실리 지향적 행태를 통해 스탈린 시대 소련 외교는 첫째, 자본주의 국가들의 반소 연합 결성을 저지하고, 두 번째로 그들과의 전면전에 휘말리게 되는 상황을 최대한 피하는 데 그 목표를 두었다. 이는 레닌 시대부터 시작되었던 일국 사회주의론적 사고 아래, 소련의 방위가 당시 전 세계의 사회주의 운동의 미래, 즉 역사 진보에 가장 중요하다는 믿음의 현실적 표현이었다. "우리에게도, 그리고 국제 사회주의의 입장에서 볼 때도, 이 [소비에트] 공화국의 보존은 가장 중요한 것"이라는 1918년 레닌의 선언은 스탈린을 비롯한 볼셰비키 지도부의 사고를 요약한다. 소련의 수세적 정책은 또한 경제·문화적으로 '후진적'이며 미약한 군사 기반을 가진 '유일의' 사회주의 국가가 적대적인 국제무대에서 생존하기 위한 현실적 선택이기도 했다. 아래에서 보겠지만, 제2차 세계대전 직전 소련은 그 첫 번째 목표만 간신히 이뤄낼 수 있었다. 1941년 독일의 침공으로 결국 대규모 전쟁을 치르게 되었던 것이다. 하지만 소련 입장에서는 다행히 그 두 번째 목표의 달성 실패가 국가의 전면적인 파국을 초래하지는 않았다. 독일과의 이른바 대조국전쟁에서 희생된 수천만 소련 민중의 목숨 덕에 소련은 국제무대에서 살아남는 것을 넘어 고립에서 탈출하는 것까지 바라볼 수 있었기 때문이다. 하지만 종전 후 얼마 지나지 않아 시작된 냉전으로 이 두 가지 목표를 모두 달성하는 일이 다시 불투명해지고 말았다. 스탈린의 사망 시점까지(사실상 고르바초프 시대까지도) 소련은 이 둘을 이루기 위해 고심하게 되었다. 그 과정에서 때때로 등장했던 소련의 도발적 행동들도 사실은 그 고심의 표현들에 불과했다.

1. 소련의 전전戰前 외교와 스탈린 시대의 개막

레닌은 1918년 초 브레스트리토프스크에서 벌어졌던 독일 등과의 정전협상 과정에서 소비에트 러시아와 향후 소련의 대외정책을 일관적으로 지배할 기본 틀을 정립했다. 국제 혁명 독려 연기와 서방 자본주의 국가들과의 '정상'적 외교 관계 수립 노력으로 요약될 수 있는 이 틀은 소비에트 러시아가 자본주의 세계에 의해 포위되고 고립되어 있는 한, 그들과의 '평화공존'을 도모할 수밖에 없다는 레닌의 현실 인식에서 도출된 결과였다. 소비에트 권력의 안정을 위해서는 시간이 필요하며, 그 시간 동안의 타협과 양보는 어쩔 수 없다는 것이다. 레닌 사후 소련의 실권자가 된 스탈린은 이 같은 레닌의 뜻을 충실히 계승했다.

스탈린이 사실상 집권에 성공했던 1920년대 중반은 레닌의 유지를 따라 국제사회의 '평범한' 일원이 되고자 노력했던 소련에게 최악의 고립감과 위기감을 던져주는 시점이었다. 로카르노Locarno를 비롯한 일련의 협약은 볼셰비키 지도부의 눈에는 반소비에트 자본주의 국가 연합 성립 과정과 다름없었다. 1922년 라팔로 조약 체결 이후 소련의 유일한 친구였던 독일이 과거 협상국들과 미국의 양보로 서방 국가들에 기울었을 때, 소련은 당시 국제연맹에 적을 두지 못한 유일한 유럽의 주요 국가로 남게 되었다. 1926년 봄 폴란드에서 발생한 쿠데타로 반소련파 유제프 피우수트스키가 다시 정권에 오르게 되었으며, 이듬해 4월 중국에서는 새 국민당 당수 장제스가 공산당과의 합작을 깨며 그 당원들에 대한 학살을 시작했다. 그리고 1927년 5월 갑작스럽게 공포된 영국의 국교 단절 선언은 스탈린과 지도부에게 가장 큰 충격이었다. 이는 볼셰비키가 러시아 혁명 직후 4년간이나 겪었던 내전의 악몽, 즉 자본주의 열강이 소련에 직접 개입하여 자기들의 정권의 전복을 시도할지 모른다는 두려움을 다시 불러 일으켰다. 이러한 국제 정세 악화는 당시 소련의 도시 경제 붕괴와 실업자 증가라는 국내 위기를 한층 더 두드러져 보이게도 했다. 이런 대내외적 위기 극복을 위해 볼셰비키 지도부가 선택할 수 있는 범위는 무척 좁았다. 그들은 조속한 재무장을 통해 다가올 전쟁에 대비하고, 소련 정권의 지지기반, 즉 노동계급을 확충해야 했다. 이런 판단은 급속한 중공업화 드라이브와 그 재원 조달을 위한 가혹한 농업정책들로 귀결되었다(그 중 대표적인 것이 농업집산화였다).

물론 볼셰비키 지도부에게 희망적인 소식이 없었던 것은 아니었다. 1929년 발발한 대공황이 자본주의 세계를 극도의 혼란으로 치닫게 한 것이다. 일각에서는 이 공황이 결국에는 자본주의 경제를 궤멸시킬 것이라는 '낙관론'까지 대두하였고, 이와 더불어 소련 외교 정책의 좌 선회, 즉 국제 혁명 노선의 부활 여부가 논의되기 시작했다. 이는 대공황 직전 국제공산주의자 조직인 코민테른 제5차 대회에서 결의된 '제3기' 전략 및 당시 소련 내부에서 일어난 '문화혁명'의 급진주의와 결부되며 큰 반향을 불러일으켰다. 하지만 1930년대 초에 이르러 소련의 경제학자들이 대공황의 파괴성보다는 자본주의의 탄력성과 회생 능력을 더 강조하자 스탈린은 다시금 소련의 대외 정책을 온건 노선으로 전환했다. 그 노선은 1932년 사실상 최초의 소련의 주요 외교적 성과였던 발트해 국가들, 폴란드 그리고 프랑스와 불가침 조약 조인의 근간이 되었다. 이는 당시까지 런던과 파리가 폴란드를 앞장세워 소련에 가할 수 있는 군사행동 가능성을 가장 큰 걱정거리로 삼고 있던 스탈린에게 큰 위안을 주었다. 하지만 그의 평정심은 오래갈 수 없었다. 대공황을 배경으로 성장한 파시즘과 군국주의가 각기 유럽과 동아시아에서 소련에게 보다 직접적인 위협으로 다가왔기 때문이었다. 일본은 일찍이 1931년 말 만주를 침략하며 소련과의 인접 국경의 길이를 크게 늘려놓았으며, 1933년 초 집권한 나치의 독일은 그 어떤 국가보다 노골적인 반소 및 반공 감정을 드러내었다.

소련 입장에서 그나마 다행인 것은, 나치가 소련 못지않게 영국, 프랑스 등 과거 협상국들에 대해서도 반감을 품고 있었다는 점이었다. 그리고 역시 대공황의 여파를 겪고 있던 협상국 내 파시스트들의 활약(?)은 이들 서구 의회주의 국가들도 공산주의 소련보다는 나치를 제1의 적으로 경계할 수밖에 없도록 만들었다. 그 덕분(?)에 소련은 국제무대의 왕따(?) 자리를 독일에게 넘겨줄 수 있었다. 나치라는 공통의 적을 매개로, 소련은 탄생 후 처음으로 영국, 프랑스 등과 완전한 관계 회복에 성공할 수 있었으며, 이는 이른바 집단안보 체제의 성립으로 발전되었다. 평화와 반전의 메시지로 무장된 이 체제는 비단 독일의 팽창뿐만 아니라, 유럽에서의 전쟁 발발 자체를 막는다는 데 그 핵심 목표가 있었다. 유럽에서 전쟁이 일어난다면, 소련은 어차피 끌려들어갈 수밖에 없을 것이고, 그것은 이제 막 시작된 그들 사회주의 건설 과정에 치명적인 영향을 미칠 것이기 때문이었다.

1934년 소련이 국제연맹에 가입하고, 이듬해 프랑스, 그리고 체코슬로바키아와 각각 상호 원조 조약을 체결했을 때, 집단안보 체제는 그 정점에 올랐다. 물론 이 두 조약 모두 직접적 군사 지원에 관한 한 큰 한계를 가지고 있었지만 말이다. 프랑스와 체코슬로바키아는 소련과 국경을 인접하고 있지 않았기에, 그들 간의 군사 공조를 위해서는 폴란드 국경 통과를 허락받아야 한다는 소련 입장에서 매우 어려운 과제가 남아 있었던 것이다. 이 문제는 곧 불거질 것이었고, 따라서 폴란드에 대한 스탈린의 집착은 앞으로 계속될 것이었다. 한편, 소련의 외교정책이 더욱 온건해짐에 따라 코민테른 노선 역시 다시 변화를 겪었다. 1935년 제7차 코민테른 대회는 그간의 '제3기' 입장을 버리고 1920년대 중국에서 국민당과 공산당의 합작을 유도했던 계급 간 연합 전술, 이른바 통일 전선 전술로 되돌아왔다. 이 전술은 파시즘에 반대하는 모든 진보 진영의 연대를 주창했으며, 따라서 온건 좌파를 공격하기 위한 공산주의자들의 담론이었던 '사회적 파시즘'은 공적 영역에서 사라졌다. 그 과정에서 프랑스와 에스파냐를 비롯한 일부 지역에서는 범좌파 연합 정권인 인민전선의 출범이 가능해졌다.

1920년대의 완전한 고립과 비교해 본다면, 유럽 외교 전선에서 소련이 거둔 이 같은 성과는 주목할 만한 것이었다. 따라서 나치가 재무장을 시작하고 라인란트 지방을 불법 점령하기 전까지, 스탈린의 안보 걱정은 극동에 더 쏠려 있었다. 소련은 이에 대해 극동군관구의 개편 확대와 러시아 극동 지방 개발 및 이주 정책 등을 기초 대비책으로 하면서, 일본 정부에는 막후 외교 접촉을 통해 상호 불가침조약 체결 의사를 계속 전달했다. 그 도중에 소련은 1935년 동중철도를 일본의 괴뢰국 만주국에 헐값에 넘기는 양보도 감수했다. 하지만 일본은 1936년 11월 독일과의 반反코민테른 협정을 통해, 그들의 반공주의를 더 공고히 했다. 다만, 1937년 7월 일본이 일으킨 중일전쟁은 소련 입장에서는 다행이었다. 일본의 일차 목표가 러시아 극동이 아닌, 중국 본토임이 드러났기 때문이다. 이 사건을 계기로, 소련은 앞서 언급한 제7차 코민테른 대회의 '인민 전선' 입장에 맞추어, 중국공산당에 국민당과의 합작을 다시 지시했다. 스탈린의 소련은 양 당의 합작으로 중국의 저항이 배가되면, 일본의 관동군이 중국 본토를 벗어나 다른 곳으로 시선을 돌릴 수 없을 만큼의 에너지를 소모할 것으로 기대했다.

그렇지만 일본의 시베리아와 러시아 극동에 대한 관심은 멈추지 않았다.

중일전쟁의 와중에서도 만주국은 1938년과 1939년 소련 국경에 도발을 감행했다. 이는 일반적인 의미에서의 국경 분쟁 수준을 넘어서는 대규모 군사행동이었다. 블라디보스토크 근처의 하산 호수와 몽골 접경 지역의 하킹 골강에서 각각 펼쳐졌던 두 차례의 '전쟁'을 통해 일본은 러시아 극동 진출의 꿈을 한풀 접었다. 1930년대 수많은 소련 민중의 희생을 통해 건설된 소련의 중화학공업은 일본의 예상보다 훨씬 큰 화력을 생산해 냈던 것이다. 하지만 소련 입장에서 보았을 때, 이 전쟁으로 극동 지방의 안보가 확실히 안정되었다고 판단할 수는 없었다. 스탈린의 소련은 이 지역에 전체 붉은 군대의 40%에 육박하는 군사력을 남겨두었고, 국공 합작 상태의 중국에 대한 군사적 지원을 계속했으며, 외교 채널을 통한 일본 정부와의 접촉 역시 중단하지 않았다.

1930년대 중후반 동아시아에서의 이 같은 상황 호전과 달리, 유럽 정세는 더욱 악화되었다. 나치 독일의 팽창이 에스파냐 내전 간여, 오스트리아 합병 그리고 체코슬로바키아의 수데티 지방 요구 등으로 본격화되었던 것이다. 그리고 이에 대한 대응 과정에서 영국, 프랑스, 소련 간의 공조가 삐걱거리면서, 집단안보 체제가 와해할 가능성이 대두하기 시작했다. 특히, 영국 수상 체임벌린이 주도했던 이른바 유화 정책은 스탈린의 오래된 의심, 즉 반소 자본주의 연합의 결성 가능성에 대한 의심을 부추기기에 충분했다. 그 의심은 이른바 뮌헨 위기 당시 극대화되었다. 1938년 여름 수데티 지방을 둘러싼 체코슬로바키아 문제가 정점에 이르자, 소련은 소련-체코 상호원조 조약의 원칙에 따라 군사행동을 준비했으며, 이에 상응하는 대응을 프랑스로부터도 기대했다. 그리고 체코슬로바키아 역시 나치에 대한 결사 항전을 선언했다. 하지만 그해 9월 체임벌린과 프랑스 수상 달라디에는 소련과 체코슬로바키아의 대표를 배제한 상태에서 단독으로 나치의 수데티 지방 요구를 들어주기로 결정해 버렸다. 이는 소련의 눈에는 현재의 적 나치를 살려주며 미래의 더 큰 '주적' 소련을 견제한다는 서유럽 반공주의자들의 계산의 결과로 보였다. 이듬해 나치가 영국과 프랑스의 방관 속에서 체코슬로바키아 전

영국 작가 데이브 로우(David Low)의 만평. 히틀러, 체임벌린, 달라디에, 그리고 이탈리아의 무솔리니가 스탈린을 초대하지 않고 체코슬로바키아 문제를 결정하는 장면을 풍자했다.

체를 폴란드 및 헝가리와 분할 점령하자, 소련의 영토는 이들 반소 '파시스트' 정권들에 직접적으로 노출되었다. 스탈린의 소련은 체코슬로바키아와의 상호원조 조약에 입각해 이 사태에 군사 개입을 할 수 있는 자격을 갖추고 있었지만 이를 실행에 옮길 수는 없었다. 그것은 폴란드(또는 루마니아) 국경을 통과할 수 있어야 가능한 일이었기 때문이다. 오직 영국과 프랑스만이 폴란드를 설득할 수 있었으나, 이미 '뮌헨 위기'에서 서유럽의 두 강대국은 그럴 의사가 없음을 보여준 셈이었다.

이후 스탈린은 더 이상 영국과 프랑스를 믿을 수 없다고 판단하며, 1939년 봄 친서구 이미지의 리트비노프를 외교 수장 자리에서 끌어내리고 몰로토프를 세우는 상징적 인사 조치를 단행했다. 하지만 이 교체 직후에 소련이 협상국 측을 버리고 독일에 접근했던 것은 아니었다. 심지어 그 해 여름까지도 소련은 이들과의 관계 개선을 위한 희망을 끈을 놓지 않았다. 소련은 영국과 프랑스에 대독일 군사협력, 즉 제1차 세계대전 직전의 3국 협상을 연상시키는 공조를 제안했다. 하지만 이 문제를 논의하기 위해 영국과 프랑스가 8월 초 모스크바에 파견했던 대표단에는 외교 문제 결정권을 지닌 최상급 공직 인사가 포함되어 있지 않았다. 양국의 이런 홀대가 소련에게 던지는 메시지는 분명해 보였다. 당연하게도 그 2진급 대표들과의 회담은 유사시 삼 개국 군사 공조에 필수인 소련 군대의 폴란드 국경 진입 허용을 비롯한 제반 문제들에 대해 생산적인 논의를 진전시키지 못했다.

바로 그 달 말 소련은 자본주의 진영 내의 균열을 틈타 소련의 안위를 확보한다는 1920년대의 라팔로 조약식 접근법으로 급격히 선회하며 독일의 문을 두드렸다. '동부'와 '서부' 전선을 동시에 감당해서는 유럽 대전에서 승리할 수 없다는 제1차 대전의 교훈을 곱씹고 있던 독일도 소련의 접근이 반가웠다. 그 결과 8월 24일 크렘린에서 몰로토프－리벤트로프 조약이 조인되었다. 상호불가침을 핵심으로 했던 이 조약은 10년을 그 기간으로 했으며 이후 갱신할 수 있었다. 프랑스-소련 조약과 달리 군사 지원에 관한 언급은 존재하지 않았다. 하지만 제1차 대전 이후 폴란드가 가져갔던 과거 러시아 제국 영토에 대한 소련의 권리는 비밀리에 합의되었다.

9월 1일 독일은 폴란드를 침공했고 불과 3주 만에 항복을 받아냈다. 소련은 9월 17일, 폴란드에 속해있던 과거 러시아 제국의 영토를 재점령했다. 이는 내전 이후 수세로 일관했던 소련이 펼친 최초의 팽창이었으며, 곧 핀란드 공격과 발트 삼국의 점령으로 이어졌다. 하지만 이 같은 팽창이 스탈린 대외정책의 공세성을 입증하는 것은 아니었다. 이는 스탈린의 입장에서는 다가올 자본주의 진영과의 전쟁에 대비해 완충지대를 확보하려는 수세적 노력에 더 가까웠다. 물론 점령지의 시민은 소련의 정책에 충분히 분노해 할 만했지만, 최소한 이 소련의 군사적 침략 행위에 세계 혁명, 유럽 대륙 장악 또는 서유럽 자본주의 세계와의 전면전 등의 의도가 없었다는 점은 기억할 필요가 있다. 소련의 수세적 노력은 동아시아에서도 곧 결실을 맺었다. 오랜 협상 끝에 1941년 4월 일본과 중립 조약을 맺은 것이다. 2년 전의 국경 지역에서의 승리가 무색하게도, 소련은 이 조약에서 일본의 괴뢰국 만주국 영토의 불가침성을 인정했다. 이제 스탈린은 유럽과 아시아의 국경 모두를 적어도 일시적으로는 안정화했다고 믿을 수 있었다

이런 믿음을 견지한 채, 스탈린은 독일이 제1차 세계대전 때처럼 그들의 '서부' 전선에 묶여 있기를 희망했다. 하지만 그 희망은 모순적인 것이었다. 그것은 소련의 독재자가 독일의 군사적 성공도 함께 바라고 있었다는 점에서 그랬다. 스탈린의 가장 두려워한 것은 반소 자본주의 연합의 재탄생 가능성, 즉 독일이 적당히(?) 팽창한 후에 영국 및 프랑스와 강화를 맺는 것이었다. 이 가능성은 독일이 강화를 생각하지 않을 만큼 군사적으로 성공을 거두는 경우에 낮아질 것이다. 실제로 이를 위해 소련은 독일에 대한 거대한 자원 지원, 즉 헐값에 곡물과 석유 넘기기를 계속했다. 더해서 소련은 자기 안보를 위한 또 하나의 주요 관심 지역이었던 유고슬라비아와 발칸반도를 독일에게 싹싹하게 양보했다. 스탈린 입장에서 최상의 시나리오는 강화를 생각하지 않을 정도로 독일이 승전하지만, 그 과정에서 프랑스와 영국이 끈질기게 버팀으로써 자본주의 국가들의 전력이 다 함께 소모되는 것이었다. 하지만 그 시나리오는 현실이 되지 않았다. 유럽 대륙에서 독일군은 프랑스군과 영국군을 너무도 빨리, 그리고 군사력을 최소한으로만 소모한 채로 끝장내버린 것이다. 그 대가는 올곧이 소련 민중의 몫이 될 것이었다.

2. 전시 외교

1941년 6월 22일 새벽 히틀러 군대는 소련 국경을 넘었다. 히틀러의 이런 선택은 소련 민중에게는 재앙을 초래했지만, 소련 정권 입장에서는 그 간의 국제적 고립 상황에서 벗어나는 계기도 되었다. 독일군의 대대적 상륙을 걱정했던 영국은 그 절명의 위기를 모면하며 소련과의 군사 동맹 가능성을 이미 6월 22일 당일 내비추었다. 이런 즉각적 제의는 스탈린의 입장에서도 예상을 뛰어넘는 반가운 소식이었다. 그 직전까지 영국과의 관계는 핀란드와

의 겨울 전쟁과 발칸반도 문제를 둘러싸고 심각하게 냉각되어 있었기 때문이다. 그리고 당시 전쟁에 직접 참전하고 있지 않았지만, 영국의 끈질긴 요구로 반히틀러 진영에 서 있던 미국 역시 소련 지원에 찬성한다는 소식이 곧 들려왔다. 7월 말까지 소련은 영국 및 미국과 동맹 관계를 맺을 수 있었다. 대연합이 형성된 것이다.

그럼에도 불구하고 스탈린은 이 대연합을 십분 신뢰할 수는 없었다. 가장 신경 쓰이는 부분은 영국과 독일의 단독 강화 가능성이었다. 다행히 이 걱정은 카사블랑카 회담에서 영국과 미국이 독일에 무조건 항복을 요구하면서 줄어들긴 했지만 말이다. 하지만 나치를 이용해서 소련을 견제하려 했던 1930년대 말 영국의 유화 정책에 대한 기억은 스탈린의 머릿속에 계속 남아 있었다. 그 기억은 스탈린의 최대 관심사였던 제2전선 설치 요구 과정에서 더 짙어졌다. 이미 1941년 7월 중순에 스탈린은 처칠에게 프랑스 또는 북극 지역에 또 하나의 전선을 만들어 줄 것을 요구한 바 있었다. 영국과 미국과의 동맹으로 전쟁을 낙관적으로 바라보던 소련 지도부의 분위기를 완전히 참담한 것으로 바꾸어놓았던 8월의 패전들 이후, 스탈린은 다시금 간절히 처칠에게 북유럽이나 발칸반도 전선 개설을 부탁했다. 하지만 1941년 12월 진주만 공습 직후 대전에 본격적으로 참전했던 미국의 긍정적인 검토에도 불구하고, 영국은 대규모 전선 개설을 계속 미루었다. 대신에 이 두 나라는 소련에 막대한 양의 물자 공급만을 약속할 뿐이었다. 1942년부터 본격적으로 도착했던 이 물량은 소련의 전쟁 수행에 큰 도움이 되긴 했지만, 결코 결정적인 것이 되지는 못했다. 이런 영국의 미적거림으로 인해 전쟁 이전부터 스탈린이 자본주의 국가들에 품어왔던 의심은 해소될 수 없었다. '독일과의 전쟁을 우리에게 전담하도록 함으로서 소련의 국력을 소모시키는 것이 그들의 의도는 아닐까.' '공적共敵 히틀러가 사라진 후에 그들은 '약화된' 우리를 압박하며 새로운 반소 자본주의 연합을 형성하지는 않을까.' 스탈린 입장에서 그나마 다행인 것은 전쟁 도중의 영미 회담들을 볼 때, 미국과 영국의 전후 목표와 이해관계가 일치할 것 같지 않았다는 점이었다. 영국은 과거 제국주의 질서를 포기할 생각이 사실상 없어 보인 반면, 미국은 그 질서를 허문 위에서 자국이 주도하는 자유무역 체제를 건설하려는 듯 보였다. 즉, 미국은 기존 세계체제 아래에서는 다시금 세계가 1930년대와 같이 강대국 중심으로 블록화되어 쪼개질 가능성이 크다고 결론짓고, 이를 방지하기 위해 제국주의 외관을 해체하려 하는 것 같았다. 이는 분명 영국과의 갈등을 야기할 것이다. 이런 양국의 이해관계 차이를 이용하면서, 스탈린은 소련의 생존과 국력 강화를 도모할 계획이었다.

하지만 이런 거창해 보이는 외교적 목표에 앞서 스탈린에게는 우선적으로 달성해야 할 가장 시급한 전후 과제가 있었다. 그것은 소련 국경의 안정화였다. 1943년부터 확연히 달라진 전세는 소련에 승리를 약속했지만 이를 얻기 위한 대가는 너무도 컸다. 제2전선 개설이 계속해서 늦어진 탓에 소련은 히틀러 군대 총 전력의 80% 이상, 더 구체적인 지표로 표현하면 독일군 250개 사단을 홀로 감당해야 했다. 결과는 소련 서부 국경 지역의 파탄과 더불어, 무엇보다도 전대미문의 인적 피해였다. 소련의 제2차 대전 기간의 사망자 수는 총 2,700만 이상으로 집계된다. 그 중 민간인 사망자의 숫자가 2,000만을 육박했다. 대연합 동맹국 영국의 총 사망자 숫자가 소련보다 전쟁을 2년 가량 더 치렀음에도 불구하고, 50만 가량이었다는 점은 많은 것을 말해준다. 제2차 세계대전의 '주요' 전장으로 이후 서방 세계에 잘 알려진 북아프리카 전선에서 영국이 상대한 독일군이 고작 4개 사단 규모였다는 사실도 마찬가지다. 소련의 최우선 전후 과제가 이 수많은 피해가 집중되었던 소련의 서부 국경 지역 보호를 위한 완충지대 확보였다는 점은 어렵지 않게 짐작할 수 있다. 그것은 전쟁 도발자 독일을 무력화하는 것과 동유럽에 친소국가를 수립하는 것이라는 보다 구체적인 두 가지의 전후 과제로 표출되었다.

이 둘을 성취하려는 스탈린에게는 역시 두 가지 길이 있었다. 첫 번째는 영국과 사실상의 유럽 분할을 도모하는 것이었다. 전쟁 중 영국은 이탈리아와 발칸반도 남부에 대한 관심을 꾸준히 드러내었다. 인도와 중동에 주요 식민지들을 거느렸던 영국 입장에서 그 지름길 지중해를 확보하는 것은 필수였기 때문이다. 만약 남부 유럽을 영국의 세력권으로 인정해 준다면, 그 대가로 동유럽을 소련의 세력권으로 인정받을 수 있지 않을까. 이런 생각은 1942년 영소 동맹 체결 협상 과정에서 이미 양국의 대표들 사이에 암암리에 논의되었던 것으로서, 영국과 소련의 이해 모두에 부합하였다. 그리고 이는 1944년 가을 처칠과 스탈린의 이른바 퍼센트 분할 논의에서 보다 노골적으로 드러났다. 하지만 강대국의 세력권 분할을 전제하는 이 첫 번째 선택지는 기존 세계체제의 운영 방식, 즉 제국주의 질서의 유지라는 대전제를 가지고 있었다. 이는 당시 세계최강대국이었던 미국의 입장과 부합하지 않는 동시에 그간 반제국주의를 표방해온 소련 역시 명분을 찾기 어려운 것이었다.

스탈린의 두 번째 선택지는 미국의 전후계획에 동참하면서, 독일 무력화와 동유럽 확보를 미국으로부터 확약 받는 것이었다. 미국의 전후계획은 앞서 언급했듯이 제국주의 질서 해체 후에 자유무역 체제를 수립하는 것이었다. 이를 위해서는 파시즘과 과거 제국주의 국가로부터 해방된 국가들의 정치적 독립이 전제되어야 했는데, 다만 후자의 경우 근대국가 운영의 경험이 없기에 일정 기간 동안 신탁통치라는 '학습' 과정을 거쳐야 할 것이었다. 이런 새로운 질서 유지를 위해, 즉 약소국들이 강대국에 휘둘려 세계가 다시금 블록화되는 것을 막기 위해, 국제연맹과는 격이 다른 강력한 국제기구가 필요할 것이며 이에는 주요 전승국들이 중심적으로 참여해야 한다. 이런 미국의 구상에 동조하는 대가로 독일 무력화와 동유럽의 소련 세력권화를 요구할 수는 없을까. 아마도 독일 무력화에 대해서는 대독 강경책인 모겐소 Morgenthau 계획이 이미 미국 정부 내에서 논의될 만큼 미국도 적극적이니 큰 문제가 없을 것이다. 다만 후자는 과거 파시즘의 지배를 겪은 국가들을 자립화하고 블록의 성립을 막는다는 미국의 전후 계획과 충돌할 것이다. 혹시 추가적인 카드를 통해 미국의 반대를 무마시킬 수는 없을까.

1943년 말 테헤란에서 대연합의 세 수장이 처음으로 함께 만났을 때, 소련의 요구는 제2전선의 확보와 더불어, 자연스럽게 위의 두 가지 목표에 집중되었다. 그리고 스탈린은 이 둘의 확보를 위해서 서방 국가들이 신경 쓸

다른 부분, 이를 테면 전후 국제공산주의 운동 지원 중단과 같은 부분에서는 얼마든지 양보할 용의가 있었다. 스탈린은 미국의 전후 질서 수립 계획의 핵심인 국제연합에 찬성할 뜻을 내비친 후, 대일전 참전 약속이라는 추가적인 카드를 루스벨트에 내놓았다. 미대통령의 반응은 긍정적이었다. 다만 테헤란에서는 동유럽의 소련 세력권화 여부에 대한 직접적인 언급은 아직 없었다. 동유럽 관련 논의는, 1939년 소련이 되찾았던 당시 폴란드 영토는 소련에 귀속될 것이며 그 대가로 폴란드 국경은 서쪽으로 이동한다는 원칙에 합의하는 선에서 마무리되었다. 그렇지만 이 정도로도 스탈린은 충분히 고무될 수 있었다.

1944년 가을, 모스크바를 방문한 처칠은 퍼센트 제안을 통해 스탈린의 첫 번째 옵션의 가능성, 즉 영국과의 유럽 분할 가능성의 불을 다시 지펴놓았다. 하지만 1945년 2월 얄타에서 스탈린은 불과 넉 달 전 처칠과의 회동 결과를 내던지고 루스벨트의 전후계획에 최종 찬성을 했다. 소련은 미국 중심의 국제연합에 참여해서 과거 제국주의 질서 종식에 함께할 것이다. 그리고 이 정치적 외관 속에 포함된 미국 중심의 세계경제 재편, 즉 자유무역 질서에도 참여할 용의가 있다. 이미 테헤란에서 미국의 자본과 소련의 자원 거래에 대한 간략하지만 핵심적인 논의도 루스벨트와 나눈 바 있었다. 그리고 독일과의 종전 3개월 후 대일전에 참전할 것이다. 이를 대가로 소련은 루스벨트로부터 소련의 동유럽 세력권화를 약속받았다. 비록 대외 문건인 유럽해방선언은 파시즘에서 해방된 국가들이 자유선거를 통해 자율적으로 정부를 수립할 것임을 명기했지만, 스탈린이 이해하기에 이는 형식적이고 상징적인 차원의 문제로 보였다. 동유럽, 특히 소련 점령 지역들을 대표한다고 할 수 있었던 폴란드에서의 친소 정권 수립을 루스벨트가 얄타 회담 중 확약했던 것이 훨씬 더 무게 있는 것으로 느껴졌다. 루스벨트는 "우리는 앞으로 다가올 시기 동안 소련에 완전히 친화적인 폴란드를 원한다. 이것은 필수불가결한 것이다"라고 명시적으로 그의 입장을 스탈린에게 전달했던 것이다. 더해서 독일은 분할되고 비무장화와 탈군사화가 이루어 질 것이라는 점

1945년 2월 미국, 영국, 소련의 세 정상은 크림반도 얄타에 모여 전후 세계를 논의했다.

도 합의되었다. 이로써 스탈린은 소련이 가장 강력히 원했던 두 가지 모두를 얻은 셈이었다. 제2전선을 끝까지 늦추었고 전쟁 말기 드레스덴 폭격을 통해 소련에 유럽에서의 섣부른 세력 확대를 꿈꾸지 말라는 메시지를 전달하려 했던 자본주의 국가들에 대한 의심이 결코 사라지지는 않을 것이었지만, 스탈린은 얄타에서의 합의 결과에 만족할 수 있었다. 독일을 무력화하고 동유럽을 확보한다는 소련의 전후 목표는 달성이 유력해 보였던 것이다. 이를 위해 미국 중심의 세계질서 재편에 참여하면서 대연합의 틀을 유지하는 것도 소련의 이해와 충돌하는 것 같지 않았다.

3. 냉전의 기원과 전개

얄타 합의가 이루어진 지 불과 2개월 만에 그 핵심 주체이자 스탈린과 개인적 유대를 키워왔던 루스벨트가 세상을 떠났다. 새로이 대통령이 된 당시 부통령 트루먼은 외교 경험이 사실상 전무한 인물로, 얄타 회담 당시 배석하지도 않았다. 스탈린은 이 같은 급작스런 교체에 촉각을 곤두세웠지만 미국 정책상의 큰 변화를 예상하지는 않았다. 하지만 그의 예상과는 달리 트루먼 주변에 모여든 새로운 국제정책 자문 집단은 루스벨트의 인물들과는 차이가 컸다. 대통령이 된 직후 스탈린에게 보낸 서신에서 트루먼은 폴란드 문제가 앞으로 미소관계의 시험대가 될 것이라는 메시지를 전달했는데, 이는 얄타 합의를 뒤엎을 수 있다는 경고로 들릴 수 있었다. 미국 측 주장의 핵심은 이랬다. 얄타에서 서면 상 폴란드 자유선거를 약속했으니 이를 조속히 시행해야 하고, 폴란드의 미래는 폴란드인들에게 맡겨야 한다는 것이다. 이는 겉으로는 민주주의 원칙의 실현을 촉구하는 정당한 성명으로 보일 수 있었지만, 스탈린의 입장에서는 2,700만 명의 목숨으로 얻은 파시즘 격퇴의 성과 및 소련의 안보 우려에 대한 부정이기도 했다.

1945년 7월 삼국의 정상이 포츠담에서 만났을 때, 얄타 회담에 참여했던 인물은 스탈린 밖에 없었다. 루스벨트를 대신해서 트루먼이, 회담 도중 실각 소식을 접한 처칠 대신에 애틀리가 그 나머지가 되었다. 스탈린의 입장에서는 다행히 포츠담은 독일 전후 처리 문제에 집중하면서 동유럽을 주요 의제로 다루지 않았다. 이는 이때까지만 해도 미국의 폴란드 문제 제기가 여전히 수사적인 수준에 머물러 있었다는 점을 반증한다. 하지만 포츠담 회담 폐막 이후 상황은 바뀌었다. 미국은 원폭 실험에 성공하며 군사력에서의 우위를 확신하게 되었다. 그리고 8월 9일 소련의 대일전 참전이 실현되면서, 미국은 더 이상 이를 '구걸'하는 '을'의 입장에 서지 않아도 되었다. 특히 1945년 8월 15일 일본이 항복하자, 트루먼은 스탈린의 눈치를 살필 필요가 별로 없었다.

이런 미국의 자신감은 고스란히 그해 9월 열린 첫 삼상회의, 즉 런던회의에서 표출되었다. 여기서 미 국무장관 제임스 번즈는 수많은 전후 처리 의제를 제쳐놓고, 동유럽 문제를 본격적으로 들고 나오며 미소관계를 냉각시키기 시작했다. 우리에게는 더 잘 알려진 12월 모스크바 삼상회의에서는 한반도 신탁통치 문제를 비롯한 일부 현안들에 대해 진척이 있었지만, 트루먼의 미국은 여전히 동유럽 문제를 쟁점에서 뺄 의사가 없어 보였다. 미국의 이런 태도에 배신감을 느끼던 스탈린은 이듬해 2월 정통 마르크스레닌주의의 수사로 자본주의 세계를 분석하는 한편, 소련의 국제적 위세를 강조하는 공개 연설을 했다. 이는 그간 스탈린의 수세적 외교 노선과 사뭇 다르게 들렸으며 그만큼 미국 행정부에 큰 충격을 전해주었다. 이 순간부터 미국 정가에서는 소련의 동유럽 제어가 방어적 차원이 아닌 공격적 팽창이며 소비에트 이데올로기의 필연적 결과라는 인식이 크게 대두했다. 이에 결정적이었던 것이 그 유명한 조지 케넌의 전신The Long Telegram이었다.

미국 외교관 조지 케넌의 전신

"소련 이데올로기는 자본주의는 기본적으로 나쁜 것이고, 그것의 붕괴가 필연이며, 그 붕괴에 일조하고 권력을 획득하는 것이 프롤레타리아의 의무라고 계속 믿는다... 그 믿음들 중 하나는 자본주의와 사회주의 사이의 고유한 적대성이다... 이 믿음에서 우리가 거북하게 느끼는 크렘린 대외 정책의 여러 가지 현상이 도출된다."

스탈린의 이론적 수사나 서방의 인식과는 달리, 동유럽에서의 소련의 움직임은 영토 팽창 정책의 소산도, 마르크스레닌주의의 가르침 때문도 아니었다. 그것은 제2차 세계대전에서 전대미문의 피해를 입고 자국의 안보에 집착하게 된 나라의 수세적인 자구책에 불과했다.[2] 이에 공감했던 루스벨트는 얄타에서 소련의 미국 전후계획 참여와 대일전 참전을 대가로 폴란드, 즉 동유럽을 소련의 세력권으로 인정하지 않았던가. 이에 대한 화답으로 스탈린은 소련의 팽창이 충분히 가능해 보였던 지역들에서조차 얄타 합의, 즉 미국의 전후 비전을 충실히 따라 신중한 모습을 보인 바였다. 일찍이 1945년 8월 소련 군대가 한반도 북부에 진주한 이래, 소련의 한반도 정책은 줄곧 미국이 얄타에서 제안한 원칙, 즉 신탁통치 준비로 일관되었다. 스탈린이 1945년 9월 소련 군대가 진주했던 38선 이북 미래의 정체를 부르주아 민주주의로 정하고 이에 입각한 정책을 펼쳤던 것은 시사적이다. 당시 한반도 전역에 좌익 운동의 물결이 압도적이었기에 소련이 쉽게 더 큰 꿈을 꿀 수 있었다는 점을 생각해 본다면, 이런 소련의 행동은 얄타 합의를 벗어나지 않으려는 자제 노력이었다. 얄타 합의는 또한 중국 국민당의 존재를 전제로 하고 있었기에, 소련은 이들과 내전 중이던 중국공산당에 대한 지원도 제한적인 수준에서만 감행했으며 심지어는 국민당과의 선린 관계 유지를 위해서도 애썼다. 만약 소련이 중국공산당만을 일방적으로 지원한다면, 자칫 얄타의 합의를 벗어나는 세계 공산화 전략으로 오인될 수 있다는 염려 때문이었다. 소련이 장개석의 중국을 세계에서 가장 마지막까지 공식적으로 인정했던 국가였다는 점도 상징하는 바가 크다.

같은 이유로 스탈린은 얄타에서 본격적으로 논의되지 않았던 (그리고 심지어 좌익 운동이 활발했던) 지역에 대해서도 신중한 입장으로 일관했다. 1945년 가을 미 국무장관 번즈가 미군과 소련군의 체코슬로바키아로부터의 동시 철군을 소련에 요구했을 때, 스탈린은 번즈가 놀라움을 금치 못할 만큼 그 제의에 싹싹하게 응했으며 그 해 12월까지 모든 붉은 군대를 철수시켰다. 스탈린의 싹싹함은 1946년 2~3월 이란 위기와 여름 터키 위기에서도 드러났다. 제2차 대전 중 영국과 소련 연합국은 나치 독일이 영향력을 행사하던 이란에 침공해 이를 공동으로 점령한 바 있었다. 전후 양군의 철군이 합의되었지만, 소련은 약속 날짜인 1946년 3월 2일이 임박함에도 철군하지 않았다. 이란 수도 테헤란의 친영 정권에 반대해 서북부 타브리즈에 수립된 반영파 정부를 지원하기 위함이었다. 스탈린과 같은 공산주의자의 시각에서 볼 때, 테헤란 정권은 과거 제국주의 협력 세력이었지만, 타브리즈 정권은 이들과 투쟁했던 집단이었다. 동시에 후자는 소련 국경에 위치해 있기에 마치 동유럽처럼 향후 소련 방위를 위한 완충 역할도 할 수 있어 보였다. 하지만 서방 언론이 이 같은 소련군의 늑장 부리기를 이란의 전면 공산화 획책을 위한 도발로 묘사하고 미국과 영국이 소련군의 즉각 철수를 강력히 주장하자, 스탈린은 곧장 물러섰다. 그해 5월에 철군한 소련은 그들을 사회주의 조국으로 여기며 의지했던 타브리즈 정권이 테헤란 정부군에 의해 전복되고 그 주도자들의 시신이 몇 주 동안이나 도심에 전시되는 광경을 냉정히 지켜보기만 했다. 한편, 제1차 세계대전 이후 터키에 빼앗겼던 영토와 영해를 되찾기 위한 소련의 시도(이 시도에는 앙카라 정부에 대한 군사적 위협과 으름장이 포함되어 있었다)에 미국과 영국이 강력히 반발했을 때에도, 스탈린의 결정은 역시 싹싹한 수용이었다.

하지만 1946년 2월의 스탈린 연설, 이란 위기에서의 붉은 군대의 늑장, 소련의 터키 정부에 대한 위협 등은 미국의 정가에 소련이 공산주의 팽창을 시도하고 있다는 '오해'를 불러일으킬 만큼 충분히 거슬렸던 것도 사실이었다. 이런 오해를 기초로 미국의 대소 공세는 1946년 여름부터 본격화되었다. 이제 미국은 동유럽 문제를 넘어 소련에게는 더 민감한 사안이었던 독일 문제까지 재고하는 듯 보였다. 즉, 포츠담 회담의 중립국 비무장 독일 통일안 대신 미·영·프 점령지만을 따로 묶어 단독으로 국가를 수립하려는 새로운 계획이 감지된 것이다. 소련군 주둔 지역과 분리된 곳에서, 게다가 산업 시설이 집중된 서부 지역에서 새로운 독일이 출현한다면, 이 나라가 서방 국가들의 지원을 통해 곧 소생하여 궁극적으로 재무장까지 시도하지는 않을까. 서부 독일 단독 국가 수립 계획은 당시 미국의 사실상의 핵 독점 시도와 함께 진척되면서 스탈린의 불안감을 더 키웠다. 국제연합에 제출된 미국 안에 따르면, 현재 핵무기를 보유하고 있지 않아도 개발 중에 있는 것으로 보이는 나라도 완전한 사찰을 받아야 했다. 그리고 그 사찰 주체는 미국 주도의 국제연합 산하 특별 위원회가 맡을 것이었다. 소련 입장에서는 더 암울하게도 그 특별 위원회 활동에는 안정보장이사회의 비토 원칙이 적용되지 않는다. 이에 맞서 소련은 현재 핵무기 보유국을 포함하여 모든 해당 국가들이 핵무기나 그 준비 시설을 사전 폐기하고 사찰을 받아야 한다고 주장했다.

어쨌든, 스탈린은 자국 안보에 가장 직접적인 위협이 될 수 있는 독일 문제에 대해 결코 양보할 수 없었다. 그해 가을 열렸던 일련의 삼상회의들은 서방의 단독 독일 국가 수립 시도에 대한 소련의 문제 제기로 한 걸음도 나아가지 못했다. 한편, 이 시기 소련의 눈에 서유럽 지역은 미국의 세력권으로 보다 확실히 재편되어 가는 것처럼 보였다. 프랑스에서는 공산당이 연립 정부에서 축출되었으며, 그 이듬해 미국의 철저한 지원 속에 시행된 이탈리아 '자유선거'에서는 보수 가톨릭 정당이 승리를 거두었던 것이다. 스탈린의 바람과는 달리 유럽은 독일을 포함해서 양분되어가는 모습이었다.

이 양분의 양상은 트루먼의 담론으로 표현되었다. 영국 세력권이던 그리스에서 공산주의자를 중심으로 하는 반영 세력이 봉기를 일으키며 내전이 발발하자, 1947년 3월 트루먼 행정부는 이를 소련의 음모와 팽창 획책으로 선언했다. 훗날 트루먼 독트린으로 알려진 이 연설에서 미대통령은 '개인의 자유'를 보장하는 세계를 '공포와 억압'의 세계로부터 지켜내야 한다고 주장했다. 트루먼 독트린 발표 직후 서부 독일 단독의 예비 정부가 들어서면서 역사는 돌이킬 수 없는 지점으로 달렸다. 연이어 6월, 동유럽까지 포함한 유럽 대륙 재건에 거대한 미국 자본 투입을 제안했던 마셜 계획이 발표되자, 소련은 이를 미국의 동유럽 침투 의사 표시로 결론지었다. 그리고 스탈린은 경제 재건을 위해 미국 자본에 관심을 보이는 것 같은 동유럽 국가들에 대한 단속에 곧바로 착수했다. 이제 친소 정권이라면 의회민주주의와 시장 경제 틀도 활용할 수 있던 이른바 인민민주주의 시대는 동유럽에서 막을 내렸다. 그들은 단순한 친소 지향을 보이는 것을 넘어 소련 체제를 모델로 하는 프롤레타리아 독재 정권으로 거듭나야 했다. 1947년 9월 당시 소련 2인자 즈다노프가 트루먼 독트린과 같은 형식을 빌려 세계를 '진보'와 '평화・사랑'의 진영 및 '반동분자'와 '제국주의자'의 진영으로 양분했을 때, 냉전은 사실상 공식화되었다.

이 같은 소련의 단속 시도에는 수많은 동유럽 공산주의 지도자들에 대한 숙청도 포함되어 있었다. 여기에는 1930년대 말 소련 국내 정치에서 크게 발현했던 스탈린 특유의 의심과 안보 결벽증이 큰 역할을 했다. 하지만 숙청이 친소 공산주의자만을 살려놓고 국내파는 처형하는 식으로 단순하게 진행된 것은 아니었다. 1948년부터 시작된 국내파 숙청의 물결에 뒤이어 그 이듬해에는 친소파에 대한 숙청도 이어졌던 것이다. 이 같은 흐름에 희생양이 될 것을 거부했던 유고슬라비아의 티토는 결국 독자노선을 걷게 되었다.

한편, 미국은 1948년 브뤼셀 협약을 통해 사실상 서방세계 반소 군사 동맹의 길을 열었다. 이와 동시에 서독 수립 계획이 1948년 상반기에 더욱 구체화되자, 스탈린은 이를 저지하기 위해 극단적인 처방을 선택했다. '서독'으로부터 서베를린 지역에 공급되는 물자를 막는 베를린 봉쇄를 시작한 것이다. 이는 사실 봉쇄라는 표현이 어울리지 않을 정도로, 베를린 내부, 즉 동서 베를린 사이의 교류는 허용된 조처이긴 했다. 하지만 미국 정가의 눈에 이는 소련의 명백한 도발 행위처럼 보였다. 서방 언론은 한 걸음 더 나아가 이를 무자비한 공산주의자들의 민간인 학대 정책으로 이미지화하며 결국에는 스탈린을 물러서게 만들 수 있었다. '봉쇄'를 군사적 도발로 규정한 미국과 서유럽은 북대서양 조약기구NATO 건설에 합의했다. 그리고 이듬해 미국은 한국전쟁을 기화로 삼아 이를 서독까지 포함하는 군사 동맹으로 발전시키려는 의도를 드러냈다.

소련의 전후 목표들, 즉 독일 무력화, 동유럽 확보 그리고 미국 및 영국과의 선린관계 유지에 비추어 보자면, 냉전이 시작되었다는 것은 소련 입장에서 목표치 1/3의 달성을 의미했다. 당연히 스탈린은 이 결과에 만족할 수 없었으며, 나머지 2/3에 대한 노력도 중단할 수 없었다. 일례로, 1952년 스탈린은 1946년 당시 그들이 주장했던 비무장 중립국 통일 독일 계획에서 후퇴한 중립 독일론을 들고 나오며 다시금 독일의 경제적 부활과 재무장 가능성을 막아보려 했다.[3] 그보다 앞서 스탈린은 미국과의 극단적인 적대관계 속에 생길지 모르는 전쟁 발발 가능성을 줄여보려는 노력의 일환으로 전세계적 차원의 반핵 평화운동을 조직하고 지원하기도 했다.

유럽에서의 냉전이 스탈린 외교의 2/3의 실패였다면, 동아시아 쪽의 결과는 그보다는 나아 보였다. 얄타 합의에 따라 스탈린의 소련이 기대하고 있는 동아시아의 그림은 소련의 동아시아 쪽 국경은 소련과 적대적이지 않은 중국, 신탁통치 이후에 역시 소련에 비적대적인 통일 국가가 들어설 한반도, 그리고 얄타에서 직접 논의되지 않았지만 전범 독일의 전례에 따라 분단되거나, 또는 군사적으로 무력화될 일본의 모습으로 채워질 것이었다. 앞서 언급했듯이, 이 얄타 정신에 준해 소련은 중국과 한반도 등 동아시아에서 적

Quelle: Deutsche Fotothek

소련 진영 주도의 반핵 평화운동 일환이었던 1952년 세계평화회의 모습. 위쪽의 비둘기의 모습은 이 운동을 지지했던 세계적인 화가 피카소의 작품이다.

극적인 좌파 지원책을 펴지 않았다. 하지만 1947년 냉전이 본격적으로 시작되면서, 위와 같은 온건한 소련의 입장은 동유럽 정책 급진화처럼 변할 수밖에 없었다. 소련의 동쪽 국경 역시 단속에 나서야 했던 것이다. 이제는 만주와 북중국, 38선 이북 한반도의 전면 공산화에 머뭇거릴 이유가 없었다. 그리고 스탈린은 당시 의회주의 전략을 견지하던 일본 공산당에도 급진주의로의 노선 변경을 지시했다.

1948년부터 시작된 미국 주도의 일본 보수주의화, 즉 이른바 역코스the reverse course는 스탈린의 불안을 가중했다. 하지만 중국공산당이 내전에서 승세를 타고 창장강을 넘었을 때, 그리고 북한에 소련파 공산주의자들이 집권에 성공했을 때, 소련 독재자는 큰 위안을 받을 수 있었다.[4] 이 둘 모두 소련 국경의 안정화, 즉 스탈린의 안보 우려를 덜어 주는 사건임은 분명했기 때문이다. 물론 미국이 이 동아시아 정세 변화를 공산주의 팽창 기도로 보고

대소 강경책을 마련할 지도 모른다는 두려움은 여전히 존재했지만 말이다. 그랬기에 추가적인 모험, 이를테면 대만 합병이나 한반도 전체 적화 시도와 같은 일들은 미국을 자극할 수 있다는 점에서 부담스러웠다. 하지만 후자의 경우는 특별히, 미국의 시선을 유럽으로부터 돌리게 하고, 그들과 신중국과의 관계를 더 적대적으로 만들 수 있다는 이점이 크기에, 상황에 따라서는 그 위험을 감수할 수도 있는 일로 보였다. 하지만 막상 한반도에서 북한 인민군의 공격으로 전쟁이 발발하고 중국군이 개입하게 되었을 때, 소련은 이 전쟁과 직접적 관련을 두지 않기 위해 최선의 노력을 다했다. 미국 등 서방이 최소한 이 전쟁을 소련의 팽창 기도로 규정짓지 못하게 만드는 것이 스탈린에게는 중요했기 때문이다. 수세에 몰린 소련 입장에서는, 선불리 혁명 전선을 넓히거나, 또는 그런 의도를 품고 있다는 의심을 샀다가 소련의 안보마저 위험해 진다면 더 큰 낭패일 것이었다.

유럽과 아시아 모두 냉전을 피할 수 없는 상황에 이르렀을 때, 스탈린은 소련과 사회주의 진영의 생존을 위해 공존을 최우선 과제로 내걸었다. 이는 그들 전후 목표의 2/3가 이루어지지 못한 현실 속에서 펼친 소련의 자구책이자, 일찍이 러시아 내전 직후 레닌이 내걸었던 슬로건의 답습이기도 했다. '평화로운 공존과 협력'은 스탈린이 직접 점검했던 1952년 제19차 소련 공산당 대회 말렌코프 연설의 핵심어가 되었다. 마르크스주의의 계몽주의적 신념, 즉 역사 진보관을 이어받은 스탈린의 기대로는 시간은 사회주의 진영의 편일 것이다. 공존의 기간 동안 사회주의 진영은 경제적·문화적 후진성을 극복하고 힘을 키울 것이다. 역사 진보의 엄연한 법칙은 자본주의 내부의 분열을 자극할 것이고 자본주의 경제의 쇠락과 궁극적으로는 붕괴를 강제할 것이다. 아직 자본주의 세계에 활력이 남아있는 현 상태에서 그 무엇보다도 가장 중요한 것은 그 진보의 구심점이 물리적으로 지구상에서 사라지지 않도록 하는 것, 즉 소련의 생존일 것이다.

***

스탈린 시대 소련의 대외 정책은 레닌이 일찍이 1918년 1월 브레스트리토프스크 협상 과정에서 정립했던 '현실' 외교 노선을 계승하는 것이었다. 그것은 취약한 소련의 대내외적 조건 속에, 혁명적 국제주의, 즉 세계 혁명 시도를 당분간 포기하고 자본주의 국가들과 정상적 외교 관계를 유지하면서 먼 훗날의 사회주의 혁명을 위해 시간을 버는 것으로 요약될 수 있었다. 따라서 스탈린은 이념적으로 소련과 적대적이던 국가들과 곧잘 타협하고, 그들의 요구에 선뜻 양보했으며, 그들이 만들어 놓은 외교 코드에 맞춰 행동하려고 노력했다.

물론, 스탈린 시대 외교에 '정상'적인 노력만이 있었던 것은 아니었다. 소련의 볼셰비키 지도부는 가끔은 그들의 '본능'에 충실하게 세계 혁명을 기대하는 듯한 충동적 행동을 하기도 했으며, 국지적이고 부분적인 도발을 통해 실리를 쌓으려는 노력도 계속했다. 그리고 자본주의 진영의 틈을 이용하는 능동적인 전술을 펼치기도 했다. 하지만 그 능동성마저 이데올로기 수출이나 혁명 전파와 같은 적극적인 목적에서가 아니라, 소련의 안보를 지키려는 다분히 수세적인 이유에서 비롯된 것이었다. 스탈린 시대 내내 소련의 국가 안보는 국제 공산주의 운동에 대한 신의나 이데올로기적 명분보다 항상 우선순위에 있었다. 이는 소련의 생존을 공산주의의 미래, 즉 그들 생각에 인류 진보에 그 무엇보다도 중요한 요소로 규정한 순간부터 필연적인 것이 되었다.

---

1 최근 연구사에 대한 소개로는 노경덕, 「스탈린 시대 소련의 대외 관계, 1926-1953」, 『슬라브학보』 27권 1호(2012)을 참조할 수 있다.

2 필자와 대조되는 해석을 제기하는 블라디슬라프 주보크, 김남섭 역, 『실패한 제국』 1, 아카넷, 2016, 61~233쪽도 함께 읽어볼만 하다. 냉전 시대 초기 서방 학계에서는 소련의 동유럽 정책이 공세적 팽창의 소산이라는 견해가 우세했으며, 이런 견해는 소련 해체 이후 다시 대두하기도 했다. 하지만 이는 소련의 동유럽 정책을 전쟁과 그 여파라는 핵심적 맥락에서 분리한다는 큰 한계를 지닌다.

3 이 문제를 둘러싼 논쟁에 대한 소개로는 이동기, 「독일 냉전사 연구의 관점과 주제들」, 『역사비평』 111호, 2015, 267~268쪽을 참조할 수 있다.

4 다른 관점을 제시한 세르게이 곤차로프, 존 루이스, 세리타이, 윤시원·서준석·김진흠·이정민 역, 『흔들리는 동맹 : 스탈린과 마오쩌둥 그리고 한국전쟁』(일조각, 2011)도 함께 읽어볼 만하다. 일부 학자들은 스탈린이 중국에서 공산당이 집권하여 궁극적으로 소련의 경쟁자로 성장하는 것을 원하지 않았다고 주장하기도 한다. 하지만 이런 견해는 결정적인 문서 증거를 가지고 있지 않다.

7장

러시아 우주 개발의 히어로들

김주연

1. 러시아 우주 개발의 어제와 오늘

2014년 소치 동계올림픽 개막식 프로그램에서는 러시아 알파벳을 하나씩 보여주면서 각 글자로 시작하는 러시아의 자랑스러운 인물이나 위대한 유산을 소개하는 영상이 등장했다. 'Д' 하면 도스토옙스키, 'К' 하면 칸딘스키, 'Р' 하면 발레 뤼스를 소개하는 식이다. 올림픽 개막식은 전 세계에 공식적으로 자국의 역사와 문화를 자랑할 수 있는 좋은 기회이니, 개최국 러시아 측에서도 자신들이 생각하기에 가장 자랑스럽고 널리 알리고 싶은 것들로 신중하게 골랐을 것이다.

'А'부터 'Я'까지 문학, 문화, 예술, 역사 등 다양한 분야에 걸쳐 고르게 소개하는 듯 하지만, 자세히 들여다보면 흥미로운 사실을 하나 알 수 있는데, 바로 여기서 소개된 알파벳의 3분의 1 이상이 과학과 우주 분야에 관련된 인물이나 업적에 몰려 있다는 점이다. '가가린'이나 '스푸트니크'처럼 익숙한 이름도 나오지만, '치올콥스키'나 '루나호트', '우주정거장 미르'처럼 일반인들은 잘 모르는 대상들도 포함되어 있다. 해당 알파벳으로 시작되는 더 유명한 인물을 충분히 찾을 수 있음에도, 굳이 일반인에게는 낯선 우주 항공 분야의 개척자나 업적들을 가져와 소개한 것은, 그만큼 러시아가 스스로 자국의 우주 항공 분야 업적을 얼마나 자랑스럽게 생각하는지 보여주는 것이라 할 수 있다. 동시에 세계가 그걸 좀 더 알아주고 기억해주었으면 하는 그들의 바람이 담겨 있다고도 볼 수 있을 것이다.

사실 그도 그럴만한 것이, 냉전 시기 소비에트 연방의 우주 개발 성과는 실로 어마어마하다. 소련은 세계 최초로 인공위성(스푸트니크)을 쏘아 올린 나라이자 세계 최초로 인공위성에 개를 태워 우주로 보낸(라이카) 나라이며, 세계 최초로 우주에 간 사람(유리 가가린)과 세계 최초의 여성 우주 비행사(발렌티나 테레시코바)를 배출한 나라이자 세계 최초로 달 착륙 탐사선 발사(루나 9호)에 성공한 나라다. 또한 세계 최초로 우주 유영(알렉세이 레오노프)을 시도한 나라이자 세계 최초로 우주 정거장(살류트 1호)을 만든 나라이기도 하며 세계 최초로 금성 표면에 탐사선(베네라 7호)을 착륙시킨 나라이기도 하다. 냉전 시기, 소련은 미국과 함께 치열한 경쟁 속에서 우주 개발 영역에 있어 전무후무한 성과를 이룩했으며, 셀 수 없이 많은 “세계 최초”의 기록을 남겼다.

냉전과 함께 시작된 우주 전쟁

저 먼 우주를 향한 첫 번째 발걸음, 아득한 별과 은하계에 다가가고자 하는 인간의 의지, 이런 것들을 떠올리면 우주 개발이라는 것이 굉장히 낭만적이고 이상적인 분야처럼 느껴지지만 실제로 소련과 미국 두 나라의 우주 개발은 지극히 현실적인 이유에서 비롯되었고, 처음부터 철저한 냉전 논리와 군사 개발 속에서 시작되었다. 제2차 세계대전 중 나치가 개발한 군용 로켓이자 탄도 미사일인 V-2의 가공할 위력에 대해 정보를 입수한 미국과 영국, 소련은 독일 패망 후 어떻게든 그 성과를 자국의 것으로 만들고자 했고, 각자 이 로켓 개발에 관련된 설계도와 과학자를 나누어 갖고 독자적인 개발을 시작했다. 세 나라 모두 처음에는 V-2를 이용해 중거리 로켓과 같은 무기를 개발하는 데 초점을 맞추었지만, 이중 미국과 소련은 이를 발전시켜 우주 개발의 단계로 나아가게 된다. 여기에는 세기의 과학자이자 역사적인 라이벌이라 할 만한 두 사람의 역할이 컸다. 그 중 한 명은 V-2 개발을 주도했던 독일의 과학자 베르너 폰 브라운으로 그는 패전 이후 미국으로 건너가 장거리 로켓 개발 업무에 참여했고, 1960년대 이후에는 미국 항공우주국NASA에 소속되어 아폴로 프로젝트를 비롯한 미국 우주 개발에 핵심적인 역할을 수행했다. 같은 시기 소련에서는 천재 과학자 세르게이 코롤료프가 로켓 개발을 주도적으로 이끌어 나가면서 대륙간 탄도미사일의 추진 로켓을 사용한 우주 개발 가능성을 꾸준하게 주장했다. 무기 개발에만 관심이 쏠려 있던 소련 당국은 처음에는 코롤료프의 주장을 받아들이지 않았으나, 미국보다 먼저 우주 개발을 성공해야 한다는 그의 논리에 마침내 설득당해 인공위성 개발을 허락했고 이로부터 소련 우주 개발의 황금기가 시작되었다.

냉전이 본격적으로 시작되면서 소련과 미국은 각기 적국을 날려버릴 수 있는 미사일을 탑재한 장거리 로켓 개발에 목숨을 걸었으나, 군사적 목적으로 시작된 로켓 개발은 곧이어 첩보를 위한 인공위성 개발로 방향을 틀게 되었다. 반세기 동안 계속되었던 냉전 시기에 미국과 소련은 물리적인 전투나 직접적인 갈등 대신 세계의 패권을 두고 다투었는데, 양국의 경쟁과 패권 관계를 가장 치열하고 상징적으로 보여주었던 각축장이 바로 올림픽의 금메달 순위와 우주 개발 분야라 할 수 있다. 당시 항공 및 우주 개발에서 앞서 간다는 것은 상대 진영보다 기술적으로 우월하다는 것을 증명하는 길일 뿐만 아니라 군사적, 안보적으로도 중대한 의미를 지녔다. 로켓은 미사일이나 핵무기 운반수단으로서의 잠재력을 갖고 있었고, 인공위성은 정보와 안보의 측면에서 치명적인 효과를 가져올 수 있었기 때문이다.

소련 우주 개발의 황금기와 침체기

1957년 10월, 소련이 세계 최초의 인공위성 스푸트니크의 발사에 성공하자 미국은 엄청난 충격을 받았다. 이전까지 과학기술 분야에서 자신들이 소련을 앞지르고 있다고 생각했던 그들의 자존심은 큰 타격을 받았고, 자신들의 머리 위로 24시간 적국의 위성이 떠 있다는 사실은 안보에 구멍이 뚫렸다는 위기의식과 공포를 자아내기에 충분했다. 전 세계는 이를 "스푸트니크 쇼크"라 부르며 대대적으로 다루었고, 의기양양해진 소련 정부는 그로부터 한 달 뒤 볼셰비키 혁명 40주년 기념일에 맞춰 살아있는 개 라이카를 태운 스푸트니크 2호를 쏘아 올림으로써 자신들의 기술력을 다시 한 번 과시했다. 라이카는 원래 모스크바 뒷골목을 배회하던 떠돌이 개였는데, 당시 소련의 과학자들이 이런 떠돌이 개를 실험에 사용한 이유는 이런 개들이 극한의 환경에 더 잘 적응하기 때문이라고 한다. 스푸트니크 2호의 성공적 발사와 함께 라이카의 이름은 이후 우주 개척사에 길이 남게 되었지만, 당시 소련 정부의 공식 발표와는 달리 발사 7시간 만에 고압, 고열의 좁다란 우주선

속에서 고통스럽게 죽어간 라이카의 최후가 나중에 밝혀지면서 많은 이들의 안타까움을 자아내기도 했다.

한편 스푸트니크 쇼크 이후 미국 역시 인공위성인 익스플로러 발사에 성공하면서 우주를 배경으로 한 양국의 경쟁이 더욱 본격적으로 펼쳐지게 되었다. 이후 무인 달 탐사기인 루나호트 프로젝트가 시작되고, 1961년에는 소련의 공군 중위 유리 가가린을 태운 보스토크 1호가 세계 최초의 유인 우주 비행에 성공하면서 소련은 우주 개발에 있어 미국을 압도하는 우위를 자랑하게 된다. 1960년대에 들어서면서 소련과 미국의 경제 격차는 서서히 벌어지고 있었지만, 최초의 여성비행사 발렌티나 테레시코바가 우주에 다녀오고 알렉세이 레오노프가 우주 유영에 성공하면서 소련의 우주 개발은 여전히 그 누구도 넘보지 못할 위치를 선점하고 있었다.

이즈음 미국의 대통령 존 F. 케네디는 10년 안에 인간을 달에 보내겠다는 야심 찬 계획을 발표한 뒤 중장기 프로그램인 '아폴로 프로젝트'에 물심양면 지원을 아끼지 않았다. 소련 역시 인간을 달에 보내는 도전에 관심을 보였으나 자금 조달에 어려움을 겪고 있었고, 그 와중에 소련의 우주 개발 프로젝트를 주도적으로 이끌었던 수석 설계자 코롤료프가 1966년 세상을 떠나면서 서서히 침체기로 접어들게 되었다. '아폴로 프로젝트'에 매달렸던 미국은 1969년 7월, 아폴로 11호의 달 착륙에 성공했고 닐 암스트롱이 달 표면에 인간의 첫 발자국을 남기는 역사적인 순간이 전 세계에 방영되었다. 달 착륙이란 성과 하나만으로 치열하게 각축을 벌였던 미국과 소련의 승패를 이야기할 수는 없지만, 그간의 우주 개발에 있어 계속 소련보다 한 발 뒤처졌던 미국이 드디어 우위를 점했다는 점에서는 의미심장한 사건이 아닐 수 없었다.

소련의 붕괴와 새로운 패러다임

아폴로 11호의 달 착륙으로 미국에 승기를 빼앗기고, 정치 경제적으로 혼란한 상황 속에서도 소련은 1980년대 말까지 꾸준히 우주 개발의 성과를 이어갔다. 1986년에는 러시아 우주 개척의 상징이 된 미르 우주정거장이 발사되어 이후 15년간 이어질 우주 임무를 시작했고, 베가 1호와 2호는 금성과 핼리혜성의 사진을 찍어 보내는 데 성공했다. 1986년부터 87년까지 1년동안 소련은 세계 모든 나라가 발사한 것을 다 합친 것보다 많은 우주선을 발사했다. 그러나 20세기 후반으로 접어들면서 사회주의 시스템이 탄력을 잃고 경제난이 심각해지는 가운데, 천문학적인 예산과 인력자원을 필요로 하는 우주 개발에 동력이 떨어지기 시작했다. 결국 1991년 소비에트 연방이 붕괴되면서 소련의 우주 개발 프로그램은 자연스럽게 축소되었고, 예정되었던 프로젝트들도 무기한 연기되거나 취소되었다. 소련 최초의 우주왕복선 부란은 첫 무인 비행을 성공적으로 수행했지만 경제적인 문제로 두 번 다시 운행하지 못했고, 몇몇 프로그램들은 미국 항공우주국NASA의 프로그램에 흡수 통합되기도 했다.

하지만 사회주의 체제가 무너지고 난 뒤에도 러시아는 여전히 우주 강국으로서의 이미지와 명맥을 이어가고 있다. 오랜 기간 축적된 기술력과 숙련된 우주인 훈련 시스템을 보유하고 있는 러시아 연방우주국ROSCOSMOS은 국제우주정거장ISS 운영을 비롯해 국제 공동의 달 탐사 계획인 아르테미스 프로젝트, 미국 항공우주국NASA과 공동으로 운영하는 베네라-D 프로젝트, 유럽우주국ESA과 진행 중인 화성 탐사 계획 등 여러 다국적 우주 개발 프로젝트에 참여하고 있으며, 새롭게 우주 개발에 뛰어는 나라들에게도 직간접적인 협력을 제공하고 있다. 우리나라 최초의 우주인인 이소연 박사 역시 러시아에서 훈련을 받은 뒤 러시아 우주선을 타고 우주 정거장에 머물다 귀환한 바 있다.

냉전 시기 미국과 소련의 치열했던 경쟁이 막을 내린 후 우주 개발은 이제 어느 한 나라가 주도적으로 이끌면서 자신의 기술력이나 업적을 과시하기보다는 공동의 과제 수행을 목적으로 하는 다국적 프로젝트로 진행하는 경우가 많다. 특히 최근에 와서는 정부나 국가연구소가 아닌 글로벌 기업이나 민간 사업가가 우주 탐사나 우주 여행 프로젝트를 주도하는 예도 종종 볼 수 있다. 이런 상황에서 지난 세기 러시아의 우주 개발과 그 성과를 살펴본다는 것이 다소 과거의 영광을 들추는 듯한 느낌도 없지 않아 있지만, 그럼에도 현재의 최첨단 우주 개발 성과들이 당시 소련의 수많은 과학자, 우주인들의 치열한 노력과 용감한 도전을 발판 삼아 이어져 왔다는 점은 이론의 여지가 없다. 그런 의미에서 이 장에서는 냉전 시기, 미국과 함께 우주 개발의 시대를 열고 선도했던 소련의 과학자와 우주인들, 그중에서도 한 번쯤 기억해둘 만한 인물들을 추려 소개해보고자 한다.

2. 러시아 우주 개발의 주역들

우주 비행 이론의 개척자, 치올콥스키

냉전 시대 소련이 성공했던 우주 개발 프로젝트에 직접 이름을 올리지는 않았지만, 이 모든 개발이 가능할 수 있게끔 실질적인 토대를 마련한 사람이 있다. 소련의 물리학자이자 우주비행이론의 개척자인 콘스탄틴 에두아르도비치 치올콥스키다. 치올콥스키는 우주 비행이 아직 환상소설에나 등장하는 꿈이나 환상으로 여겨지던 시절, 우주 비행을 실제로 실행할 수 있는 구체적인 방식을 제시했다. 바로 로켓을 이용한 비행 방식이다. 치올콥스키가 주장한 로켓의 활용과 다단계 방식 이론은 소련뿐만 아니라 모든 나라의 우주 비행을 가능하게 하는 결정적인 이론이 되었고, 현재에도 사용되고 있다. 소련의 보스토크나 미국의 아폴로를 비롯해 지금껏 쏘아올린 어떤 우주선도 그의 방식을 사용하지 않은 것이 없다는 점에서 그는 진정 우주비행의 선구자이자 혁신가라 할 수 있다.

콘스탄틴 치올콥스키(1857~1935)

그의 상상은 현실이 되었다

1857년 러시아 랴잔의 중산층 가정에서 태어난 치올콥스키는 어린 시절 걸렸던 성홍열의 후유증으로 청력을 거의 잃어버렸고, 이로 인해 학교에 들어가지 못한 채 집에서 독학으로 공부해야 했다. 집에서 그는 주로 책을 읽으며 많은 시간을 보냈고, 특히 수학과 물리학에 관심을 갖게 되었다. 청력 장애로 다른 사람과의 소통을 어려워하던 치올콥스키는 혼자 책을 읽고 공상에 빠져 지내던 10대부터 이미 우주 여행의 실현에 대해 생각하기 시작했다고 한다.

1879년 치올콥스키는 교사 시험에 합격한 뒤, 보롭스크와 칼루가의 학교에서 수학과 물리학을 가르쳤다. 그는 1920년 은퇴할 때까지 중고등학교 수학 교사로 일했으며 동시에 집에서 압축가스를 이용한 분사실험을 하는 등 꾸준한 개인 연구를 이어나갔다. 이 시기 로켓을 활용한 우주 비행에 매료된 치올콥스키는 자신의 이론에 대한 논문과 저서를 계속 써내려갔고, 1898년에는 그의 대표적 이론이 담긴 논문 「로켓에 의한 우주 공간의 탐구」를 발표해 학계의 주목을 받았으며 말년에는 소련 정부로부터 재정적 지원을 받으면서 연구를 진행해나가다 1935년 위암으로 세상을 떠났다.

치올콥스키가 꿈꾼 우주비행, 그리고 그가 남긴 이론들은 비록 그가 살아 있는 동안에는 실현되지 못했지만, 로켓 및 우주비행의 기초 개발을 위한 선구적인 자극제가 되었으며, 이후 치열하게 펼쳐진 우주 전쟁에서 그 진가를 드러내었다. 그의 이론은 후대의 로켓 과학자들에게 막대한 영향을 미쳤는데, 특히 미국과 소련 양국의 우주 개발 프로젝트를 이끈 세기의 라이벌 베르너 폰 브라운과 세르게이 코롤료프가 모두 치올콥스키로부터 가장 큰 영향을 받았다는 사실은 널리 알려져 있다. 나치의 패망 이후 독일의 V-2 연구소를 탐사했던 소련군은 거의 모든 페이지가 폰 브라운의 설명과 메모로 채워져 있는 치올콥스키 책의 독일어 번역본을 발견했다. 또, 소련 우주 개발의 황금기를 이끈 수석 설계자 세르게이 코롤료프 역시 자신에게 가장 큰 영향을 미친 인물로 치올콥스키를 꼽았으며, 그의 연구를 알고 나서부터 본격적으로 로켓 개발에 몰두하게 되었다고 언급한 바 있다.

폰 베르너와 코롤료프는 치올콥스키의 로켓 이론을 본격적으로 구체화하고 실현시킨 대표적인 과학자들로 손꼽힌다. 1950년대 후반부터 이 두 사람이 이끄는 미국과 소련의 프로젝트들이 우주 개발의 황금기를 이끌게 되면서, 소련에서는 이러한 우주 프로젝트의 기반을 닦고 마련한 치올콥스키에 대한 관심과 신화화가 본격적으로 진행되었다. 세계 최초의 인공위성인 스푸트니크 1호는 치올콥스키 탄생 100주년을 기념해 1957년에 발사되었으며, 수많은 공상과학 소설과 영화에 치올콥스키의 이름을 오마주한 인물이나 행성이 자주 등장했다. 안드레이 타르콥스키의 전설적인 SF 영화 <솔라리스>는 벽에 걸려있는 치올콥스키의 초상화를 비추며 시작한다. 또, SF 문학의 대가 스타니스와프 렘의 소설 「우주비행사 피륵스」와 '러시아의 쥘 베른'이라 불린 알렉산드르 벨랴예프의 소설에서도 행성과 우주정거장 이름으로 활용된 치올콥스키의 이름을 만날 수 있다. 칼루가와 모스크바를 비롯해 소련의 여러 도

치올콥스키 기념우표

시에 치올콥스키 기념비가 세워졌으며, 치올콥스키가 머물던 칼루가의 집은 박물관으로 만들어졌다. 루나 3호를 통해 달의 후면 촬영에 성공한 소련은 달의 가장 큰 분화구에 치올콥스키라 명명함으로써 그의 이름을 우주에서 영원히 빛나게 만들었다.

치올콥스키가 쏘아올린 로켓 이론

치올콥스키의 핵심 이론인 로켓을 이용한 비행방식을 가장 간단하게 간추리자면 다음과 같이 말할 수 있다. "우주 공간으로 나아가려면 로켓을 이용해야 한다. 단, 로켓은 다단계 방식을 사용해야 한다." 하늘을 자유롭게 날아다니는 비행기와는 달리, 우주로 나아가기 위해서는 지구 중력의 어마어마한 힘을 뚫고 수직으로 날아올라야 한다. 중력을 이기고 솟구치기 위해서는 엄청나게 빠른 속도로 날아올라야 하는데, 이러한 속도와 추진력을 얻기 위해서는 로켓을 활용할 수밖에 없다는 것이다.

그런데 발사 순간 엄청난 추진력을 발생시키고 머나먼 우주까지 나아가기 위해서는 어마어마한 양의 연료를 싣고 가야 한다. 그러나 수 천 톤의 연료를 싣고 중력을 뚫으면서 나아가기 위해서는 더욱더 많은 추진력이 필요하고, 이는 또 다시 엄청난 연료의 무게로 이어지게 된다. 이러한 문제점을 해결하기 위해 치올콥스키는 다단계 로켓 방식을 제시했다. 여러 개의 연료통에 연료를 담은 뒤, 이미 사용한 연료통을 로켓이 날아오르는 중간 중간 떨어뜨림으로써 로켓 본체의 무게를 줄일 수 있다는 것이다. 현재 대부분의 우주선들은 이 이론을 활용하고 있으며 주로 3단 연료 로켓을 이용하고 있다.

우주정거장의 필요성과 현실 가능성을 처음 제안한 사람도 치올콥스키였다. 아직 우주 비행의 실효성조차 확실하지 않았던 시대에 우주 비행사들이 휴식과 충전을 할 수 있는 우주정거장을 꿈꾼다는 것 자체가 허황되게 들릴 수 있었지만, 치올콥스키의 상상은 모두 현실이 되었다. 1971년 소련은 살류트 1호 발사를 시작으로 우주정거장 프로젝트를 이어나갔고 1986년에는 여러 개의 모듈을 연결시켜 거대한 우주정거장 미르를 건설하는 데 성공했다. 그리고 현재는 다국적 우주정거장 프로젝트인 ISS가 각종 무중력 실험을 비롯해 천체 및 지구 관측, 달이나 행성으로 향하는 우주선의 조립 등 다양한 역할을 수행하고 있다.

치올콥스키는 지구에서 우주로 바로 나갈 수 있는 색다른 방식의 우주여행을 제안하기도 했다. 파리의 에펠탑에서 영감을 얻은 '우주 엘리베이터'인데, 우주를 향해 거대한 첨탑을 세운 뒤 엘리베이터를 이용해 우주까지 오르내린다는 아이디어다. 공상과학 영화에나 나올 법한 구상이지만 이후 이 아이디어는 여러 SF 작가들의 상상력과 엔지니어들의 계산을 통해 구체화되었으며, 현재도 다각도로 실현 가능성에 대한 의견들이 오가고 있다. 이것이 만약 실현된다면 미래에는 인간이 로켓이 아닌 엘리베이터를 타고 우주공간을 방문할 수 있는 날이 올 지도 모른다.

사실 치올콥스키 이전에 우주비행은 꿈이나 상상력의 영역에 속했다. 과학의 대상으로서 우주비행을 연구한 사람이 없었기 때문에, 그가 이룬 것들은 모두 세계 최초의 개념이 될 수밖에 없었다. 치올콥스키가 남긴 유명한 말이 있다. "지구는 인류의 요람이지만, 언제까지나 요람에만 있을 순 없다." 얼마 지나지 않아 그의 예언대로 사람들은 지구를 떠나 우주라는 미지의 세계로 향한 첫 발걸음을 디디게 되었다. 그리고 그러한 미지의 세계로의 비행을 현실적으로 가능하게 만들어준 치올콥스키의 이론은 이후 이루어진 모든 우주 개발의 '요람'이 되었다.

비밀에 싸인 수석 설계사, 코롤료프

냉전 시기 세계 최고의 성과를 이루어냈던 소련의 우주 개발은 세르게이 코롤료프라는 이름을 빼놓고는 생각할 수가 없다. 세계 최초의 인공위성 스푸트니크, 우주로 간 최초의 동물 라이카, 우주로 간 최초의 인간 가가린,

세르게이 코롤료프(1907~1966)

최초의 우주 유영에 성공한 레오노프, 세계 최초의 달 뒷면 사진 촬영 등 냉전 시기 소련이 자랑하던 '세계 최초'가 붙은 우주 탐사는 모두 코롤료프의 지휘 하에 이루어졌다. 그러나 당시 미국을 극도로 견제하던 소련이 그의 이름과 신상을 모두 극비로 감추었기에, 서방 세계에 그는 그냥 "수석 설계사"라고만 알려졌었다. 심지어는 그와 함께 일했던 우주비행사들도 그의 성을 제대로 알지 못했다고 한다.

스탈린 대숙청의 희생자

비밀에 싸인 코롤료프의 삶은 그가 죽은 다음에야 널리 알려지게 되었다. 1907년 당시 러시아 제국의 지토미르(현재는 우크라이나)에서 러시아 문학 교사인 아버지와 우크라이나인 어머니 사이에서 태어난 코롤료프는 어려서부터 호기심이 많고 명민한 소년이었다. 13살에 이미 학교 항공 연구회에서 글라이더를 설계할 정도로 재주가 뛰어났던 코롤료프는 모스크바 최고 기술학교에 진학해 유명한 항공 설계자인 안드레이 투폴레프의 지도를 받으며 항공기를 만들었고, 졸업 후에는 본격적으로 정부 연구기관에서 항공기와 제트 엔진을 연구했다. 이와 함께 코롤료프는 1930년에 조종사 면허를 취득하고 자신이 조종하는 항공기의 작동 한계를 연구했는데, 많은 이들이 그의 우주에 대한 관심이 여기서부터 시작되었다고 이야기하고 있다.

소련 최초 액체연료 로켓 엔진 개발에 성공한 그는 연구소 책임자가 되어 승승장구했지만, 당시 소련 전역을 공포로 물들인 대숙청의 그림자로부터 피해갈 수 없었다. 악명 높은 스탈린의 대숙청이 절정에 달했던 1938년, 코롤료프는 내무인민위원회NKVD에 소환되었고 그곳에서 로켓 기술 개발을 고의로 지연시키면서 국가 자원을 낭비하고 있다는 어이없는 혐의를 받게 되었다. 코롤료프의 체포에는 먼저 소환된 세 명의 동료 과학자들이 그를 반혁명 분자로 고발한 사실과 증언이 유력한 증거로 활용되었다(그를 고발한 동료 중 한 사람인 발렌틴 글루시코와는 이후 샤라시카 수용소에서 재회하고 소련의 우주개발 프로그램에도 함께 참여하는 등 미묘한 악연을 이어가게 된다).

결국 유죄 판결로 징역과 강제노동 10년형을 선고받은 코롤료프는 악명 높은 시베리아 콜리마 강제수용소에 보내졌고 그곳 광산에서 강제노동에 투입되었다. 뼛속까지 얼어붙게 만드는 콜리마의 혹독한 추위와 강도 높은 노동, 비위생적인 환경 속에서 코롤료프의 건강은 급속도로 악화되었다. 이후 내무인민위원회NKVD의 수장이 교체되는 과정에서 학창 시절 그의 은사였던 안드레이 투폴레프의 도움으로 코롤료프의 업적과 능력이 참작되었고, 그는 다행히 과학 기술자들을 위한 특별 수용소인 샤라시카로 옮겨졌다. 하지만 혹독한 심문과 콜리마 수용소에서의 강제노역으로 인해 이미 코롤료프는 괴혈병에 걸려 모든 치아가 빠지고 턱뼈가 부러진 상태였고 심장병을 얻는 등 건강에 치명적인 타격을 입은 후였다. 코롤료프는 평생 강제수용소에서의 경험에 대해 거의 언급하지 않았으나 체포와 심문, 강제노동과 수용소 경험은 그에게 깊은 영향을 미쳤고 그로 인해 필요 이상으로 내성적이고 조심스러운 태도로 살았다. 후에 자신의 동료 글루시코가 고발자 중 한 명이란 사실을 알게 된 코롤료프는 그와 오랫동안 일하면서도 결코 그를 신뢰하지 않았다고 한다.

비밀에 싸인 수석 설계사

1944년, 6년간의 수감 후 간신히 사면된 코롤료프는 소련 로켓 설계국의 책임자로 임명되면서 본격적인 로켓 개발에 참여하게 된다. 독일의 패전 후 V-2 로켓의 설계를 이용해 대륙간 탄도 미사일을 개발하는 프로젝트를 주도적으로 이끌어간 코롤료프는 몇 차례의 실패 끝에 결국 1957년, R-7로 대륙

간 탄도 미사일 실험에 성공했고 이 공로로 비로소 그의 혐의 및 선고에 대한 정부의 공식적인 무죄판결을 받게 되었다.

이후 1950년대 후반부터 60년대에 이르기까지 코롤료프는 소련 우주개발을 진두지휘하며 셀 수 없이 많은 성과와 업적들을 쏟아 내었다. 먼저 1957년 10월, R-7 로켓을 활용한 세계 최초의 인공위성 스푸트니크 1호가 우주로 쏘아 올려졌다. 코롤료프는 이미 몇 년 전 인공위성의 중요성과 발사 가능성에 대해 주장했지만 무기 개발에만 관심을 갖고 있던 소련 정부는 이를 받아들이지 않았다. 그러나 경쟁국인 미국이 세계 최초의 인공위성 발사를 계획하고 있다는 정보를 접한 코롤료프는 미국에 앞서 소련이 세계 최초의 인공위성을 발사해야 한다고 주장했고 인공위성을 이용한 안보 및 정보 수집 기술을 어필하여 간신히 당의 허가를 받아냈다. 그리고 스푸트니크 발사를 완벽히 성공시킴으로써 흐루쇼프의 강력한 신임을 얻게 되었다.

같은 해 11월, 미국이 스푸트니크 충격에서 아직 헤어나지 못하고 있던 차에 코롤료프는 라이카를 실은 스푸트니크 2호를 발사해 다시 한 번 소련의 기술력을 과시했고, 무인 탐사선 루나 3호를 통해 세계 최초로 달의 뒷면을 촬영하는 데 성공했다.

그리고 1961년 4월 12일, 유리 가가린을 태운 유인 우주선 보스토크 호가 우주를 향해 날아올랐다. 세계 최초의 유인 비행은 성공리에 수행되었고, 가가린은 최초로 우주에 간 인간이자 소련 우주개발의 우월함을 상징하는 대표적인 인물이 되어 전 소련 인민의 영웅이자 세계적인 명사로 이름을 날렸다. 그러나 도시 곳곳에 가가린의 이름을 딴 거리와 동상이 세워지고, 세계 곳곳에서 가가린 초청 행사가 끊이지 않을 때에도 이 프로젝트의 숨은 공로자 코롤료프의 이름은 철저히 숨겨졌다.

때 이른 죽음과 뒤늦은 영광

연이은 성공에 안주하지 않고 코롤료프는 계속해서 소유즈 우주선과 대형 로켓 N-1 개발을 추진했고, 화성과 금성 탐사를 위한 야심 찬 프로그램을

코롤료프 기념우표

계획했다. 하지만 이 모든 프로젝트의 결과를 보지 못한 채, 1966년 59세의 나이로 급작스레 세상을 떠나고 말았다. 코롤료프의 건강에 적신호가 켜진 것은 이미 수 년 전이었지만 그는 무리하지 말라는 의사의 권고를 무시한 채, 자신이 맡고 있는 우주 개발 프로젝트들에 더욱 박차를 가했다. 1966년, 대장의 용종 출혈 진단을 받고 간단한 수술을 위해 입원했던 코롤료프는 며칠 뒤 급작스레 사망했다. 수술 도중 악성 종양이 발견되었고, 이를 떼어내는 과정에서 출혈이 이어졌으나 강제노동소의 중노동으로 약해진 심장이 버티지 못했고, 인공호흡도 수용소 시절 부러진 턱뼈로 인해 불가능한 상태에서 코롤료프는 세상을 떠났다. 20년간 수석 개발자로만 불리고 철저히 익명에 가려진 채 소련의 우주개발을 이끈 천재 과학자의 안타까운 죽음이었다.

소련 정부는 코롤료프가 세상을 떠난 뒤에야 그의 이름과 업적을 대대적으로 알렸고, 전 소련 인민들이 지켜보는 가운데 성대한 국장을 치른 뒤 소련의 국가 영웅들만 묻힐 수 있는 붉은 광장의 크렘린 벽 안에 안치했다. 또한 1996년에는 모스크바 주의 공업도시인 칼리닌그라드(발트 해에 접해 있는 칼리닌그라드와는 다른 곳)의 이름을 코롤료프 시로 바꾸어 이 위대한 과학자의 이름을 길이 기리도록 했다. 코롤료프 시는 2001년 러시아의 두 번째 과학도시로 선정되었으며, 매년 청소년들을 위한 경연대회인 국제우주 올림피아드를 개최하며 미래의 과학자들을 양성하는 데도 힘쓰고 있다.

유리 가가린(1934~1968)

우주 최초의 인간, 가가린

4월 12일은 유엔UN이 지정한 세계 우주 비행의 날이다. 1961년 4월 12일, 바로 이날 인류가 최초로 지구를 벗어나 우주에 첫 발을 내딛었다. "지구는 인류의 요람이지만, 언제까지나 요람에만 있을 순 없다."는 치올콥스키의 꿈을 처음으로 실현한 사람, 이제는 그 자체로 하나의 전설이 되어버린 그 사람의 이름은 바로 유리 가가린이다. 러시아 곳곳에는 가가린의 이름이 붙여진 거리나 광장, 공원이나 지하철역을 쉽게 찾아볼 수 있다. 러시아인들에게 가가린은 단순히 우주비행의 역사를 새로 쓴 인물이 아니다. 미국과 소련이 팽팽한 긴장 속에 우주를 놓고 경쟁했던 냉전시기, 가가린은 "세계 최초로 우주에 간 인간"이라는 타이틀을 통해 누구도 넘볼 수 없는 우위를 선점했고 그 자체로 소비에트와 사회주의 진영의 긍지이자 자부심이 되었다. 소비에트 연방이 무너지고 우주 개발의 황금기가 지나가버린 오늘날에도 여전히 러시아인들에게 가가린이란 이름이 갖는 상징성과 대표성은 엄청난 힘을 발휘하고 있다.

하늘을 나는 것을 좋아했던 소년

유리 가가린은 1934년 3월 9일, 스몰렌스크에 있는 한 집단농장 마을에서 태어났다. 어릴 적부터 가가린은 하늘과 항공기에 관심이 많았고, 특히 제2차 세계대전 중 마을에 추락한 전투기를 직접 본 뒤로부터는 비행기에 대한 관심이 더욱 깊어졌다고 한다. 청소년기에는 철강공장의 주물공 견습을 거쳐 사라토프의 산업기술학교에서 교육을 받았는데, 이때 주말마다 지역 비행 클럽에서 비행 훈련을 받으며 하늘에 대한 꿈을 키웠다. 자신의 존재 이유가 하늘에 있다고 굳게 믿게 된 가가린은 1955년 오렌부르크에 있는 고등공군 조종사 학교에 입학해 전투기 조종사 훈련을 받았다.

그 즈음 미국과 치열한 우주 개발 경쟁을 펼치고 있던 소련 정부는 스푸트니크 인공위성 발사와 라이카를 태운 스푸트니크 2호의 발사 성공에 탄력을 받아 미국이 절대로 따라올 수 없는 획기적인 우주 프로젝트를 기획하고 있었다. 바로 인간을 우주에 보내는 모험이었다. 아무도 시도한 적 없는 사상 초유의 도전이었기에 어떤 사람을 보내야 할지부터 의견이 분분했다. 누구의 도움도 받을 수 없는 고립된 상황에서 자신의 신체 상태를 스스로 확인할 수 있는 의사가 가야 한다는 의견부터 엄청난 중력과 압력을 견딜 수 있는 심해잠수부를 보내야한다는 의견 등 다양한 의견이 오가는 가운데, 이 중차대한 프로젝트의 책임을 맡은 세르게이 코롤료프는 비행기술이 능숙한 젊은 조종사를 원했고 이에 따라 "25세부터 30세 사이, 신장 170cm와 체중 72kg의 조건에 맞는 비행 경험이 있는 청년"이 선발조건으로 명시되었다.

가가린을 포함해 선발 조건에 부합하는 젊은 조종사 20명이 정식 후보로 승인되었고, 이 중 6명의 최종 후보가 선발되었다. 당시 후보 선발과정은 매우 까다롭고 엄격했는데 무려 3000여 개의 항목을 테스트하는 과정에서 통과자 중 380명이 근처 군 병원으로 이송될 정도였다고 한다. 어렵게 가까스로 최종후보에 선발된 뒤에는 한층 강화된 집중 훈련이 이어졌다.

혹독한 훈련과 까다로운 선발과정

많은 우주비행사들의 증언대로 당시 최초의 우주비행사들이 받은 훈련은 이후에 비해 훨씬 혹독했다. 아직까지 한 번도 우주에 다녀온 인간이 없었기 때문에 우주에서, 또 귀환 시 어떤 상황에 맞닥뜨리게 될지 아무도 모르는 상태에서 후보자들은 모든 상황을 대비해야만 했다. 우주비행사 후보자들은 비행기로 최대 상공에 올라 급격히 떨어지는 과정에서 무중력 체험을 해야 했고, 지독한 강도의 원심분리기 훈련과 고온실에서 오래 버티기 훈련, 밀폐된 방음실에서의 심리 테스트 등 이전까지 듣도 보도 못했던 혹독한 훈련들을 이어나갔다.

세계 최초의 유인 우주선 보스토크 1호의 발사 일정이 정해지고, 국가위원회 총회에서 최종 탑승자로 가가린을 선정했다. 사실 최종 후보자 6명의 체력이나 비행기술은 크게 차이가 없었다. 가장 중요하게 고려된 항목은 인내력과 위기 대처 능력이었다. 훈련기간 내내 보여준 가가린의 긍정적인 성격과 어떤 상황에서도 침착한 태도는 위기 대처 능력으로써 높이 평가되었고, 동료 후보 사이에서도 두터운 신임을 얻고 있다는 점 역시 유리하게 작용했다.

이 프로젝트의 총괄 책임자인 코롤료프는 유난히 가가린을 마음에 들어 했다고 하는데, 코롤료프가 처음 대원들을 데리고 우주선에 데려갔을 때, 가가린이 신발을 벗고 우주선에 들어가는 것을 보면서 기기와 기술자를 존중하는 친구라고 생각했다고 한다. 한편 가가린의 선발 과정에는 그의 출신성분도 중요한 영향을 미쳤다. 귀환한 이후 이 프로젝트의 의의를 널리 알리고 특히 서구 진영에 사회주의 시스템의 우월함을 홍보하기 위해서는 엘리트 집안보다는 평범한 인민 계급 출신이 유리했고, 그런 의미에서 집단농장 노동자를 부모로 둔 가가린의 이력은 매우 적합했다. 세계 최초의 우주인이 갖게 될 대중적 영향력과 파급력까지 고려했던 당 서기장 흐루쇼프는 가가린의 사진을 본 뒤 그의 미소를 특히 마음에 들어 했다고 한다.

세계를 뒤흔든 108분

최종 후보자가 선발된 뒤에도 프로젝트는 극비리에 진행되었다. 발사 전날까지 가가린의 아내를 제외한 일반인 누구도 가가린의 이륙 사실을 몰랐다. 1961년 4월 12일, 카자흐스탄 바이코누르 발사대는 아직까지 한 번도 인간이 가보지 못한 미지의 우주로 유리 가가린을 쏘아 올렸다. 가가린을 태운 최초의 유인우주선 보스토크 1호는 대기권을 뚫고 올라 301km 상공에서 시속 1만 8000마일의 속도로 108분간 지구궤도를 돌면서 우주 비행에 성공했다.

이 비행을 통해 가가린은 인류 최초로 우주에서 우리가 사는 별을 바라본 인간이 되었다. 궤도 여행 중 그는 우리가 어둡고 검은 우주 속에서 푸르게 빛나고 있는 지구의 아름다움과 일출과 일몰에 대해 메시지를 전해왔다. 이와 함께 그는 우주에서 먹고, 마시고, 연필로 메모하는 등의 간단한 실험을 수행했다. 이후 가가린은 낙하산을 타고 무사히 착륙함으로써 귀환에 성공했다.

지구로 돌아온 가가린은 착지한 순간부터 국가적 영웅이자 살아있는 전설이 되어 대대적인 환영행사의 주인공이 되었다. 가가린의 비행은 우주개발에 있어 소련이 세계 최고임을 전 세계에 알리는 승리의 신호였고, 수 백만의 소련 시민들이 거리로 달려 나와 가가린의 이름을 외쳐댔으며, 그는 귀환 즉시 2계급 특진으로 대위를 거치지 않고 소령을 단 유일한 인물이 되었다. 분명 가가린은 사회주의 연방이 내세울 수 있는 최대의 업적이었으나 우주에 첫 번째로 간 인간이라는 그의 타이틀은 이데올로기를 넘어 전 세계인을 흥분시키고 꿈꾸게 하는 데 충분했다. 그는 소련을 넘어 전 세계를 방문하는 유명인이 되었다. 귀환 후 3년간 가가린은 30개 이상의 나라를 방문했는데, 후에 그의 아내는 남편을 집에서보다 TV로 더 많이 보는 것 같았다고 회상하기도 했다.

하늘에서 완성된 전설

소련 시절 가가린은 살아 있는 영웅으로 추앙받았고, 그에 관한 모든 것들이 중대한 의미를 갖게 되었다. 가가린과 연관된 모든 장소엔 그의 이름이 붙여졌고, 그와 연관되지 않은 곳에도 수많은 건물들과 장소들이 가가린의 이름을 따서 명명되었다. 지상의 모든 것이 그를 추앙하고 있었지만 그는 여전히 지상에서 먼 하늘, 그리고 우주를 꿈꾸었다. 가가린은 계속하여 소련

가가린 기념우표

의 우주개발 프로그램에 참여를 원했으나 소유즈 1호의 발사 실패로 비행사를 잃은 소련 정부는 소련의 살아있는 영웅인 가가린마저 잃을까 두려워 그의 우주 비행 훈련과 참가를 영구히 금지했다. 우주 비행을 금지당한 뒤 가가린은 비행기라도 탈 수 있게 해달라고 요청했고 1968년 3월 27일, 교관과 함께 비행 훈련 중 연습기 추락으로 세상을 떠났다.

전 소련이 깊은 슬픔과 상실감을 느꼈다. 몇 년 전, 그의 귀환을 축하하기 위해 몰려들었던 것과 같은 규모의 어마어마한 애도의 물결이 모스크바의 붉은 광장을 가득 메웠고, 가가린과 교관의 유골은 크렘린 벽에 안장되었다. 달 반대편에 있는 분화구 중 하나에 가가린의 이름이 붙여졌고, 소행성 1772도 가가린의 이름으로 명명되었다. 일생동안 하늘과 우주를 땅보다 더 사랑했던 가가린은 비행이야말로 자신이 살아가는 삶의 이유이자 원동력이라고 종종 말하곤 했다. 역사적인 우주 비행에 성공한 뒤 7년 만에 세상을 떠난 가가린의 이른 죽음은 안타까움을 불러일으키지만, 그는 그렇게 마지막까지 하늘을 향한 자신의 꿈을 실현시키는 가운데 세상을 떠남으로써 자신의 전설을 완성했다.

여성 최초 우주비행사, 테레시코바

"Ya Chaika(나는 갈매기)". 단순하고 짤막한 이 문장이 러시아에서는 두 개의 차원에서 매우 유명하고 의미심장한 문구가 되었다. 하나는 안톤 체홉의 희곡이자 러시아 연극의 대명사가 된 작품 「갈매기」에서 주인공 니나가 읊는 대사이고, 다른 하나는 머나먼 우주공간으로 나간 최초의 여성이 지구에 처음으로 보낸 통신이었다. 이 글을 쓰고 있는 2023년 6월로부터 정확히 60년 전인 1963년 6월, 세계 최초로 우주를 향해 나아간 여성비행사의 이름은 발렌티나 블라디미로브나 테레시코바, 당시 26살이었던 그녀는 세계 최초의 여성비행사인 동시에 최연소 우주비행사이기도 했다. 테레시코바 이후 다시 여성이 우주로 나아가기까지는 거의 20년에 가까운 세월이 흘러야 했다.

낙하산이 취미였던 방직공장 소녀

발렌티나 테레시코바는 1937년 모스크바 북동부의 작은 도시 야로슬라블에서 태어났다. 트랙터 기사였던 아버지는 제2차 세계대전 참전 중 세상을 떠났고, 어머니는 방직공장에서 일하는 노동자였다. 집안 살림을 꾸려가기 위해 테레시코바 역시 어머니를 따라 방직공장에 나가 일하기 시작했지만, 그녀에게는 남다른 취미가 있었다. 바로 아마추어 낙하산 동호회에서 스카이다이빙을 훈련하는 것이었다. 테레시코바가 수없이 많은 낙하훈련을 통해 하늘과 친해지고 있을 즈음, 소련에서는 비밀리에 새로운 우주 프로젝트가 시작되고 있었다.

발렌티나 테레시코바(1937~)

우주 개발을 놓고 한 치의 양보도 없는 치열한 경쟁을 펼치고 있던 미국과 소련은 상대국의 움직임을 치밀하게 예의 주시했고, 미국 항공우주국NASA이 여자 우주인 선발 계획을 갖고 있다는 정보를 접하자마자 소련은 반드시 미국에 앞서 여성 우주비행사를 보내기로 결정한 뒤 본격적인 후보자 물색에 들어갔다. 이미 세계 최초의 인공위성과 세계 최초의 우주 비행사 타이틀을 거머쥔

바 있는 소련은 다른 분야에서도 결코 미국에 뒤처지지 않겠다는 강한 승부욕과 자신감을 내보이고 있었다.

1962년, 30세 미만에 신장 170cm, 몸무게 70kg에 낙하 경력을 보유한 여성들을 대상으로 우주인 선발이 시행되었다. 지원조건에 낙하 능력을 포함시킨 것은 우주에서의 임무 수행 후 지구 귀환 시에 일어날 수 있는 만일의 상황에 대비해야 했기 때문이다. 테레시코바의 풍부한 낙하 훈련 경력과 우주 및 항공에 대한 깊은 관심, 그리고 지역 공산당원으로서 활약했던 경력 등은 당의 까다로운 조건을 만족시키기에 충분했고, 그녀는 수백 명의 지원자 중 최종 5인의 후보로 선정되었다.

선정 후에는 후보자들을 대상으로 강도 높은 훈련이 이어졌다. 체력 훈련뿐만 아니라 중력 저항, 로켓 공학과 우주선 설계 등 실제 우주비행과 관련된 다양한 분야를 모두 배우고 익혀야 했다. 길고 고된 훈련 과정이 끝난 뒤, 다섯 명의 후보 중 공산당 서기장 흐루쇼프가 최종적으로 낙점한 사람은 가난한 노동 계급 출신이자 제2차 세계대전 전사자의 딸인 테레시코바였다. 가가린 선발 때와 마찬가지로, "세계 최초"의 수식어가 붙는 우주비행사는 소련 사회주의 체제의 우월함을 서방에 과시할 수 있는 중요한 인물이었기 때문에 체력과 능력뿐만 아니라 출신성분과 대표성 역시 선발의 중요한 기준이 되었다.

우주를 향해 날아간 갈매기

선발 이후 다시금 강도 높은 개인훈련을 받은 테레시코바는 1963년 6월 16일, 카자흐스탄의 바이코누르 우주기지에서 보스토크 6호를 타고 우주로 날아올랐다. 우주에 도착한 그녀가 지구에 보낸 최초의 통신이 바로 "Ya Chaika(나는 갈매기)"였다. 사실 '갈매기'는 그녀의 호출명이었기에 특별한 의도가 담긴 말이라기보다는 공식적인 통신 문구였으나 광활한 하늘 위를 자유롭게 날아가는 갈매기의 이미지가 연상되어서인지, 테레시코바의 무사귀환 이후 이 말은 마치 유행어처럼 널리 퍼졌고, 이를 기념해 후에 소행성

1671에 '차이카'라는 이름이 붙여지기도 했다.

테레시코바 기념우표

테레시코바의 임무수행은 여성 최초의 우주인이라는 타이틀도 타이틀이지만, 그 자체로 상당히 의미 있는 성과와 기록을 남긴 비행이었다. 테레시코바는 약 3일간 우주공간에 머무르면서 지구를 48바퀴나 돌았다. 우주에서 그녀의 비행시간은 총 70시간 50분이었는데, 이는 유리 가가린의 108분과도 비교가 안 될 뿐만 아니라, 그때까지 소련과 경쟁하던 미국의 우주비행사들이 우주에 머문 시간을 다 합친 것보다도 긴 시간이었다. 지구로의 귀환 당시 테레시코바의 낙하 훈련 경력은 실제로 큰 도움이 되었다. 착륙을 앞두고 낙하산으로 우주선을 빠져나온 그녀는 호수에 빠질 뻔 했으나 바람을 타고 무사히 밭에 안착했고, 가가린에 버금가는 열렬한 환영을 받았다.

테레시코바 덕분에 우주개발에 있어 또 하나의 "세계 최초" 타이틀을 갖게 된(그리고 무엇보다 라이벌 미국을 이긴) 소련 당국은 그녀에게 레닌 훈장과 함께 최고 영예인 황금별 훈장을 수여했고 그녀는 전 소련 인민의 영웅이 되었다. 모스크바에는 그녀를 환영하는 100만 송이의 꽃과 그에 못지않은 인파가 몰려들었고, 테레시코바가 귀환한지 일주일도 채 되지 않아 모스크바는 그녀를 주빈으로 하는 국제 여성 회의를 주최했다. 가가린과 마찬가지로 테레시코바는 그 자체로 상징성을 지닌 '소련의 얼굴'이 되어 전 소비에트 연방과 세계 곳곳에 초청되고 행사에 참여했다. 테레시코바의 경우는 특히 '여성의 무한한 가능성'을 실현한 모범 사례로써 전 세계 여성들에게 깊은 인상과 영향을 미친 것으로 평가받는다.

이후 테레시코바는 우주선을 다시 타지 못했다. 대신 본격적인 공부를 시작해 항공 기술사 자격증과 박사 학위를 땄고, 소련을 대표하는 경력과 명성을 바탕으로 적극적인 정치활동을 펼쳤다. 소련 최고회의 의원과 소련 여성 위원회 위원장을 거쳐 소련 최고회의 간부회에 이름을 올렸고, 소련 붕괴 후에도 러시아 연방 의회에서 최근까지 활발한 정치활동을 펼치고 있다. 이와 더불어 러시아에서 진행되는 여러 우주 개발 프로젝트에 직간접적인 참여를 이어가고 있는데, 2008년 이소연 박사가 한국 최초의 우주인이 되기 위해 바이코누르 우주기지를 방문했을 때 테레시코바가 그곳에 들러 응원한 것으로 국내 언론의 주목을 받기도 했다.

거의 아흔을 바라보는 나이지만 테레시코바는 지금도 여전히 우주 비행을 꿈꾸고 있다고 한다. 그녀가 특히 관심을 갖고 있는 대상은 화성으로, 화성에 관한 자료는 뭐든지 찾아 공부하고 있으며 다시는 돌아올 수 없는 편도 여행이라 할지라도 죽기 전에 화성에 꼭 한 번 가고 싶다고 했다는데, 과연 60년 전 우주를 날아올랐던 갈매기의 꿈이 다시 한 번 이루어질 수 있을지 지켜볼 일이다.

아폴로 프로젝트에 기여한 아이러니한 영웅, 콘드라튜크

러시아의 우주개발사에 등장하는 여러 과학자 중에는 웬만한 영화나 연극보다도 더 드라마틱하고 비극적인 삶을 살다 간 인물이 여럿 있는데, 그중에서도 가장 아이러니한 비극의 주인공으로 유리 콘드라튜크를 꼽을 수 있다. 그 이름마저도 생소한 유리 콘드라튜크의 본명은 알렉산드르 샤르게이, 1897년 우크라이나 폴타바에서 태어난 샤르게이는 일찍이 부모를 여의고 할머니와 함께 살았지만 어릴 적부터 수학과 물리학에 뛰어난 재능을 보였고, 우수한 성적으로 고등학교를 졸업한 뒤 우크라이나 공과대학에 합격했다. 1914년, 제1차 세계대전이 발발하자 제정 러시아 군대에 징집되어 코카서스 전선에 배치되었다. 군 복무를 하는 동안 샤르게이는 행성 간 비행에 대한 아이디어로 4개의 공책을 채웠다고 한다.

러시아 혁명이 일어나자 샤르게이는 폴타바로 돌아갔지만 어수선한 내전의 틈바구니 속에서 제정 러시아 군대의 장교였다는 이유로 백군에 동원되었다. 내전에 참여하고 싶지 않았던 그는 탈영을 시도했으나 이미 백군에 몸담았던 그의 경력과 제정 러시아 장교라는 출신 성분은 그에게 저주받은 낙인처럼 따라다녔고, 볼셰비키 혁명 이후 그는 인민의 적으로 분류되어 정부의 집요한 감시를 받았다. 1918년, 소련을 벗어나 폴란드로 탈출하고자 했던 샤르게이는 국경에서 붙잡혔고, 이후 자신의 본명을 버린 채 결핵으로 사망한 유리 콘드라튜크란 낯선 이의 이름과 서류를 도용해 이곳저곳 떠돌아다니며 숨어 살았다.

유리 콘드라튜크(1897~1942)

너무 뛰어나서 불행했던 과학자

1920년대 말에 콘드라튜크는 자신의 기술을 활용해 단 하나의 못만 사용해 거대한 곡물용 엘리베이터를 설계했다. 콘드라튜크의 설계로 완성된 곡물 엘리베이터는 그 거대한 규모 덕분에 '마스토돈(코끼리, 매머드와 비슷한 크기를 지닌 멸종된 포유류)'이란 별칭으로 불렸다. 그의 엘리베이터는 엄청난 크기에도 불구하고 이후 60년간 별 문제 없이 작동할 만큼 정교하게 만들어졌으나, 이러한 뛰어나고 특출난 성과는 1930년대라는 시대적 상황 속에서 콘드라튜크에게 행운이 아니라 불행으로 작용했다.

마스토돈의 완성 후 콘드라튜크는 스탈린의 비밀경찰이라 불린 내무인민위원회 엔카베데NKVD에게 소환되었고, 그는 반 소비에트적 파괴 공작원이란 혐의로 유죄를 선고받았다. 처음 그는 일반 굴라그에 수용되었으나 곧

재능을 인정받아 샤라시카로 보내졌다. 샤라시카는 일반적인 굴라그가 아니라 특수 수감시설이었다. 이곳의 원래 명칭은 "Special Design Bureau", '특수 설계 부서'지만, 비공식적으로는 사기꾼, 범죄자들의 사무실이란 뜻을 지닌 비속어 '샤라시카Sharashka'로 불렸다. 이곳은 1930년대부터 50년대까지 소련에서 운영된 비밀 연구소 중 하나로, 전 소비에트 연방에서 끌려온 다양한 과학자 및 기술자들이 복무하고 있었다. 이들은 국가의 과학기술 프로젝트나 작업에 강제로 배정되었다. 물리적인 생활조건은 다른 수용소보다 나았지만, 국가의 엄격한 감시 하에 무조건적인 충성과 연구를 지속해야 한다는 점에서 또 다른 의미의 지옥이라 할 수 있었다.

샤라시카 출신의 과학자와 기술자 중에는 이후 소련 과학기술발전에 지대한 공로를 세운 이들이 여럿 있었다. 냉전시기 소련의 우주항공 프로그램 대부분을 진두지휘했던 수석 개발자 세르게이 코롤료프, 수석 로켓엔진 기술자인 발렌틴 글루쉬코, 저명한 항공 엔지니어 안드레이 투폴레프, 달 궤도 랑데부를 처음으로 고안한 우주비행 이론가 유리 콘드라튜크, 전자 악기 테레민을 발명한 음향물리학자 레온 테레민, 직류 보일러 발명가인 레오니드 람진 등 주요 인물만 꼽아도 면면이 어마어마하다. 이후에 미국과의 대결 속에 눈부신 성과를 자랑할 소련의 우주개발이 바로 이곳에서 시작되었다고 해도 과언이 아닐 정도다.

30대의 나이에 과학기술자들을 위한 특수 강제 수용소인 샤라시카에 끌려간 콘드라튜크는 이곳에서도 비범한 재능을 발휘해 대형 풍력기 설계 경쟁에 투입되었고, 우승자로서 모스크바에 초청되었을 때 훗날 소련의 우주 개발을 책임지게 될 수석 설계자 세르게이 코롤료프를 만나게 된다. 그의 재능을 높이 산 코롤료프가 후에 소련의 우주개발팀에 합류할 것을 제안했으나 콘드라튜크는 국가 기관에서 일하게 되면 엔카베데의 면밀한 조사에 의해 자신의 실제 정체와 인민의 적으로 낙인찍혔던 자신의 과거가 드러날 수도 있다는 두려움으로 이를 거절했다. 풍력 발전 사업에 참여 중이던 콘드라튜크는 제2차 세계대전 중 독소전쟁에 자원해 세상을 떠났다. 정확한 상황은 알려지지 않았지만 1942년 칼루가 근처에서 통신 케이블을 수리하던 중 폭탄에 희생된 것으로 추정되고 있다. 이때 그의 나이 겨우 44세, 참으로 아까운 죽음이 아닐 수 없다.

비운의 천재가 남긴 유산

누구보다 뛰어났기에 누구보다 더 고통받았던 콘드라튜크의 삶은 그 자체로 아이러니한 비극을 보여준다. 그러나 진정한 아이러니는 그의 사후에 일어났다. 콘드라튜크는 생전에 아무도 관심을 보이지 않자 자신의 돈으로 책을 출판한 적이 있었는데, 그 책이 바로 '중력 도움(스윙 바이)'을 사용해 우주선이 행성에서 행성으로 이동할 수 있는 획기적인 이론을 담고 있는 『행성 간 공간의 정복The Conquest of Interplanetary Space』이었다. '중력 도움'이란 우주선이 적은 동력으로 먼 거리를 운행하기 위해, 다른 천체의 중력을 이용하는 가속 방법을 의미한다. 이는 운동량의 교환과 관련이 있는데, 우주선이 행성 주변을 지나갈 때 행성의 중력이 우주선이 운동량의 일부로 작용하면서 이것이 우주선의 속도로 변환되는 것이다. 즉, 행성의 중력이 우주선을 잡았다가 더 빠른 속도로 멀리 밀어냄으로써 행성을 지나가는 우주선의 속도를 급속하게 높여줄 수 있다. 이처럼 우주선이 행성이나 위성을 근접비행하면서 그 천체의 중력으로부터 추진력을 얻을 수 있다는 콘드라튜크의 '중력 도움' 아이디어는 실제로 이후 달로 가는 가장 현실적인 방법으로 채택되었다.

『행성 간 공간의 정복』

콘드라튜크가 죽은 뒤, 그가 생전에 자기 돈으로 출판했던 책이 여러 과정과 사람들의 손을 거쳐 미국 항공우주국NASA에 전달되었다(나사가 콘드라튜크의 책을 입수하게 된 과정은 여전히 여러 가설이 있을 뿐, 확실하게 증명된 바는 없다). 그러나 어떤 방식으로 전달되었던, 콘드라튜크의 중력 도움과 달 궤도 랑데부 방법은 당시 골머리를 앓고 있던 NASA에 획기적인 해결책이 되어주었고, 아폴로 11호는 콘드라튜크의 방법을 통해 전설적인 '아폴로 프로젝트'의 달 비행에 성공했다. 뿐만 아니라 NASA의 행성간 우주선들은 1973년 발사된 매리너 10호 이래 모두 콘드라튜크의 중력 도움을 활용했다.

칼 세이건의 동반자이자 과학저술가인 앤 드루얀은 자신의 저서 『코스모스 : 가능한 세계들』에서 유리 콘드라튜크의 업적을 소개하는 챕터에서 감동적인 일화로 글을 마무리하고 있다. 달 여행에서 돌아온 아폴로 프로젝트의 주역 닐 암스트롱이 우크라이나에 있는 콘드라튜크의 허름한 생가를 찾아가 무릎을 꿇고, 자신의 달 비행을 가능하게 해준 이 적국(!)의 불운한 과학자에게 참배한 뒤 그 땅의 흙을 떠내어 간직하는 장면이다. 죽을 때까지 콘드라튜크 자신도 알지 못했던 그의 위대한 업적은 이렇게 가장 아이러니한 방식으로 과학사의 한 장면을 장식했다.

3. 스크린에서 펼쳐진 또 하나의 대결

〈히든 피겨스〉(2017)와 〈퍼스트맨〉(2018), 〈스페이스 워커〉(2017)와 〈스테이션 7〉(2017). 감독도 출연 배우도 다 다르지만 이 영화들에는 공통점이 있다. 네 영화 모두 미국과 소련의 우주 개발 경쟁이 한창이던 시기를 배경으로, 당시 자국의 우주 개발 프로젝트 및 관련 인물들을 소재로 만든 영화라는 점이다. 테어도어 멜피 감독의 〈히든 피겨스〉는 편견과 차별에 맞서 NASA 최초의 우주궤도 비행 프로젝트를 성공적으로 이끈 흑인 여성 과학자들의 이야기를 담은 영화고, 데이미언 셔젤 감독의 〈퍼스트맨〉은 인류 최초의 달 착륙 미션 이면의 숨겨진 이야기를 아폴로 프로젝트의 주역 닐 암스트

롱의 관점에서 풀어낸 작품이다. 한편 드미트리 키셀료프 감독의 <스페이스 워커Vremya pervykh, Space Walker>는 세계 최초의 우주 유영에 성공했던 알렉세이 레오노프의 실화를 담은 영화이며, 클림 시펜코 감독의 <스테이션 7Saliut 7>은 1985년 소련의 우주정거장 살류트 7호의 궤도 이탈 사건과 극적인 해결 과정을 담아낸 작품이다.

이처럼 네 편의 영화 모두 양국의 우주 개발 경쟁이 치열했던 시기를 배경으로 하면서 실존 인물과 실제 사건에서 모티브를 따 와서 만든 작품들인데, 흥미로운 사실은 이 작품들이 모두 미국과 러시아에서 2017년과 2018년에 집중적으로 제작, 개봉되었다는 점이다. 관객의 입장에서는 1~2년 사이에 마치 경쟁이라도 하듯 미국과 소련의 역사적인 우주 개발과 그에 관련된 인물들을 차례차례 스크린에서 만나게 된 셈이다. 각각의 영화들이 모두 지난 세기 우주 개발 시대의 영광을 스크린 위에서 재현하면서 자국의 성과를 재조명하고 있다는 점에서, 마치 스크린에서 다시 양국의 우주 전쟁이 시작된 것 같다는 느낌을 주기도 했다.

오랜만에 거머쥔 세계 최초의 타이틀

스크린에서 펼쳐진 또 하나의 우주 대결에서 최근 러시아는 새로운 뉴스와 기록거리를 만들어냈다. 실제 우주에서 촬영한 최초의 영화를 제작하는 데 성공한 것이다. 지난 2023년 4월, 세계 최초로 우주에서 직접 촬영한 장편 영화 <도전Vyzov>이 러시아에서 정식 개봉했다. 그간 우주를 배경으로 한 영화는 수없이 많았지만 배우와 스태프들이 직접 우주선을 타고 촬영한 영화는 처음이라는 점에서 오랜만에 러시아가 우주 분야에 있어 "세계 최초"의 타이틀을 다시 갖게 된 것이다.

러시아 연방우주국ROSCOSMOS와 러시아 국영 TV가 함께 제작한 영화 <도전>은 우주 정거장에서 중상을 입었지만 지구로 즉시 돌아갈 수 없는 우주비행사를 수술하기 위해 긴급히 우주정거장에 파견되는 한 여성 외과의사에 관한 이야기로, 감독과 의사 역을 맡은 배우가 직접 우주정거장에 가서 촬영을 마치고 왔다. 이미 2017년에 <스테이션 7>이라는 우주 배경 영화를 찍은 바 있는 클림 시펜코 감독과 러시아의 유명 배우 율리아 페레실드는 4개월간 가가린 우주비행사 훈련소에서 원심분리기 체험, 무중력 비행 훈련, 낙하산 훈련 등 강도 높은 우주비행 훈련을 받은 뒤 카자흐스탄으로 향했다. 그간 수없이 많은 소련의 우주인들을 우주로 보냈던 카자흐스탄 바이코누르 우주기지에서 이들은 소유즈 우주선을 타고 국제 우주정거장으로 향했으며, 그곳에서 12일간 머물면서 약 40분 분량의 영화 장면을 촬영한 뒤 돌아왔는데, 당시 우주정거장에서 임무 수행 중이던 러시아의 우주비행사들도 출연진으로 영화에 등장하기도 했다.

영화 <도전>의 촬영과 배우, 감독의 귀환이 무사히 이루어짐에 따라 러시아는 최초의 인공위성, 최초의 유인 우주비행, 최초의 여성 우주비행 등에 이어 최초의 우주 영화 촬영이라는 새로운 기록을 갖게 되었다. 많은 언론들이 지적하고 있듯, 이번 촬영은 우주 비행이 이제 전문 우주인의 과학 탐사나 세계 최상층 부호들의 모험에 이어 또 다른 영역으로 개척되었음을 보여준다는 점에서도 의미가 남다르다. 하지만 아마도 많은 러시아인들에게 이 영화는 오랜만에 그들이 우주 영역에서 '세계 최초'란 타이틀을 따게 해준 것으로 더 오래 기억될 듯하다. 특히 우주 개발의 오랜 경쟁자였던 미국 역시 미국 항공우주국NASA의 협력 아래 유명 배우 톰 크루즈가 출연하는 우주정거장 배경 영화 촬영을 진행 중이라는 점을 고려한다면, 이번 러시아의 첫 우주 영화 촬영은 냉전 시기 미국을 앞서던 우주 강국 러시아의 노스탤지어를 더욱 강화시키는 계기가 될 듯하다.

브라이언 하베이가 지은 『러시아 우주개척사』의 서문에서 저자는 모스크바 북쪽에 위치한 플레세츠크 우주 발사장 입구의 녹슨 조형물에 붙어 있는 표어를 인용해 글을 시작하고 있다. "Rossiia byla, est', i budet derzhava kosmosa.(러시아는 과거에도 그랬고 현재도 그러한 것처럼 미래에도 우주 강국일 것이다.)" '녹슨 조형물'이란 단어가 주는 이미지와 너무나 단호한 어감에서, 우주에 대한 러시아인들의 강한 자부심과 함께 지나간 영광에 대한 향수가 동시에 느껴지는 것은 어쩔 수 없지만, 그럼에도 인류가 우주라는 미지의 공간을 발견하고 개척해온 역사에 있어 러시아가 지대한 공헌과 역할을 수행했음은 분명한 사실이며 수많은 기록과 자료들이 이를 뒷받침해주고 있다. 그리고 그러한 눈부신 성과 뒤에는 이 장에서 소개한 인물들을 포함해 수없이 많은 과학자와 우주인들의 시대를 앞서간 상상력과 치열한 노력, 그리고 무모한 도전과 용감한 시도가 쌓여있었음을 잊어서는 안 될 것이다.

8장

파베르제 달걀의 오디세이아

황기은

파베르제 황실 부활절 달걀은 러시아 황실의 비극을 상징하는 예술품이다. 파베르제 황실 달걀은 세상을 떠돌며 경매장에 나올 때마다 천문학적 가격을 자랑하며 유명해졌고 할리우드 영화는 파베르제를 모든 도둑들이 탐내는 럭셔리 대명사로 만들었다. 2014년 미국의 한 고물상이 벼룩시장에서 산 달걀 공예품이 파베르제 달걀로 밝혀지면서 약 3천만 달러가 넘는 거액에 팔린 것으로 알려져 있다. 2007년 영국 회사가 고급 쥬얼리 브랜드를 런칭하면서 파베르제라는 이름을 붙인 것은 그 브랜드의 가치를 누구보다 더 잘 알았기 때문이다.

카를 파베르제는 보석세공사이자 타고난 경영자였다. 그는 아버지로부터 물려받은 지하의 작은 공방을 보석 장신구뿐만 아니라 생활용품을 제작하는 전문 공방으로 확장했다. 제1차 세계대전 전까지만 해도 프랑스 쥬얼리 회사인 까르띠에와 라이벌 구도를 형성할 정도로 사업은 번창했다. 러시아 황제의 책상은 파베르제 공방의 제품들로 가득했고 러시아 황후의 응접실 한쪽은 파베르제의 부활절 달걀로 장식되어 있었으며 화장대 위에는 파베르제 빗과 화장품 상자들이 놓여 있었다. 하지만 파베르제가 값비싼 사치품만 생산했던 것은 아니었다. 황실이나 부호들만 소유할 수 있는 한정판 공예품부터 일반인들도 구입할 수 있는 저렴한 물건까지 다양한 가격의 상품을 생산했다. 파베르제 공방은 러시아뿐 아니라, 우크라이나의 키이우와 영국의 런던에도 지점을 냈고 많은 사람들이 파베르제의 이름이 새겨진 물건을 소유했다는 사실에 행복해했다. 물론 파베르제에게 가장 큰 명성을 안겨준 작품은 당연히 황실 부활절 달걀이었다. 파베르제는 고가의 보석과 정교한 에나멜 세공을 통해 최고의 공예품을 제작했고 매해 전세계에서 하나밖에 없는 독특한 디자인의 달걀을 내놓았다. 러시아 제국 말기 약 삼십 년 간 딱 오십 개만 만들어진데다가 러시아 황실의 비극적 서사가 입혀져 파베르제 달걀의 가격은 치솟았고 수집가들이 갖고 싶어하는 보물이 되었다.

하지만 파베르제 황실 달걀로 대표되는 파베르제의 이름 브랜드가 이렇게 높은 가치를 갖는 것은 단순히 비싼 보석으로 만들어졌고 비싸게 팔렸기 때

카를 파베르제

모스크바, 쿠즈네츠키 모스트 거리에 있던 파베르제 상점

문만은 아니다. 각 달걀은 러시아 제국과 황실의 비극을 지켜본 마지막 목격자였다. 그리고 소유주가 바뀌고 시대가 바뀜에 따라 새로운 상징적 의미를 획득하면서 자신만의 서사를 만들어 나갔다. 아내에 대한 사랑의 증표였던 선물은 소비에트 정부의 돈줄이 되고 수집가들의 경쟁의 대상이자 냉전 시대 자본주의 승리의 트로피가 되었다가, 21세기 러시아의 국보가 되었다. 소비에트 해체 이후 파베르제 달걀의 귀환은 곧 러시아 제국과 황실의 문화적 부활을 의미했다. 그러면 파베르제 달걀의 여정을 통해 러시아 황실의 비극적인 역사와 달걀이라는 장식품이 어떻게 사적인 선물에서 국보가 되었는지 알아보자.

1. 사랑의 증표 파베르제 달걀

1885년 러시아 황제 알렉산드르 3세는 아내 마리아 황후를 위해 파베르제 공방에 부활절 달걀을 주문한다. 첫 번째 파베르제 부활절 황실 달걀은 하얀 에나멜을 입혀 진짜 달걀처럼 보였지만, 이를 반으로 쪼개면 황금 노른자가 나오고 그 노른자 안에는 황금 암탉이, 암탉 안에는 왕관이, 왕관 안에는 붉

파베르제 암탉 부활절 달걀(1885)

덴마크 박물관 소장 황금 달걀(1720)

은 루비로 제작한 초소형 달걀이 들어있는 특별한 선물이었다. 황후는 이 선물에 감탄을 금치 못했고 이에 만족한 황제는 이후부터 해마다 황후에게 부활절 달걀을 선물한다. 그리고 그 안에는 늘 서프라이즈가 있어 황후를 기쁘게 했다.

하지만 파베르제가 처음 이러한 디자인을 선보인 것은 아니었다. 덴마크 코펜하겐의 아말리엔보르크 박물관에는 1720년대 프랑스에서 만들어진 달걀 공예품이 전시되어 있다. 덴마크 황실 소유의 이 공예품은 달걀 껍질은 상아로, 노른자는 황금으로 되어있고, 그 안에는 미니어처 닭과 왕관, 그리고 다이아몬드 반지가 숨겨져 있었다. 1879년 알렉산드르 3세는 덴마크 코펜하겐 산업박람회를 방문한 적이 있는데, 이때 이 달걀이 박람회에 전시되어 있었다. 아마도 러시아 황제는 이때 달걀을 기억에 담아두었다가 파베르제에게 주문한 것으로 보인다. 마리아 황후는 본래 덴마크 공주였다. 황후가 덴마크 황실의 달걀 공예품에 대해 모르지는 않았을 것이다. 따라서 황후가 선물을 받고 매우 기뻐한 이유는 이 달걀이 처음 보는 놀라운 것이어서가 아니라, 친정에서 보던 것과 비슷해서였을 것이다.

이후에도 파베르제는 황후에게 종종 덴마크에 대한 그리움을 달래줄 달걀들을 선물했다. 다이아몬드 트렐리스 달걀(1892)도 그중 하나였다. 트렐리스 달걀의 서프라이즈는 코끼리 오토마타(자동기계장치)였는데, 이 코끼리는 덴마크 최고 훈장인 코끼리 휘장과 거의 유사했다. 그리고 코끼리의 십자가

◂ 다이아몬드 트렐리스 달걀과 코끼리 오토마타 : 달걀은 휴스톤 자연사 박물관 소장, 코끼리는 영국 왕실 소장
▸ 왼쪽이 덴마크 훈장, 오른쪽이 트렐리스 달걀의 코끼리 오토마타 서프라이즈

아래 덴마크왕의 인장도 숨겨두었다. 황후는 이 선물들을 보면서 고향을 떠올리곤 했을 것이다.

알렉산드르 3세의 아들인 니콜라이 2세도 부활절 선물의 전통을 이어나갔다. 1894년 알렉산드르 3세가 사망하고 니콜라이 2세가 황위에 올랐는데, 니콜라이는 이제 하나의 달걀이 아니라 두 개의 달걀을 주문했다. 하나는 이제 황태후가 된 어머니 마리아를 위한 것이었고, 다른 하나는 자신의 아내 알렉산드라 황후를 위한 것이었다.

파베르제 달걀은 매해 독특한 디자인과 다양한 서프라이즈를 선보였다. 황실 달걀을 제작하기 위해 파베르제 공방의 각 분야 최고 세공사들이 동원되었고 부활절까지 극비에 부쳐졌다. 달걀은 황실과 제국의 공적인 사건을 기념하기도 했고 황실 가족의 초상화나 가족의 추억을 담은 풍경을 담기도 했다. 그중에서도 꽃은 자주 등장하는 모티프 중 하나였다.

특히 1895년 니콜라이 2세가 알렉산드라 황후에게 처음 선물한 부활절 달걀인 로즈버드 달걀은 아내에 대한 니콜라이의 사랑을 듬뿍 담고 있었다. 두 사람은 당시 황족으로서는 드물게 연애 결혼을 한 경우였다. 사실 둘의 사랑은 인내와 끈기의 결실이었다. 알렉산드라 황후는 독일 출신으로, 열두 살 때 언니와 세르게이 대공(알렉산드르 3세의 동생, 니콜라이 2세의 숙부)의 결혼식에 참석하기 위해 러시아를 방문한다. 이때 미래의 니콜라이 2세를 만나

1893년 알렉산드르 3세와 마리아 황후

1894년 니콜라이 2세와 알렉산드라 황후

는데, 그는 당시 열여섯 살이었다. 두 사람은 이때부터 점차 사랑을 점차 키워나갔다. 그러나 황제와 황후는 알렉산드라를 탐탁치 않아했다. 알렉산드라는 영국 공주와 헤센 공국의 공작 사이에서 태어났는데, 헤센 공국은 러시아 제국에 득이 될 것이 없는 작은 공국이었다. 알렉산드라가 영국 빅토리아 여왕이 매우 아끼는 손녀라는 점 또한 아이러니하게도 단점으로 작용했다. 왜냐하면 외할머니인 빅토리아 여왕 또한 이 혼사를 탐탁치 않아했기 때문이다. 여왕은 사랑하는 손녀를 러시아와 같은 위험한 곳에 보내고 싶어하지 않았다.

그러나 니콜라이의 의지는 굳건했다. 사실 니콜라이는 성정이 강인하고 단호하지 못했다. 아버지에 비해 그는 키도 작았고 유약한 편이었다. 하지만 놀랍게도 결혼 문제에 있어서만은 물러나지 않았다. 1894년 알렉산드르 3세의 건강이 급속도로 악화되었고 후계를 걱정한 황제는 서둘러 두 사람의 결혼을 허락했다.

부부는 금슬이 매우 좋았다. 니콜라이가 처음 선물한 로즈버드 달걀은 황후의 고향 담슈타트에 있던 장미꽃밭을 모티브로 한 것이었다. 알렉산드라 황후는 자신의 고향에 있던 장미꽃밭을 그리워했다고 한다. 특히 당시 독일에서 노란 장미를 가장 고급스러운 장미로 여겼으므로, 파베르제 공방은 새 황후에게 노란색 장미 꽃봉오리가 숨겨진 로즈버드 달걀을 선보였다.

꽃 모티프의 달걀 중에서 마리아 황후를 위한 겨울 달걀(1913)과 모자이크 달걀(1914)은 가장 화려하고 독특한 디자인을 자랑한다. 둘은 파베르제 공방의 유일한 여성 디자이너였던 알마 필의 작품이었다. 겨울 달걀은 가장 정교한 세공을 자랑하는 달걀 중 하나였다. 크리스탈로 만든 달걀에 무려 1508개의 다이아몬드와 플래티넘으로 수증기가 얼어붙은 서리꽃을 표현했다. 꼭꼭 숨어 있던 다른 달걀의 서프라이즈와는 달리 겨울 달걀의 서프라이즈는 투명한 크리스탈 사이로 은근슬쩍 그 자태를 뽐내는데, 바로 하얀 석영으로 된 꽃바구니였다. 1911년에서 12년으로 넘어가던 러시아 겨울은 유독 추웠다. 필은 아마도 유리창에 핀 서리 꽃에서 영감을 받았을 것이다. 모자이크 달걀은 자수에서 영감을 받은 작품이었다. 달걀에 꽃을 마치 태피스트리처럼 묘사했다. 태피스트리는 벽을 장식하는 카펫을 지칭하는데, 대부분 호화롭고 풍성한 그림을 수놓고는 한다. 달걀 위 태피스트리는 당연히 루비, 에메랄드, 사파이어, 토파즈, 다이아몬드, 에나멜 등 형형색색의 보석으로 장

◂ 겨울 달걀과 백합 꽃바구니 서프라이즈
▸ 모자이크 달걀과 니콜라이 2세의 다섯 아이들 프로필이 새겨진 까메오 서프라이즈

식했다. 첫 여성 디자이너가 일상에서 영감을 얻어 만든 두 달걀은 가장 화려하게 탄생했다.

이렇듯 파베르제 달걀은 남편이 사랑하는 아내에게, 그리고 사랑하는 어머니에게 선물한 황실 가족 간 사랑의 증표였다. 황실 부활절 달걀은 1885년부터 1916년까지 총 50점이 제작되었다. 1904년과 1905년에는 부활절 달걀에 대한 기록이 없는데, 러일 전쟁의 패배와 1905년 혁명으로 인한 뒤숭숭한 분위기가 영향을 미쳤으리라 짐작할 뿐이다. 그리고 니콜라이 2세가 1917년 3월 퇴위를 선언했을 때 파베르제 공방은 한창 달걀을 세공하고 있었다. 따라서 이 두 점의 달걀은 미완성으로 남았고 이것까지 포함하면 파베르제 황실 부활절 달걀은 총 52점이 된다. 그러나 현재는 오직 총 43점만이 박물관과 개인의 소유로 알려져있고 나머지는 행방불명 상태이다.

2. 부활절 달걀의 유래

그렇다면 왜 하필 달걀이었을까.
새의 알은 생명과 부활, 봄의 상징이다.

> 부얀이란 섬에 거대한 참나무가 있는데, 참나무 아래에 상자가 있고, 상자 안에 토끼가 있고, 토끼 안에 오리가 있고, 오리 안에 알이 있고, 알 안에는 바늘이 하나 있는데, 그 바늘 끝에 코셰이의 죽음이 있다네.

러시아 민담 「불멸의 코셰이」의 한 구절이다. 러시아 민담에는 코셰이라고 하는 악당이 나오는데, 깡마른 늙은이로 종종 아름다운 공주를 납치하곤 한다. 그는 불멸이기 때문에 그를 이기고 공주를 되찾기 위해서 주인공은 숨겨진 코셰이의 죽음을 찾아야 한다. 그의 죽음은 러시아 기념품 인형인 마트료시카처럼 겹겹이 겹쳐진 서프라이즈들 속에 숨겨져 있다.

그렇다면 코셰이는 무엇을 의미하는가. 코셰이는 자연 현상으로서의 죽음 그 자체이자 겨울이다. 이는 그리스 신화에서 하데스가 페르세포네를 납치한 이야기와 유사하다. 페르세포네의 어머니인 곡식의 여신 데메테르가 분노하면서 전 세계의 모든 식물들이 성장을 멈추었듯이, 코셰이가 공주를 훔치면 겨울이 온다. 왕자가 달걀을 찾아내 그 안에 들어있는 코셰이의 죽음을 손에 넣으면, 봄이 시작되고 생명이 부활한다.

코셰이의 죽음이 숨겨진 상자

모든 생명은 알에서 비롯된다(Omne vivum ex ovo)

신화 속에서 알은 세상의 근원이다.

이집트의 신 하토르는 나일 거위의 모습을 하고 있고 거위 머리를 한 게브신은 태양이 되는 황금알을 낳으며, 켈트 신화에서는 어머니 거위가 세상 모든 것을 탄생시키는 알을 낳는다.

따라서 달걀은 새로운 생명과 직결되고 태양을 상징하기 때문에, 태양의 귀환과 초목의 재탄생을 축하하는 봄의 축제에서 상징적인 의미를 갖는다. 달걀에 알록달록 색칠을 하는 달걀 공예는 봄의 도래를 찬양하는 계절 의식이 된다. 따라서 달걀 공예는 태양 숭배와 자연의 부활을 의미하는 고대 신화와 민속 신앙의 흔적이다. 슬라브 문화권에서도 따스한 봄, 부활절에 달걀에 알록달록 색칠하는 풍습이 이어져 왔는데, 가장 유명한 달걀 공예는 우크라이나의 피산카이다. 피산카는 달걀 표면에 밀랍을 녹여 그림을 그리고 염료

우크라이나 피산카

피산카를 만드는 모습

로 색을 입혀 만든다.

그러면 왜 기독교 축일인 부활절에 달걀이 등장하게 되었을까.

부활절은 성탄절과 함께 기독교의 최대 축일로 봄철, 그러니까 춘분 후 첫 보름달 다음의 첫째 일요일에 기념한다. 춘분 직후 봄이 완연한 날로 부활절이 정해지면서, 예수의 부활이라는 종교적 의미는 생명이 부활하고 봄이 도래하는 시기와 겹치게 된다. 단단한 달걀 껍질을 깨고 병아리가 태어나는 것은 곧 관 뚜껑을 열고 예수 그리스도가 부활하는 이미지를 연상시켰고 이렇게 이교의 상징은 기독교적 의미를 갖게 되었다. 그리고 사람들 사이에서는 부활절마다 달걀에 색칠을 하고 선물로 주고받는 풍속이 생겼다.

19세기 러시아에서 부활절은 기독교 축일 이상의 의미를 지녔다. 바로 가족 간의 사랑, 친구들간의 우정을 확인하는 날이었다. 교회에서 미사를 드리는 것도 중요하지만, 가족들이 모여 다같이 식사를 하고 안부를 묻는 것도 매우 중요한 부활절 의례였다. 한국인들이 설과 추석 명절을 준비하듯이, 러시아인들도 부활절 준비를 일찍부터 시작했다. 부활절 일주일 전부터 시장은 식기와 음식, 부활절 선물을 사려는 사람들로 북적였다. 또한 부활절을 축하하는 엽서를 주고받는 것도 필수였다. 이때 부활절 엽서에는 주로 연인들이나 아이들의 삽화가 그려져 있었는데 여기에서 알 수 있듯이, 부활절은 가족들과 연인들을 위한 명절이었다. 엽서와 함께 선물을 주고받았는데, 물론 진짜 달걀이나 색칠을 한 나무 달걀을 선물하기도 했으나, 옷이나 식기와 같은 쓸모 있는 물건을 선물하기도 했다. 그래서 부활절은 러시아 공방과 상점들에게 가장 중요한 대목 중 하나였다. 파베르제를 포함한 러시아 공방들은 이때가 되면 부활절 맞춤 선물을 제작했는데, 당연히 달걀 모양이 많았다. 달걀 모양의 액자나 달걀 모양의 화장품 상자, 체인을 달아 목걸이나 팔찌로 사용할 수 있는 미니어처 달걀 팬던트 등이었다. 이렇듯 가족과 친구들에 대한 사랑을 의미하는 부활절 선물은 파베르제를 만나 러시아 장식예술의 대표작이자 러시아 황실의 마지막 유산이 되었다.

3. 혁명 이후 달걀의 운명

1917년 혁명이 일어나고 니콜라이 2세와 그 가족은 시베리아 도시 예카테린부르크에 유배되었다가 처형되었다. 마리아 황태후와 일부 황족들은 무사히 러시아를 탈출해서 망명 생활을 하게 된다. 러시아 황실의 모든 재산은 국유화되었다. 파베르제 달걀을 포함한 황실의 많은 보석들은 모스크바 크레믈궁 산하 무기고 박물관으로 옮겨졌다.

소유자가 바뀌면 물건의 가치 또한 변한다. 소비에트 정부는 이러한 호화로운 장식품들을 러시아 민중을 착취한 결과물로 간주했다. 게다가 파베르제 달걀은 예술적 보존 가치가 거의 없는 것으로 분류되었다. 달걀은 오로지 금전적 가치를 가진 상품으로만 간주되었다. 더군다나 혁명으로 인한 사회적 혼란으로 러시아 경제가 심하게 악화된 상태였다. 또한 3년 가까이 지속된 내전 탓에 돈이 급하게 필요했던 소비에트 지도부는 예술적 가치가 없는 국가 소유 보물들을 처분하기로 결정한다. 크레믈에 보관 중이던 318개의 물품이 해외로 팔려나갔는데, 이 목록에는 파베르제 달걀도 포함되어 있었다.

달걀 특유의 고급스러움과 화려함, 50개라는 한정된 수량, 그리고 황실 가족 간의 개인적인 선물이었다는 점은 달걀에 대한 수집가들의 욕망을 자극

했다. 더군다나 로마노프 황실에 대한 기억이 아직 생생하던 20세기 전반기였다. 니콜라이와 알렉산드라의 막내딸 아나스타샤의 생존 가능성이 대두되고 거짓 아나스타샤가 등장하는 등 일련의 스캔들은 대중적인 가십거리가 되면서 러시아 황실의 비극은 더 강조되었다. 달걀의 화려함은 러시아 황실의 비극이 대비되면서 더 각광을 받았고 러시아 황실의 비극이라는 서사가 입혀진 달걀은 몰락한 러시아 제국의 상징이 되었다.

영국 로얄 콜렉션 트러스트

당시 파베르제 공예품 수집에 가장 열정적이었던 사람 중 하나는 바로 영국의 매리 왕비였다. 현재 영국 왕실 산하의 로열 콜렉션은 세 개의 황실 달걀을 포함하여 800여점에 달하는 파베르제 공예품을 소유하고 있다. 그러면 어떻게 파베르제 제품은 영국까지 진출하게 되었을까.

대부분의 유럽 왕실이 친인척 관계로 얽혀있기는 했지만, 니콜라이 2세 시기 영국 왕실과 로마노프 황가가 특별히 가까웠다. 덴마크왕 크리스티안

영국, 덴마크, 러시아 황실의 패밀리트리

9세는 아들딸들을 유럽 곳곳의 군주들과 혼인시켰는데, 첫째딸은 영국 에드워드 7세에게 시집가 영국 왕비가 되었고 둘째딸은 알렉산드르 3세와 결혼해 러시아 황후가 되었다. 마리아 황후는 친언니였던 영국 왕비에게 자주 파베르제 공예품을 선물로 보냈다. 또한 니콜라이와 알렉산드라가 1896년 영국을 방문했을 때, 영국 왕실 친척들과 외교적, 정치적으로 중요한 인사들을 위한 선물로 파베르제 장식품들을 잔뜩 가져가기도 했다. 영국 왕실도 파베르제 제품을 매우 좋아했고 그 인기에 힘입어 파베르제는 1903년 런던에 분점을 낸다. 그러자 마리아 황후는 이제 언니에게 선물할 것이 없다며 편지에 불평을 늘어놓기도 했다.

국가의 정치적, 외교적 방향과는 상관없이, 양 왕실 가족은 매우 친하게 지냈다. 그리고 이종사촌 관계였던 영국의 조지 5세와 니콜라이 2세는 친형제라고 착각할 정도로 외모도 흡사했다. 게다가 알렉산드라 황후와 조지 5세는 둘 다 빅토리아 여왕의 손자로, 그들은 어린 시절부터 매우 가깝게 지냈다.

◂ 덴마크 공주 시절 러시아 마리아 황후(좌)와 영국 알렉산드라 왕비(우)
▸ 1913년 니콜라이 2세와 조지 5세 : 이종사촌인 둘의 외모가 매우 흡사하다.

그러나 1917년 2월 혁명이 일어나자 영국은 다른 국가들과 마찬가지로 니콜라이 가족의 망명을 거절한다. 니콜라이는 영국에서 민중의 적으로 낙인이 찍혀있었고 러시아 황실의 망명은 영국 공화주의자들에게 빌미를 줄 수도 있었다. 그와중에 10월 혁명이 일어나고 그나마 황실 가족에게 호의적이었던 임시정부가 몰락한다. 그리고 니콜라이 가족은 1918년 7월 16일 예카테린부르크 저택 지하실에서 처형당한다.

파베르제 달걀들이 소비에트 정부를 통해 매물로 나왔을 때 적극적인 구매자 중에 한 명은 바로 영국의 조지 5세와 메리 왕비였다. 메리 왕비는 시어머니로부터 파베르제에 대한 사랑을 물려받은 듯했다. 파베르제 달걀 시리즈 중에서 최고의 화려함을 보여주는 모자이크 달걀은 1933년 조지 5세가 아내인 메리 왕비의 생일 선물로 구입한다. 영국의 화려한 파베르제 컬렉션은 영국 왕실과 러시아 황실의 한때 끈끈했던 가족 관계를 상징하지만, 동시에 냉정한 국제관계를 보여주며 왠지 모를 씁쓸함을 남긴다.

크레믈궁 무기고 박물관

팔리지 않은 달걀들은 크레믈궁 무기고 박물관에 남겨졌다. 이 달걀들은 박물관이 일반에 공개된 1956년부터 전시되었을 것이라고 추정되는데, 1975년도 박물관 가이드북은 아조프의 기억 달걀(1891)과 시베리아 횡단열차 달걀(1900), 스탄다르트 달걀(1909) 이렇게 세 점을 소개하고 있다. 이 달걀들이 이념적으로 옳지 않은 황실의 사치품이었음에도 불구하고 가이드북에 소개된 이유는 명백해 보인다. 바로 이 달걀의 서프라이즈는 예술적 감각이 없는 사람이 보아도 감탄을 자아

시베리아 횡단열차 달걀

내게 하는 정교한 건축적 레플리카이기 때문이다. 게다가 시베리아 횡단열차, 군함인 아조프의 기억과 스탄다르트 달걀은 러시아의 건축 유적과 군사적 및 기술적 구조물을 형상화했기에 소비에트 정부에게도 나름 가치 있는 공예품으로 인정받을 수 있었다.

다만 가이드북 설명에 황실 가족과 부활절에 대한 설명은 일체 빠져있다. 대신 해당 달걀의 디자이너였던 미하일 페르힌과 잘 알려지지 않은 유리 니콜라이라는 세공사를 공예품의 주역으로 소개한다. 니콜라이를 가난한 집안 출신의 세공사라고 설명하면서, 달걀에 새겨진 장인정신을 극찬한다. 이렇듯 러시아 황실의 에피소드는 완전히 삭제된 채, 파베르제 달걀은 갑자기 러시아 민중의 뛰어난 세공술을 대표하는 작품이 되었다.

황태후의 마지막 달걀

마지막까지 황실 품에 남아있던 달걀은 성 게오르기 달걀(1916)이었다. 마리아 황태후가 이 달걀을 선물받았을 때 그녀는 러시아 제국령 키예프(현 우크라이나의 키이우)에 머물고 있었다. 당시 마리아 황태후는 황제 부부와, 특히 며느리인 알렉산드라 황후와 극한의 갈등을 겪고 있었다. 황제 부부는 하나뿐인 아들의 혈우병 치료를 위해 승려 라스푸틴에게 전적으로 의지하고 있는 상황이었다. 놀랍게도 그가 황궁에 있으면 황태자의 상태가 좋아졌다고 하며, 따라서 황후는 그를 숭배하다시피 했다. 그러나 황태자의 병을 모르는 대중들 사이에서는 황후와 승려가 그렇고 그런 관계라는 추잡한 소문이 퍼져나갔다. 당시 황족들 사이에서도 니콜라이 2세를 폐위시켜야 한다는 이야기도 나올 정도로 상

성 게오르기 달걀

영국 말보로 군함을 타고 러시아를 떠나는 마리아 황태후

황은 심각했다. 황태후는 라스푸틴을 쫓아내라고 아들 부부를 설득했지만 실패했고 결국 황궁을 떠났다. 비록 몸은 떨어져 있었지만 아들이 어머니를 사랑하지 않는 것은 아니었다. 니콜라이 2세는 1916년 마지막이 될 파베르제 달걀을 어머니에게 선물했고 황태후는 짤막하게 감사의 편지를 전했다.

아이러니하게도 황태후는 수도를 떠났기에 목숨을 보전할 수 있었다. 혁명이 일어나자 황태후는 크림반도로 피신했다가 그곳에서 아들 부부와 손주들이 총살되었다는 비극적 소식을 듣는다. 황태후는 끝까지 이 소식을 믿지 않고 기다렸으나, 혁명군이 가까이 진군하자 결국 영국행 배에 몸을 실었다. 성 게오르기 달걀은 이때 황태후가 러시아에서 지니고 나온 몇 안 되는 물품 중 하나였다.

이렇듯 성 게오르기 달걀은 물리적으로 끊어진 두 사람의 관계를 연결시켜준 선물이었고, 이후에는 망명 생활을 하던 어머니와 죽은 아들을 연결해주는 끈이 되었다. 황태후는 죽을 때까지 이 달걀을 보관하고 있다가 딸에게 물려주었고 달걀을 상속받은 공주 또한 이를 잘 보관했다. 하지만 그녀가 사망한 후에는 바로 경매에 부쳐진다. 후에 이 달걀은 미국의 언론 재벌 말콤 포브스가 구입한다.

4. 대관식 달걀의 여정

대관식 달걀은 대중적으로 가장 널리 알려진 달걀이다. 왜냐하면 본드 시리즈 중 하나인 1983년 작 〈옥토퍼시〉와 스티븐 소더버그 감독의 2004년 작 〈오션스 트웰브〉 영화에서 나온 파베르제 달걀 소품이 대관식 달걀을 모델로 하고 있기 때문이다. 더군다나 이 달걀은 파베르제 공방의 기술적 완성도가 최고조에 이르렀음을 보여주는 작품이었다.

사물은 종종 한 소유자에서 다른 소유자로 넘어가는 여정이라는 수집가의 역사를 통해 가치를 부여받기도 한다. 대관식 달걀은 지난 오십 년 동안 새로운 소유주에 의해 새로운 장소로 옮겨지면서 언론의 특별한 관심을 받았다. 달걀의 이미지는 전시 카탈로그, 뉴스, 그리고 할리우드 장편 영화 등을 통해 지속적으로 노출되면서, 셀룰로이드 세계를 비롯하여 대서양을 가로지르는 광활한 영토에 궤적을 남겼다. 그리고 대관식 달걀은 스크린 속 욕망의 대상으로 재탄생하면서 새로운 명성을 얻었다. 그러면 대관식 달걀의 여정에 대한 이야기를 시작해보자.

대관식 달걀과 비극

1896년 5월 13일 니콜라이와 알렉산드라는 황실 전통에 따라 크레믈궁에 있는 우스펜스키 사원(성모승천 성당)에서 대관식을 올렸다. 대관식 달걀은 이 대관식을 주제로 삼은 달걀로, 황금빛 달걀은 알렉산드라 황후가 대관식 때 입은 금빛 망토를 연상시켰다. 무엇보다 달걀의 하이라이트는 쌍두독수리와 다이아몬드가 박힌 왕관으로 장식한 마차 미니어처였다. 이 마차는 현재 상트페테르부르크 에르미타시 박물관에서 보관되어 있다. 이 마차는 대관식 때 황후가 탔던 마차로, 18세기말 예카테리나 2세가 사용한 유서 깊은 마차였다. 책임 디자이너였던 조지 슈타인은 심지어 마차 문을 열면 펼쳐지는 접이식 계단도 실제와 똑같이 만들었다. 서프라이즈에 대한 정보가 새어 나

대관식 달걀

라우리츠 툭센의 "니콜라이 2세와 알렉산드라 표도로브나 황후의 대관식"(1898)

가지 않도록 무려 열 다섯 달 동안 홀로 독방에서 이 미니어처를 완성했다고 한다.

그러나 이 대관식에는 미래 혁명을 암시하는 비극의 그림자가 짙게 드리워져 있었다. 러시아에는 대관식 이후 민중들에게 음식과 술, 소정의 기념품을 선물하는 전통이 있었는데, 이때 예상보다 많은 사람들이 행사 장소에 모여들었다. 수천 명의 사람들이 뒤엉키면서, 거대한 인파가 앞쪽에 있던 사람들을 덮쳤고 무려 천 명이 넘는 사망자와 천 삼백 명이 넘는 부상자가 발생했다. 정부는 유가족들에게 위로금을 지급하겠다고 공표했고 다음날 황제 부부가 부상자들을 직접 위로하기도 했다. 하지만 황제가 그 소식을 듣고도 밤새도록 무도회에서 춤을 췄다는 소문이 훨씬 더 빠르게 퍼졌다. 게다가 황제는 책임자 문책에 소극적이었다. 책임자가 니콜라이의 숙부이자 알렉산드라 황후의 형부이기도 했던 세르게이 대공이었기 때문이다. 황실은 마리아 황태후를 위시한 젊은 황족들은 세르게이 대공을 처벌해야 한다고 주장했지만, 세르게이 대공을 위시한 황실 보수파들의 반발이 만만치 않았다. 결국 황제는 세르게이 대공을 처벌하지 못했다. 대관식은 러시아 지도층 간 분열이 시작된 사건이자 새 황제의 역량을 여실히 보여준 사건이었다.

신대륙의 트로피 : 말콤 포브스와 할리우드

대관식 달걀은 소비에트 정부에 의해 해외에 팔린다. 대관식 달걀은 여러 곳을 떠돌다가, 1978년 미국의 언론 재벌 말콤 포브스의 소유가 된다.

1960년대 이후 파베르제 달걀 시장을 주도한 것은 포브스였다. 그는 유명한 파베르제 수집가들에 비해 조금 늦게 경쟁에 뛰어들어지만 약 백 점 이상의 파베르제 공예품을 구입했다. 이는 영국의 엘리자베스 2세 여왕 수집품 바로 다음가는 숫자였다. 그러나 무엇보다 그의 목표는 황실 부활절 달걀이었다. 자서전에서 본인이 밝혔듯이, 그는 크레믈 박물관이 소장한 열 점의 파베르제 달걀보다 더 많은 달걀을 소유하고자 했다. 1978년 200만 달러가 넘는 돈을 지불하고 대관식 달걀과 백합 골짜기 달걀을 샀고, 1985년 뻐꾸기시계 달걀을 사들이면서 총 열한 점을 보유하게 되었다.

그가 이 수집품에 열광하게 된 이유를 명확하게 설명하지는 않지만, 서구 자본주의 세계에서 새로운 귀족이 되고자 했던 그의 열망은 이러한 집착을 충분히 설명한다. 더군다나 미국 부자들은 유럽의 유서깊은 역사에 대한 콤플렉스와 왕실 문화에 대한 은근한 동경심을 갖고 있었고 파베르제 달걀은 이를 해소시켜줄 수 있는 수집품이었다.

또한 공산주의 세계와의 경쟁 담론이 여전했던 미국에서 크레믈궁보다 파베르제 달걀을 더 많이 소유한다는 것은 상징적인 의미가 있었다. 더군다나 그는 자서전에서 포브스와 소비에트 정부 둘 다 1917년에 탄생했다는 점을 특히 강조하는데, 이는 자신을 미국의, 더 나아가 자본주의의 대표주자로 정의하면서, 크레믈궁보다 파베르제 달걀을 더 많이 소유했다는 사실을 곧 자본주의의 승리와 동일시한다. 언론

말콤 포브스와 파베르제 콜렉션

재벌다운 자기 수집품 홍보였지만, 동시에 이러한 홍보는 많은 사람들의 이목을 끌었고 파베르제 달걀은 수집가들에게 뿐만 아니라, 대중들에게도 유명세를 얻어가기 시작한다. 나중에 알려진 사실이지만 열한 점의 달걀 중 두 점은 가짜였다. 소비에트 연방이 해체하고 러시아황실 문서고가 개방되면서 밝혀진 사실이었다. 불행 중 다행이라면 포브스는 이를 모르고 사망했다.

대관식 달걀은 포브스의 공격적인 입찰과 세계 최고가 경신, 그리고 적극적인 홍보로 유명세를 타게 되었다. 이 명성에 힘입어 1983년 제임스 본드 영화인 <옥토퍼시>에 이 달걀을 모델로 한 달걀이 등장한다. 스와로프스키에서 제작한 영화 소품은 실제 달걀과 많이 다르지만 부활절 달걀을 모델로 했음은 명백한다. 이에 반해 20년 후인 2004년 개봉한 <오션스 트웰브>는 원본과 거의 유사한 소품 달걀이 등장한다. 2004년 이 영화가 개봉했을 때 대관식 달걀은 더 이상 포브스의 소유가 아니었지만, 영화를 제작하던 당시 소품을 담당한 예술감독은 포브스 갤러리에서 실제 달걀을 측정하고 연구하여 세밀하게 재현했다.

<옥토퍼시>에서 달걀은 냉전 시기 유행하던 영화 서사에서 살인 사건을 푸는 실마리로 등장하지만, 소비에트 몰락 이후 개봉한 <오션스 트웰브>에서 대관식 달걀은 도둑들이 자기 능력을 과시하기 위한 트로

<옥토퍼시>(1984)
동독 주재 영국 대사관에 침입했다가 살해된 비밀요원의 손에서 가짜 파베르제 달걀이 발견되고 제임스 본드는 이를 조사하기 위해 경매장으로 향한다. 경매장에서 본드는 파베르제 달걀을 자신이 미리 준비해온 가짜 달걀과 바꿔치기 하고 구매자를 추적해 음모를 밝혀낸다. 알고 보니 소비에트 장성이 자국의 보물을 훔쳐 팔아넘기고 이 돈으로 미군 기지를 폭격할 핵폭탄을 밀수하고 있다는 사실이 밝혀진다. 진짜 달걀은 이를 가짜로 착각한 장군에 의해 파괴된다.

<오션스 트웰브>(2004)
대니, 러스티, 테스가 이끄는 도둑들은 나이트 폭스의 도전을 받아들여 전시 중인 파베르제 달걀을 훔치려고 한다. 그들은 홀로그램으로 만든 가짜 달걀을 진짜 달걀과 바꿔치려 하지만 실패하고 나이트 폭스가 달걀을 손에 넣는다. 이렇게 폭스의 승리로 끝나는 듯하지만, 나중에 알고 보니 영화에 등장한 달걀은 처음부터 이미 주인공들이 바꿔치기한 복제품이었다.

기념품 상점에 전시된 파베르제 달걀들

피로 기능하며, 도둑들 간의 게임의 대상이 된다. 두 영화 모두 가짜와 진짜라는 주제로 게임을 벌인다. <옥토퍼시>에서 악당들은 가짜를 만들지만 가짜와 진짜를 구분하지 못해 결국 진짜를 파괴한다. 특히 <오션스 트웰브>는 범죄 영화인만큼 가짜와 진짜를 판별하는 도둑들간의, 그리고 영화와 관객의 두뇌싸움으로 이루어져 있다. 유로폴 경찰은 자기와 마주친 유명 배우가 사실 가짜임을 알아챘지만, 가짜 배우 소동도사람들을 속이기 위해 연출된 것임을 알아채지 못했기 때문에 게임에서 진다. 나이트 폭스는 자신이 훔친 달걀이 가짜임을 인지하지 못했기 때문에 게임에서 진다. 결과적으로 영화에서 진품 달걀은 한 번도 나오지 않는다. 관객들이 본 것은 가짜 달걀 아니면 달걀 홀로그램이었을 뿐이다. 관객들도 파베르제 달걀을 둘러싼 게임에서 패배한 셈이다.

영화 속 진짜와 가짜 파베르제 달걀 간의 게임은 수많은 가짜 달걀 논란을 반영한 것이기도 하다. 동시에 영화는 관객들에게 진짜는 어디있는지 되묻는다. 관객들은 진짜 달걀에 대한 열망을 품고 나온다. 할리우드 영화는 대관식 달걀을 복제한 소품 달걀을 스크린에서 무한 복제하고 또다른 복제

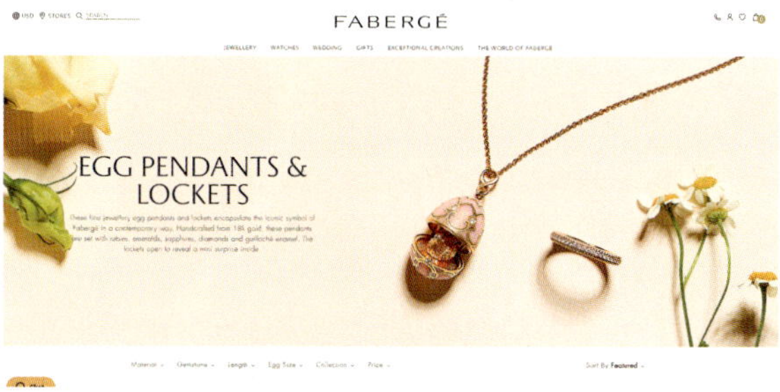

2007년 설립된 파베르제 쥬얼리 회사의 홈페이지

품들에 대한 욕망을 만들어냈다. 그리고 현재 파베르제 달걀이 전시된 박물관과 러시아 기념품 상점에는 다채롭게 재탄생된 파베르제 달걀 기념품들이 진열되어 관광객들의 이목을 끌고 있다.

고국으로의 귀환

2004년 경영 위기를 맞은 포브스 재단은 대관식 달걀을 포함한 모든 파베르제 수집품을 경매에 내놓았다. 이때 파베르제 수집품 전부를 구입한 사람이 바로 러시아 재벌 빅토르 벡셀베르크였다. 벡셀베르크는 우크라이나계 유대인 아버지와 러시아인 어머니 사이에서 태어났으며, 알루미늄 및 오일 재벌이자 레노바 그룹의 수장이다. 정확한 가격은 알려지지 않았지만, 2013년 TV인터뷰에서 벡셀베르크는 9개의 황실 달걀에 대략 1억 달러를 지불했다고 밝혔다. BBC기자가 인터뷰에서 파베르제 달걀이 과연 그 정도의 돈을 지불할만한 가치가 있는지를 물었을 때 그는 달걀을 러시아의 귀중한 문화유산이라고 칭했으며, 자신이 달걀을 구입한 이유는 개인 소장을 위해서가 아니라 유출된 문화재를 러시아로 귀환하기 위해서라고 밝혔다.

그렇다면 그는 왜 갑자기 달걀들을 구입했을까. 우선 달걀 구입은 “귀환”이라는 키워드와 함께 수많은 언론에서 대서특필되었다. 벡셀베르크는 그의 재단 홈페이지에서 파베르제 수집품을 러시아가 망각한, 잃어버린 러시아 제국의 유산으로 규정한다. 소비에트의 몰락 이후 러시아는 새로운 종교적, 사회정치적 문맥 하에 러시아성을 상징할 새로운 민족적 유산이 필요했는데, 하나는 정교회였고 또 다른 하나는 황실을 포함한 러시아 제국의 역사였다. 달걀의 귀환은 21세기 러시아와 러시아 제국을 다시 연결해주는 끈이 된다. 또한 파베르제 달걀은 러시아 황실의 유산인 동시에 종교적 의례품이기도 했다. 그래서 모스크바 키릴 대주교가 직접 달걀의 귀환을 축하하며 벡셀베르크를 축복하기도 했다. 황실의 개인적인 선물이었을 뿐, 한 번도 민족적 유산인 적이 없었던 달걀은 집단적 기억의 대상이 되고 역사적 의미를 지닌 유산이 되었다.

물론 정치적 해석도 빼놓을 수 없다. 2003년 푸틴 정부와 대립각을 세웠던 러시아 재벌 호도르콥스키가 체포되면서, 달걀의 귀환은 푸틴 정부에 대한 제스처로도 보였다. 벡셀베르크의 파베르제 콜렉션을 다른 파베르제 콜렉션이 전시되어 있는 무기고 박물관이 아니라 총대주교 궁에서 처음 전시한 것은 푸틴에 대한 일종의 충성 맹세로 해석되기도 한다. 또한 달걀의 귀환 프로젝트는 90년대 불법와 합법, 모든 수단을 강구하여 부를 축적한 신흥부자들이 2000년대에 들어 사회적 책임과 의무를 다하는 윤리적인 이미지를 추구하기 시작했음을 의미한다. 특히 러시아 언론은 벡셀베르크를 종종 2003년 영국 축구팀인 첼시의 구단주가 된 로만 아브라모비치와 비교하곤 했는데, 당연히 해외 축구팀에 천문학적 돈을 쓰는 아브라모비치보다 문화재를 되사온 벡셀베르크에게 더 호의적이었다.

귀환한 달걀 중에서도 대관식 달걀은 가장 스포트라이트를 받았다. 2014년 벡셀베르크가 상트페테르부르크에 연 파베르제 박물관의 페이스북 홈페이지 또한 대관식 달걀을 프로필 사진으로 사용하였다. 또한 이 프로젝트를 주도한 벡셀베르크의 문화예술재단 〈The Link of Times〉의 로고가 바로 대관식

КУЛЬТУРНО-ИСТОРИЧЕСКИЙ ФОНД

СВЯЗЬ ВРЕМЕН

Культурно-исторический фонд «Связь времен»

벡셀베르크의 문화예술재단 Link of Times의 로고

달걀이다.

5. 슈발로프 박물관 : 달걀들의 마지막 휴식처

벡셀베르크는 포브스에게서 사온 파베르제 콜렉션을 기반으로 문화 재단과 박물관을 설립한다. 2013년 11월 페테르부르크에 파베르제 박물관이 개장했다. 박물관 개장 자체도 파베르제의 귀환 못지않은 화제가 되었는데, 이는 이 박물관이 대대적인 수리를 거친 슈발로프 궁전에 들어섰기 때문이다. 슈발로프 궁전은 18세기말 건축물로 러시아의 유서깊은 귀족 가문인 나르시킨 가문이 소유했던 저택이었다. 이 저택은 슈발로프 공작과 결혼한 딸이 상속받았기에 나르시킨-슈발로프 궁전, 또는 축약해 슈발로프 궁전이라고 부른다. 슈발로프 궁전은 전성기 시절 예술작품들로 가득했고 신르네상스 양식의 화려한 인테리어로 유명했다. 그러나 1917년 혁명 이후 예술품 대부분은 국영 박물관으로 옮겨졌고 제2차 세계대전 중에 저택은 포탄을 맞아 많은 부분이 파괴되었다. 대대적인 수리나 제대로된 복원이 이루어지 못한

페테르부르크의 파베르제 박물관에 전시된 파베르제 달걀

슈발로프 궁전에 위치한 파베르제 박물관 내부

채로 정부 건물로 사용되다가, 2006년에야 문화재로 지정되었다.

당시 페테르부르크와 그 근교에는 이런 식으로 방치된 역사적 건축물들, 귀족들의 궁전이나 저택들이 많았다. 이들 내부를 전부 옛 모습 그대로 복원하기에는 천문학적 액수가 들기 때문에, 도심 속 건물들은 그냥 현대적으로 개축하여 사용하고 교외 외딴곳의 빌라들은 폐허가 된 채 남아있었다. 따라서 시 당국은 국가 소유의 역사적 건축물들 중에서 국가 유적에 비해서 역사적 가치는 덜 하지만 그래도 중요한 건물들을 보수 및 수리를 책임진다는 조건하에 임대하는 정책을 시행했다. 슈발로프 궁전은 벡셀베르크 재단에 임대된 저택 중 하나였다. 2006년부터 2013년까지 칠 년에 걸쳐 벡셀베르크 문화 재단은 슈발로프 궁전 인테리어를 복원하여 2013년 파베르제 박물관으로 개장하였다. 슈발로프 궁전의 복원은 파베르제 달걀의 귀환 못지않은 거대하고 의미 있는 민간 프로젝트로 여겨진다. 전시실은 파베르제 달걀 못지않은 화려함을 보여주며 19세기 러시아 귀족 문화의 극치를 만끽할 수 있다. 그리고 평생을 모스크바와 시베리아에서 사업을 해온 벡셀베르크는 이로 인해 2014년 러시아 문화예술 전문 신문 <소바카>가 뽑은 상트페테르부르크의 가장 중요한 인물 50인 중 하나로 부상하게 된다.

벡셀베르크가 주도한 달걀의 귀환과 사설 박물관 설립은 소비에트 해체 이후 몰락한 러시아의 경제와 위상을 다시 세운, 21세기 러시아의 부활을 보여주는 상징적인 사건이었다. 또한 러시아에서 새로운 자본주의 귀족 계급이 탄생함을 보여주는 사건이기도 했다.

이렇듯 파베르제 달걀은 단순히 화려하고 값비싼 보석 공예품이 아니었다. 민속 공예이자 종교의식의 일종, 그리고 개인 간의 친교의 증표를 예술로 승화시킨 것이었다. 황실 가족 간의 유대감을 보여주는 선물이자 황후와 황실 가족의 개인적인 삶을 담은 예술작품이었다. 동시에 로마노프 황실의 비극이 입혀져, 파베르제 달걀은 러시아 제국과 황실의 몰락을 증언하는 목격자가 되기도 했다. 미국 신흥부자들에게 파베르제 달걀은 신흥귀족의 지위를 보여주는 증표였고, 자본주의와 공산주의 경쟁의 대상이자 자본주의의 승리를 보여주는 증거품이었다. 소비에트의 몰락 이후 파베르제 달걀은 러시아 신흥재벌의 새로운 윤리적 기준과 사회적 책무를 수행한다는 것을 보여주는 선전물이 되었으며, 21세기 러시아와 러시아 제국의 연결고리로 새로운 러시아 정체성을 보여주는 상징물이 되었다. 박물관의 전시장에 진열된 이상, 아마 그 여정은 마침표를 찍을 것이다. 그러나 대관식 달걀이 그랬듯 그 복제된 이미지를 통해, 그리고 러시아 기념품 상점에 진열되어 있는 수많은 레플리카 공예품을 통해 또다른 여정을 지속할 것이다.

▸ 파베르제 박물관 유튜브 계정
Faberge Museum. "Как устроены яйца Фаберже — взгляд изнутри", Youtube. https://www.youtube.com/watch?v=UUQW9TztA_A.

▸ 영국 로얄 콜렉션 홈페이지
FABERGÉ IN THE ROYAL COLLECTION An introduction to Fabergé in the Royal Collection

9장

이웃 러시아,
다시 보는 블라디보스토크

서진영

블라디보스토크 독수리 전망대에서 바라본 금각교와 금각만

블라디보스토크 가 보셨어요?

언제부터 극동 러시아의 한 도시가 우리 입에 자주 오르내리곤 했었다. 그 이름만 들어도 호기심을 자극하던 시절이 있다. 한국에서는 오랫동안 러시아가 무시무시한 '소련'의 이미지로 각인됐는데, 블라디보스토크로 인해 그 편견은 어느새 하나씩 깨지고 있었다. 블라디보스토크에는 '2시간 만에 만나는 유럽'이라는 기대감 섞인 타이틀이 붙게 되었고, 마음의 빗장도 자연스레 풀렸다.

블라디보스토크는 한국과 물리적인 거리는 가까워도 수십 년 동안 누구도 굳이 먼저는 알려고 하지 않는 러시아 변방에 불과했다. 그렇게 관심 밖에 있던 도시가 우리에게 즐거운 화제가 된 것은, 지금껏 몰랐던 러시아와 그 작은 도시의 친근한 매력을 접한 많은 이들이 경험을 나누며 공감대를 형성한 결과였다. 비록 러시아・우크라이나 전쟁 이후로는 하루는 족히 가야 닿는 아득한 곳이 되었지만, 블라디보스토크는 길만 열리면 언제든 다시 주목받을 장소이다.

무엇이 우리를 끌었을까? 블라디보스토크를 제대로 알면 답은 명쾌해진다. 이 도시와 우리는 무슨 연유로 가까워졌는지, 그곳의 과거와 문화가 한국과 어떤 연관성이 있는지, 또 도시가 가진 매력은 무엇인지 하나씩 풀어보고자 한다. 이야기 속에서 블라디보스토크가 이웃 러시아로서 우리에게 심적인 반가움을 선사하는 요인을 보물처럼 발견하게 될 것이다.

1. 너도나도 여행 붐

2016년 어느 날, 텔레비전에서 익숙한 풍경을 마주했다. 배경은 분명히 러시아인데, 우리에게 익숙한 수도 모스크바의 화려한 붉은 광장이나 웅장한 크렘린의 모습은 아니었다. 유럽풍 건물이 늘어선 짤막한 거리와 언덕 전망대, 바닷가에서 즐기는 보드카와 킹크랩으로 소소한 여행의 재미를 보여준 그곳은 바로 블라디보스토크였다. 한국에서 비행기로 2시간이면 도착하는 극동 러시아의 항구 도시를 처음 경험한 당시 출연진들은 '이것이 바로 러시아구나' 감탄하며 기대 이상으로 즐거워했다. 블라디보스토크가 러시아 전체를 대표하는 도시라고 할 수는 없지만, 아직도 '러시아=소련'이라는 틀에 갇혀 있는 한국 대중의 인식을 전환하기에는 충분히 매력적인 도시로 조명되고 있었다. 그렇게 블라디보스토크는 어느새 인기 여행지로 떠올랐다.

한국에서 러시아 여행에 관심을 갖기 시작한 시점은 2014년부터이다. 한·러 상호 비자면제협정이 2014년 1월 1일부로 발효되면서, 단순 관광이나 방문 목적으로는 러시아에 무비자 입국이 가능해졌다. 비자 취득의 번거로움이 사라진 결과, 문턱은 확연히 낮아졌다. 한국인이 자유롭게 드나들 수 있는 여행국 리스트에 러시아가 추가되었다. 그러나 비자면제협정 시행 직후 당장은 러시아에 대한 낮은 인지도와 막연한 불안감 탓에 여행자들이 그곳으로 선뜻 떠나지는 못했다.

그러던 2014년, 러시아의 크림반도 합병으로 인한 파장이 새로운 불씨를 피웠다. 합병 이후 들이닥친 러시아의 경제 악화는 루블화 폭락으로 이어졌는데, 이러한 현상이 외국 여행객에게는 오히려 호재로 작용했다. 루블화 가치가 2~3배는 족히 떨어졌으니, 달러나 유로를 들고 가면 상대적으로 물가가 저렴하게 느껴지는 건 당연한 현상이었다. 이처럼 대외적인 환경 변화로 우리에게는 불행 중 다행, 적은 비용으로 많은 것들을 누릴 수 있는 여행지로 러시아가 급부상하게 되었다.

수도 모스크바보다는 블라디보스토크로 떠나는 한국 여행객이 더 많았다. 이미 익숙한 일본, 동남아를 제외하고 뻔하지 않은 인근 여행지를 찾던 이들에게 블라디보스토크는 유럽의 분위기까지 갖춘 참신한 장소였기 때문이다. 비행기로 2시간 거리라서 휴가로 다녀오기 부담되지 않고, 바다를 배경으로 한 이국적인 풍경에 루블화까지 저렴하니 마다할 이유가 없었다. 러시아에 대한 막연한 두려움쯤은 감당할 수 있을 만큼 매력적인 조건이었다.

여기에 항공임도 한몫했다. 2010년 이전에는 한국과 블라디보스토크를 오가는 항공사와 항공편 수가 적어 비교적 짧은 거리임에도 불구하고 왕복 항공임이 무려 700~800달러에 달했다. 유럽행 티켓 가격에 버금가는 비현실적인 금액이었다. 블라디보스토크에서 2012년 아시아태평양경제협력체APEC 정상회의 개최 이후 점차 항공사와 취항지가 다양해지고, 2017년에는 한국 저비용항공사LCC도 운항을 시작했다. 덕분에 최소 100~200달러만으로도 왕래할 수준이 되자, 방문 수요는 현저히 늘어났다. 여행객은 너도나도 줄지어 블라디보스토크로 떠났고, 다녀온 사람들 입소문은 그다음 여행객을 끌어오면서 실로 '블라디보스토크 여행 붐'이 일었다.

블라디보스토크 방문자는 해를 거듭하며 증가했다. 현지 통계에 따르면, 블라디보스토크가 주도主都인 연해주Primorskii Krai로 유입된 한국 국적 방문자 수는 해마다 급증한 것으로 나타났다. 연해주 정부가 발표한 공식 통계로는 코로나19 발생 전까지 한국인 방문자가 2015년 3만 3천 명, 2016년 5만 1천 명, 2017년 10만 명, 2018년 22만 명, 2019년 30만 4천 명으로 배로 증가했다. 무려 4년 사이 한국인의 방문이 10배가 늘면서, 현지 풍경은 한인촌을 방불케 했다. 그래서인지 인구 60만의 작고 고요했던 도시는 많은 사람이 오가며 한층 활기를 띠게 되었다.

하지만 블라디보스토크는 본래 군사기지로 시작된 곳이다. 관광도시의 시절이 없던 탓에, APEC 개최 경험 정도만 있었을 뿐 갑작스레 늘어난 방문객을 수용할 인프라는 충분하지 않았다. 고급 호텔은 항상 부족했고, 교통수단이나 편의시설도 손님을 맞이하기엔 미흡한 부분이 많았다. 시설 전반은 아쉬웠지만 도시 풍경은 매년 관광객 맞춤형으로 차츰 변해갔다. 길거리에 한국어 간판이 보이기 시작했으며, 카페에도 한국어 메뉴판이 등장했다. 메뉴명이나 상세설명 번역이 조금 어설퍼도 부족한 대로 여행객은 현지에서 기대 이상의 만족을 누리고 왔다.

유럽풍 건물 가득한 블라디보스토크 아르바트(아드미랄 포킨 거리)

무엇보다 미디어의 힘은 대단했다. 다양한 TV 예능과 다큐 프로그램에서 유명인이 블라디보스토크에 가서 도시의 매력을 새롭게 조명했다. 해당 프로그램은 주로 유럽 분위기가 나는 아르바트 거리를 산책하며 킹크랩과 곰새우 등 해산물을 저렴하게 즐기고, 바닷가에서 러시아식 사우나를 경험하는 등 색다른 현지 문화 체험을 다루었다. 이처럼 방송으로 소개된 다양한 모습들이 러시아를 잘 몰랐던 사람들에게는 이색적이고도 매력적으로 다가와, 누구나 주저 없이 블라디보스토크로 떠나게 만드는 기폭제 역할을 했다. 각종 미디어의 영향으로 수도 모스크바가 아닌 블라디보스토크에서 러시아를 처음 접하게 된 한국인이 수적으로 훨씬 더 많아졌다. 블라디보스토크가 러시아에 대한 호감을 불어 넣어주기 충분한 장소가 되었음을 보여주는 대목이다.

블라디보스토크는 어떤 곳일까? 단순히 눈과 입이 호강하는 곳으로만 생각하고 다녀왔다가는 많은 것들을 놓칠 수 있다. 그만큼 큰 의미를 담고 있는 도시이기 때문이다. 9세기에는 발해의 영토이기도 했던 연해주와 블라디보스토크에 유난히 한국인으로서 마음이 끌리는 이유는, 그곳에는 가까운 거리만큼이나 우리와 밀접하게 맞닿아 있는 역사가 존재하고 문화가 녹아있기 때문이다. 지리상 동북아시아에 속해있어도 러시아 역사에서는 중요한 부분으로서 전략적 요충지이기도 한 블라디보스토크의 역사는 알 필요가 있다. 지금부터는 블라디보스토크의 주요 장소와 함께 도시의 과거를 살펴보려 한다.

2. 어제를 품은 오늘의 도시

블라디보스토크Vladivostok, 명칭에서 벌써 그 목적이 노골적으로 드러난다. 러시아어로 '동방을 정복하다'라는 뜻의 도시명은 동진東進에 대한 제정 러시아의 의지를 여실히 보여주고 있다. 블라디보스토크는 19세기 중반 남진南進하던 러시아가 크림전쟁(1853~1856)에서 고배를 마신 후 시선을 극동으로 돌려 얻어낸 결과물이기도 하다. 크림전쟁 패배로 흑해에 함대를 배치할 수 없게 된 러시아 제국은 극동에서 새로운 부동항 찾기에 여념이 없었다.

이처럼 돌파구를 찾는 모습은 러시아가 2014년 당면한 상황과 어느 정도 유사하다. 2014년에는 러시아가 크림을 자기 방식대로 차지했다는 점이 좀 다르지만, 서방의 경제제재로 인해 유럽 대신 아시아로, 즉 극동 개발과 동북아와의 협력에 힘쓰게 되었으니 말이다. 이처럼 역사는 비슷한 듯 다르게 반복되고 있다.

다시 19세기로 돌아와, 극동의 거점을 찾던 러시아 제국에 마침내 기회가 찾아왔다. 제2차 아편전쟁(1856~1860)에서 청나라가 영국・프랑스 연합군 공격에 밀리자, 이때 러시아가 적절한 타이밍에 개입하여 청에게 영토를 얻어낸 것이다. 당시 전쟁 중재에 나선 동시베리아의 총독 니콜라이 무라비요프는 청나라와 아이훈 조약(1858)을 맺고, 아무르강(흑룡강) 이북 땅을 할양받았다. 그리고 이후 베이징 조약(1860)도 체결하면서 연해주까지 러시아령으로 만들었다. 바로 이 시점부터 러시아와 한반도는 국경을 맞대게 된 셈이다.

무라비요프 총독은 제국 영토 확장에 대한 업적을 인정받아 아무르스키 Amurskii 백작의 작위를 받았다. 그는 현재의 극동 러시아를 있게 만든 장본인이다. 이를 기리고자, 블라디보스토크 수하노바 거리Ulitsa Sukhanova에 아이훈 조약 두루마리를 들고 서 있는 늠름한 그의 동상을 세웠다. 극동의 또 다른 도시 하바롭스크Khabarovsk에도 아무르 강변에 무라비요프 동상이 있는데, 이 동상은 5천 루블 지폐 앞면에도 등장했었다. 그만큼 극동 점령은 러시아의 자랑이었다.

한편, 러시아・우크라이나 전쟁과 대외적 상황의 영향 탓인지, 2023년 10월부터 발행되는 5천 루블 지폐에는 유라시아를 상징하는 구조물들('유럽-아시아' 경계탑, '우랄 이야기' 동상)이 새겨졌다.

19세기 중순 러시아 제국은 합법적으로 꿈꾸던 항구를 손에 넣었다. 크림전쟁의 전례를 되풀이하지 않으려면 극동의 땅은 제대로 사수해야 하지 않

1 블라디보스토크 수하노바 거리에 있는 니콜라이 무라비요프 동상
2 5000루블 지폐 속 하바롭스크 배경의 니콜라이 무라비요프 동상
3 만주호가 최초 상륙한 장소에 새겨진 블라디보스토크 설립연도 '1860'

겠는가? 러시아는 항구에 함대를 보냈다. 그렇게 시베리아 소함대 만주호가 1860년 7월 2일 금각만Zolotoi Rog에 주둔하게 되면서 러시아령 블라디보스토크의 시초가 되었다. 지금도 군함이 정박해 있는 금각만의 선박 해안로 거리Ulitsa Korabel'naya Naberezhnaya에 가면, 만주호가 최초 상륙했던 자리에 도시설립 기념비와 함께 설립연도인 '1860' 표식이 있다. 군사기지로 시작한 항구 블라디보스토크는 1880년이 되어서야 도시 지위를 부여받았다. 특별히 1882년에는 러시아 정부가 극동을 지켜내고자 러시아 전역의 이주민들을 불러들여 블라디보스토크에 정착시키기도 했다.

스베틀란스카야 거리Svetlanskaya ulitsa는 블라디보스토크 주요 거리이다. 금각만과 평행을 이루고 있는 스베틀란스카야 거리는 도시와 함께 발전했다. 거리 명칭은 로마노프가 출신의 알렉세이 알렉산드로비치 대공이 1872년 블라디보스토크에 방문할 때 타고 온 군함의 이름 '스베틀라나Svetlana'에서 왔는데, 당시 로마노프 황실 인사의 첫 방문은 블라디보스토크가 러시아 땅임을 확정 짓는 상징과도 같았다.

스베틀란스카야 거리는 유럽풍 건물들로 즐비하다. 거리에는 19세기 말부터 20세기 초까지 유럽 양식의 아파트, 호텔, 극장, 상점 등이 지어졌고, 지금까지도 기념비적 경관을 자랑하고 있다. 그중에서도 19세기 블라디보스토크에 정착한 독일의 상사 쿤스트와 알베르스가 1884년 완공하고 1907년 확장 재건된 무역 궁전 건물을 눈여겨봐야 한다. 이 고풍스러운 건물은 도시의 가장 오랜 건축물로 유럽에서 직접 자재를 들여와 지은 러시아 최초의 백화점이 되었다. 지금도 백화점GUM이며, 안쪽 뜰은 옛멋을 살린 트렌디한 공간으로 재탄생해 사랑받는 명소가 됐다. 또 다른 명물로는 17세기 러시아 양식의 우체국 및 전신국 건물이 있는데, 이곳은 많은 편지를 남긴 특별한 여인 덕분에 역사적인 스토리를 간직하고 있다. 1894년 남편을 따라 블라디보스토크로 건너온 미국인 엘레아노르 프레이는 36년 동안 체류하면서 현지 생활상이 담긴 수많은 편지와 사진을 가족과 지인에게 보냈다. 그녀가 남긴 것들은 블라디보스토크 설립 초반 모습, 혁명과 전쟁, 내전 당시 도시 풍경 등을 보여주는 귀중한 사료가 되고 있다. 프레이가 자주 오갔을 우체국 옆에는 그녀의 동상이 세워져, 거리를 지나는 누구나 그 특별한 인연을 기억하게 된다.

◂ 도시에서 가장 오랜 건축물에 속하는 스베틀란스카야 거리의 백화점(GUM) 건물
▸ 스베틀란스카야 거리 우체국 옆 엘레아노르 프레이 동상

19세기 말 블라디보스토크는 철도 연결로 또 다른 도약을 맞이했다. 러시아 제국이 중동철도中東鐵道 부설권을 획득한 한편, 자국을 하나로 잇는 시베리아 횡단 철도 건설로 그 성장 기반을 마련했기 때문이다. 1891년 러시아 황실이 극동의 블라디보스토크에서 열리는 시베리아 횡단 철도 착공식에 황태자였던 미래의 니콜라이 2세를 파견할 정도였으니, 제국의 의지를 가늠해 볼 수 있다. 당시 황태자의 블라디보스토크 방문을 기념하여 니콜라이 개선문이 세워졌고, 역사의 부침 속에서 재건된 개선문은 지금도 도시를 화려하게 장식하는 아름다운 기념비로 자리 잡고 있다.

시베리아 횡단 철도는 오랜 시간의 결실로 개통되었지만, 러시아 제국이 러일전쟁(1904~1905)에 패하고 이후 러시아 혁명(1917)으로 무너지고 말았다. 이에 극동의 블라디보스토크도 수난과 역경의 시간을 온몸으로 겪어야 했다. 그럼에도 불구하고 철도는 대조국전쟁(1941~1945, 독소전쟁) 당시 군수물자와 인력을 운송하는 효자 노릇을 톡톡히 했고, 덕분에 소련을 승리로 이끌었다.

1952년부터는 태평양 함대 주요 기지인 블라디보스토크에 외국인의 입국이 금지됐다. 문을 걸어 잠근 사이 도시에는 상당한 변화가 일어났다. 1959년 미국에 갔다가 깊은 인상을 받고 온 니키타 흐루쇼프 서기장이 블라디보스토크를 소비에트의 샌프란시스코로 만들겠다고 선포한 결과, 도시 개발이

◂ 황태자의 도시 방문을 기념하는 니콜라이 개선문
▸ 1962년부터 운행 중인 도시의 명물 푸니쿨라

가속화된 것이다. 시내에 트램과 트롤리버스, 언덕 전차인 푸니쿨라가 등장했고, 수많은 주택과 건물이 도시 곳곳에 들어섰다. 선박수리, 어류 가공 등 현지 산업 기반도 마련됐다.

문고리를 굳게 걸어 잠근 지 약 40년 만에 도시의 문이 다시 열렸다. 소련 붕괴 직후인 1992년, 보리스 옐친 대통령이 블라디보스토크를 개방하면서 분위기는 달라졌다. 도시가 열리자, 운수업, 통신업, 식품업 등 다양한 분야에서 외국인 투자가 이어졌다. 우리 기업도 1997년 진출하여 현대호텔(現 롯데호텔)을 어려운 조건 속에서 완공해냈고, 지금도 블라디보스토크의 대표 5성급 호텔로 그 명성을 유지하고 있다.

21세기 들어서 한동안 발전이 정체된 듯했던 도시는 2012년 기점으로 달라졌다. APEC 정상회의 개최지가 블라디보스토크로 확정되면서, 도시 정비, 건설 및 개보수 등 수많은 프로젝트가 쏟아졌다. 공항이 새로 건설되고 도로가 깔렸으며, 샌프란시스코의 금문교만큼이나 상징적인 금각교Zolotoi most도 등장했다. 요새와 대포가 가득한 군사기지라서 배로만 왕래가 가능했던 루스키섬까지도 교량이 연결되고, 섬에는 행사 개최를 위한 각종 시설이 속속 들어섰다. 2012 APEC 정상회의가 열린 장소는 이후 극동연방대학교Far Eastern Federal University (DEFU) 캠퍼스로 탈바꿈하여, 2015년부터는 매년 러시아가 주최하는 동방경제포럼Eastern Economic Forum (EEF)의 주요 무대가 되었다. 포럼 때마다 러시아는 동북아 정상들을 블라디보스토크로 초청하여 극동 투자유치를 독려하고 있다.

한국 정상이 참가한 2017년 동방경제포럼

러시아 정부 차원에서는 선도개발구역Advanced Special Economic Zone (ASEZ)이나 블라디보스토크 자유항Free Port Vladivostok(FPV) 제도 등을 통해 극동 개발 정책을 꾸준히 이어가는 중이다. 이처럼 도시가 차지하는 경제적 위치와 중요성이 확대되자 2018년 12월, 러시아는 공식적으로 극동연방관구의 수도를 하바롭스크에서 블라디보스토크로 이전하기에 이른다. 이처럼 몇 년 사이에 러시아 변방의 동토였던 도시가 극동 러시아의 중심지로 부상하는 놀라운 변화가 일어났다.

3. 우리가 끌리는 당연한 이유

블라디보스토크는 우리와 어떤 문화적인 접점을 가질까? 아시아 대륙에 둘러싸인 이 극동 러시아의 도시는 역사 속에서도 아시아 국가들과 더욱 밀접할 수밖에 없다. 특히 우리나라와의 인연은 지금까지도 그 흔적을 현지 문화에 녹여내고 있을 정도로 매우 깊다.

현시대에는 또 다른 끌림이 있다. 블라디보스토크에 대한 좋은 기억을 가진 여행자가 많다. 유럽적인 분위기나 맛있는 음식 덕분이기도 했지만, 그보다 한국인에게 호의적으로 대하는 현지인이 인상 깊었다는 반응이 더 많았다. 첫인상은 험악하고 무서운 러시아인이지만, 실제로는 소박하고 친절한 반전 매력이 있어 호감도가 상승했다는 것이다. 특히 블라디보스토크에는 한국에 다녀온 경험이 있는 현지인도 상당수라, 한국인만 보면 '서울에 가봤다, 부산도 잘 안다'며 유난히 반가움을 표하는 이들을 심심치 않게 만난다. 또 러시아 서부지역과는 달리 현지 마트나 시장에서 한국산 제품을 다양하게 접하게 되는 환경 덕분에 블라디보스토크 사람들은 평소 한국에 대한 좋은 이미지를 가지고 있다.

이들처럼 우리에게도 블라디보스토크가 끌리는 이유가 있다. 겉으로 드러나는 친밀감은 물론, 지금은 흔적이 남아있지 않아도 역사가 증명해주는 이야기들이 우리 마음을 확 끌어당기고 있기 때문이다. 그 겉과 속을 하나하나 살펴보기로 한다.

도시에 녹아든 호랑이 사랑

낯선 곳에서 익숙함을 느끼면 마음이 편안해진다. 블라디보스토크에서 그런 익숙함은 도시 곳곳 호랑이 이미지를 통해 은연중에 마주하게 된다. 아시아에서나 용맹하고 영험한 동물로 여기는 호랑이가 왜 이곳에 등장할까?

호랑이는 블라디보스토크 사람들에게 친근한 동물이다. 연해주 일대에 아무르 호랑이(또는 우수리스크 호랑이)가 서식하고 있어, 해당 지역에 거주하는 사람은 누구나 직간접적으로 접해본 적 있다. 아무르 호랑이는 우리에게 일반적으로 '백두산 호랑이, 시베리아 호랑이'로 알려진 것과 같은 종류라서, 그 사실만으로도 아시아적 유대감이 형성되는 듯하다. 게다가 호랑이는 연해주와 블라디보스토크의 상징이자 토템으로서, 주정부와 시정부의 공식 문장紋章에도 황금빛 호랑이를 사용할 정도로 그 의미가 깊다.

마린스키 극장 연해주 무대 건물 앞 호랑이 동상

블라디보스토크 도심을 산책하다 보면 호랑이 동상을 여럿 만날 수 있다. 해안로와 거리, 극장 앞 공터 등 사람이 많이 왕래하는 곳에서 새끼 호랑이, 늠름한 호랑이 등이 눈길을 사로잡는다. 호랑이 동상은 도시 구석구석 다양한 버전으로 시민들을 맞이하는데, 이들은 호랑이가 소원을 이루어준다고 믿고 있어 지나갈 때마다 동상의 송곳니나 일부를 어루만지기도 한단다. 동상뿐만 아니라, 시내 중심에는 호랑이 언덕Tigrovaya sopka, 호랑이 거리Tigrovaya ulitsa 등 명칭 자체가 호랑이인 장소들도 있다. 도시 속속들이 명불허전 호랑이 사랑이 느껴진다.

도시의 호랑이 사랑은 여기서 끝나지 않는다. 블라디보스토크에서는 매년 호랑이의 날을 기념한다. 9월 마지막 일요일이면 시민들이 호랑이로 분장하고 거리로 나와 즐겁게 행진하는 모습이 참 이색적이다. 호랑이의 날은 각종 퍼레이드와 콘서트, 경연과 이벤트가 열리는 지역 축제로 자리 잡은 지 오래다. 호랑이를 비롯한 야생동물을 보호하자는 취지로 진행되는 본 축제에는 현지 환경단체도 함께하고 있다. 블라디보스토크 호랑이의 날은 연해주 출신 문학가이자 자연 애호가인 블라디미르 트로이닌이 1990년대 말 고안한

9월마다 기념하는 블라디보스토크 호랑이의 날 풍경

이래 공식 지역 축제가 되어 2008년부터 매년 기념한다. 이처럼 블라디보스토크와 호랑이는 떼려야 뗄 수 없는 관계다.

전설만 남긴 옛 차이나타운 '밀리온카'

블라디보스토크에는 19세기 말부터 20세기 초까지 차이나타운이 존재했다. 1860년 도시가 러시아령이 된 후 설립 초기 유입된 외국인 중 70~80%가 중국인으로, 이들은 현지 거주민 중 높은 비중을 차지했다. 여러 곳에 판자촌을 형성하며 살던 중국인들은 포그라니치나야 거리Pogranichnaya ulitsa와 아드미랄 포킨 거리Ulitsa Admirala Fokina, 세묘놉스카야 거리Semyonovskaya ulitsa와 알레우츠카야 거리Aleutskaya ulitsa로 둘러싸인 도심에 모여서 생활했는데, 이곳이 소위 차이나타운으로 불리는 '밀리온카Millionka'였다. 밀리온카는 상점과 선술집, 레스토랑과 이발소, 빵집 등 모든 것을 갖춘 도시 속 도시로, 엄청나게 많은 중국인이 혼잡하게 살고 있었다.

1870년대 블라디보스토크에 거주하던 중국인은 도시 경제 발전에 큰 역할을 했다. 이들은 값싼 노동력을 내세워 무역, 건설, 운송 등 전 분야에서 대체 불가능한 인력으로 자리 잡았고, 돈을 많이 벌어 성공한 중국 사업가들도 있었다. 반면, 러시아에는 밀리온카가 눈엣가시였다. 그곳은 수많은 중국인이 얽혀 사는 빈민가였고, 불법 사창가와 도박장은 물론, 아편 밀수업자와 마약 중독자, 강도 등 각종 범죄가 들끓는 소굴이나 마찬가지였기 때문이다. 사회적으로는 범죄를 생산해내고 위생적으로도 매우 불결한 곳으로 여겨져, 밀리온카를 없애려는 러시아 정부의 시도가 여러 차례 있었다. 그리고 결국 밀리온카는 러시아 내무인민위원부의 특수 작전으로 1938년 도시에서 완전히 청산되고 말았다.

그렇게 사라져버린 밀리온카에 얽힌 전설은 다양하다. 러시아 혁명 이후 내전 당시 백군(반혁명군)의 지휘관이었던 알렉산드르 콜차크 제독 소유의 금괴가 이곳 빈민가에서 사라졌다는 소문을 비롯해, 강도에게 급습당해 유령이 된 선원이 밤마다 돌아다닌다거나, 벽에 갇힌 미녀 귀신이 산다는 등 각종

건물만 예전 모습으로 남은 중국인 집단 거주지 밀리온카

'콜차크의 금괴'라고 적힌 상자 위 밀리온카의 왕(2021년 작품)

괴담과 전설은 지금도 흥미로운 이야기들이다. 비록 지금은 중국인들이 살았던 구체적인 흔적이 남아있지는 않아, 역사 기반으로 남겨진 그림을 통해 어렴풋 짐작만 해볼 뿐이다. 옛날 이 동네를 주름잡던 중국인 부자의 모습을 담은 '밀리온카의 왕Korol' Millionki' 그림이 2010년 도시 예술 프로젝트로 그려졌다. 이후 외벽 공사 중 그림이 훼손되자, 건물 벽화의 일부로 되살려 2021년 재탄생했다. 도시가 역사를 기억하는 방식도 참 예술적이다.

현재 밀리온카는 감각적인 공간으로 바뀌었다. 각종 카페와 갤러리, 벽화, 그래피티 등이 가득한 거리로 변모하여 많은 사람이 찾는다. 좁은 골목과 안마당을 구석구석을 다녀보면 오래된 벽돌 건물의 잔해들과 다소 어둑한 미로 같은 공간들로 신비한 탐험을 해보는 기분이 들기도 한다. 이제 차이나타운의 모습은 찾아볼 수 없고, 옛 멋만 남은 밀리온카. 그곳과 함께 우리가 주목해야 할 점이 있다. 비슷한 시기에 밀리온카 근처에서 우리 한인들도 공존하며 거주하고 있었다는 중요한 사실이다.

한인 이주 역사 속 고려인과 독립운동가

블라디보스토크와 한인의 깊은 연결고리는 역사 속에서 발견된다. 19세기 중반 연해주 포스에트Pos'et에 한인 마을 '지신허地新墟'가 있었으니 그 인연도 꽤 오래된 것이라 하겠다. 한인의 연해주 이주 역사는 러시아 문헌에 따르면 1864년 처음으로 기록됐는데, 두만강을 건너 러시아로 건너간 조선의 함경도 농민 열세 가구에서 시작된다. 이때는 조선과 러시아가 국경을 맞댄 지 얼마 안 된 시점으로, 흥선대원군이 쇄국정책을 강화한 시기와도 맞물린다. 함경도의 척박한 땅에서 기근과 전염병에 시달리던 농민들은 먹고살기 위해 국경을 넘어 러시아로의 이주를 감행했다. 당시 한인들은 농사짓는 능력이 탁월해 열악한 환경에서도 동토를 일구어냈고, 그 덕을 본 러시아는 부지런한 이들의 정착을 도와주지 않을 이유가 없었다. 그렇게 해마다 연해주로 가

1920~1930년대 한국 거리(現 포그라니치나야 거리) 모습

포그라니치나야 거리의 러한우호 150주년 기념비

는 한인 이주민은 점차 늘어났다.

블라디보스토크에도 한인 마을이 있었다. 중국인 거주지 밀리온카에서 멀지 않은 곳에 한인들은 1874년 '개척리'를 조성하여 살았다. 요즘의 도시를 방문하는 여행객이면 도심 바닷가 가는 길에 누구나 지나는 포그라니치나야 거리(러시아어 뜻은 국경 거리) 디나모 경기장 부근이 바로 개척리가 있던 자리이다. 하지만 개척리는 1911년 콜레라 전염병을 빌미로 러시아 정부에 의해 철거되었고, 보금자리를 잃은 한인들은 도시 북쪽의 언덕진 동네로 거처를 옮겨야 했다. 지금은 개척리에 대한 어떤 흔적도 남아있지 않지만 '1864년부터 1941년까지 "포그라니치나야" 거리는 "한국" 거리로 불렸다'고 러시아어로 새겨진 러한우호 150주년 기념비가 그 사실을 말해준다. 마을이 사라지고 백여 년이 지난 후 블라디보스토크로 수많은 한국인이 여행 와서 이 거리를 누비게 된 것도, 역사의 끌림으로 인한 것이 아닐지.

블라디보스토크에 전시된 20세기 초 현지 한인 마을 사진

연해주로 온 초기의 한인 이주민은 기근을 피해 온 농민이었지만, 을사늑약(1905) 이후는 달랐다. 나라를 되찾고자 항일 운동의 목적으로 이주한 이들이 많았다. 러시아 국적을 가진 현지 명망 있는 사업가로 독립운동을 전폭적으로 지원한 최재형 선생을 중심으로 안중근, 이상설, 이동휘, 홍범도 등 많은 독립운동가가 연해주에서 활동했다. 개척리에서 쫓겨난 한인들이 새롭게 조성한 마을인 '신한촌新韓村'은 특별히 항일 운동의 거점 역할을 했다. 여기서 독립운동단체 권업회勸業會가 조직되고 구국운동이 펼쳐졌다. 하지만 일본은 연해주 한인들의 숨통을 조여왔다. 러시아 혁명 후 내전이 이어지던 당시 적군과 맞서며 백군을 지지한 일본군은 대대적인 보복을 결심하고 1920년 4월 연해주에 들어와 조선인을 무차별 학살했는데, 이 사건이 4월참변이다.

연해주 한인의 이주 역사는 그 이후가 더욱 참담하다. 1930년대 초 일본이 만주 지역을 점령하고 중국까지 침략해오자, 이에 위협을 느낀 소련은 일본을 경계하기 시작했다. 당시 소련의 수장 이오시프 스탈린은 일본인과 비슷한 외모를 가진 한인이 현지에서 일본의 첩자 노릇을 할 수 있다는 우려에 모든 일을 철저하고 갑작스럽게 단행했다. 연해주에 거주하는 17만여 명의 한인을 1937년 9월 멀리 이주를 보낸 것이다. 당시 한인들은 영문도 모른 채 열차 화물칸에 실려 중앙아시아로 보내졌는데, 도저히 사람이 생활할 수 없는 열차의 열악한 환경으로 인해 이동 중에만 1만여 명이 숨을 거두었다. 이처럼 예고 없이 닥친 고통스러운 사건 이후 주민들을 잃은 블라디보스토크의 신한촌도 사라지고 말았다. 지금은 신한촌이 있던 터에 한민족 연구소 모금으로 1999년 세운 신한촌 기념비, 그리고 인근의 '서울 거리Seulskaya ulitsa, 2a'라는 거리명만이 한인 마을이 있었던 곳임을 알려주고 있을 뿐이다.

1937년 중앙아시아 황량한 땅에 버려진 한인들은 절망 속에서도 살아냈다. 뛰어난 농작 능력으로 황무지를 농지로 일구어냈고, 우즈베키스탄 노동영웅 김병화와 같은 현지 집단농장의 지도자도 탄생했다. 소수민족으로서 뿌리내리며 살아갔던 한인들도 1991년 소련 붕괴 이후 분리된 독립국 내 민족주의 강화로 심한 차별을 받게 되자, 결국 또 다른 이주를 선택할 수밖에

신한촌이 있던 장소에 세워진 신한촌 기념비

거리명만 남아 있는 '서울 거리'

없었다. 그렇게 또 한 번의 이주가 일어난다. 한인들은 일자리를 찾아 대도시로 떠나거나 농사짓기 좋은 러시아 남부, 우크라이나 등으로 떠났고, 연해주로 재이주하는 이들도 많았다. 연해주로 다시 돌아온 한인들은 블라디보스토크 인근 도시 우수리스크Ussuriisk에 정착하여 '우정마을'에 모여 살게 되었다.

이처럼 조선 시대 말, 일제강점기에 러시아로 이주한 조선인의 후손이자 우리 동포인 이들을 '고려인'이라고 부른다. 한때는 강제 이주로 아픈 역사를 짊어졌던 이들은 이제 러시아와 중앙아시아 각지에서 세대를 걸쳐 정주하며 현지 사회의 일원으로 살아가고 있다. 한인 이주 역사 속 고려인과 독립운동가, 이들이 바로 우리를 블라디보스토크와 연해주로 지속적으로 이끄는 힘의 원천이자, 과거와 현재를 연결해주는 살아있는 역사이다. 특별히 2024년은 러시아 한인 이주 160주년이 되는 해로, 다시금 우리의 역사를 깊이 돌아보게 한다.

당근 샐러드와 왕만두, 동포의 음식들

러시아와 중앙아시아에 정착한 고려인처럼 현지에 토착화된 동포의 음식도 있다. 블라디보스토크를 비롯한 러시아 전역에서 시장이나 마트에 가면 항상 만나는 당근 샐러드 '마르코프차(모르코프차)Morkovcha'가 바로 그것이다. 한국식 당근 샐러드Morkov' po-koreiski라고도 부른다. 이는 중앙아시아로 이주당한 고려인들이 김치를 담그기 어려운 현지 환경에서 대안으로 만들어 먹게 된 음식이다. 길쭉하게 채 썬 당근에 소금, 마늘, 설탕, 기름, 식초, 조미료 등을 넣고 버무려 샐러드처럼 먹는데, 새콤달콤하고 아삭한 맛이 일품이다. 김치 대용으로 먹어서인지 몰라도 우리 입맛에도 제격이다.

마르코프차는 소련 시절 널리 인기를 얻어, 현재는 러시아와 중앙아시아에서 현지인도 즐겨 먹는 음식으로 자리 잡았다. 현지 시장에 가면 채 썬 당근 더미를 산처럼 쌓아놓고 판매하는 모습은 압도적이기까지 한데, 고려인이 만든 음식이라 더욱 마음이 갈 수밖에 없다.

고려인의 음식 마르코프차

사할린 한인이 만들어 먹던 피얀세

또 다른 우리 동포 음식으로는 '피얀세Pyanse'가 있다. 명칭은 개성식 만두 '편수'에서 왔는데, 경상도 방언을 사할린식으로 발음해서 피얀세로 불리게 되었다. 친숙한 이름만큼이나 우리에게 익숙한 왕만두 모습이다. 피얀세는 사할린 한인들의 양식이었다. 사할린 한인은 고려인과 역사적 배경이 다르다. 이들은 1905년 러일전쟁 이후 일본이 점령한 남사할린 개발에 강제 징용되었다가 그곳이 소련 땅이 된 후에도 남게 된 한인들로, 주로 경상도 출신이 많다. 사할린 한인들이 만들어 먹은 이 왕만두는 하얀 찐빵 안에 다진고기, 양배추, 양파, 마늘, 후추 등을 버무린 재료가 들어있고, 이를 쪄서 먹으면 한 끼 식사로도 손색이 없을 정도로 든든하다.

1980년대 사할린에서 대중화된 피얀세는 주로 러시아 극동을 중심으로 지금도 현지인의 따뜻한 먹거리로 사랑받고 있다. 블라디보스토크에서는 피얀세가 일반적인 길거리 음식인데, 종종 거리 매점의 익숙한 한국산 호빵 찜기 속에서 김이 모락모락 나는 모습으로도 만날 수 있다.

이처럼 초코파이만큼이나 우리 동포의 음식도 현지화되었으니, 블라디보스토크에 가면 익숙함과 반가움이 더할 수밖에 없다.

일찍이 시작된 한국어 사랑

한국과 블라디보스토크의 남다른 인연은 또 있다. 다른 지역에 비해 이

1900년대 초 극동대학교 동양학대학

도시에는 한국어 구사가 뛰어난 현지인이 꽤 많다. 그 이유는 명확했다. 요즘에야 케이팝K-pop, 케이드라마K-drama 등 한국의 문화 콘텐츠가 세계적으로 알려져 한글 배우기 열풍이 한창이지만, 블라디보스토크에서는 한국어 공부를 이미 19세기부터 시작했기 때문이다.

1899년 니콜라이 2세의 명령으로 블라디보스토크 극동대학교에 동양학대학이 설립되었다. 그리고 이듬해인 1900년 여기에 그리고리 포드스타빈 교수를 필두로 한국어(당시 조선어) 문학과가 생겨났다. 이는 해외 교육기관으로는 최초로 개설된 한국학과였다. 블라디보스토크에서는 한국이 지리적으로 가까운 나라인 만큼 일찍이 해당 분야 전문가 양성에 힘써온 것이다.

그러나 오랜 기간 한국어 강좌가 중단되기도 했다. 극동대학교가 1939년부터 36년 동안 문을 닫았기 때문이다. 한국학 수업이 재개된 시점은 1975년으로, 이후 교수들의 노력 끝에 활발한 연구 활동과 함께 다양한 전공 교과서 편찬이 이어졌다. 그 덕분에 극동대학교에 한국학과가 다시 개설되었고 1995년에는 극동대학교 한국학대학으로 개편되기에 이른다. 2011년 극동대학교를 포함한 4개 대학 통합으로 극동연방대학교가 된 이후에도 한국학과는 동양학대학 및 국제지역연구대학에 속하면서 여전히 그 명맥을 이어가고 있다.

현지 한국학과 전공생들에게는 한국과의 교환 프로그램, 학술, 문화 등 다양한 교류의 기회가 주어져, 한국학과의 인기는 해마다 높아지는 추세이다. 2020년 극동연방대학교 한국학과는 설립 120주년을 맞았으며, 현재는 200여 명의 학생이 전공에 매진하고 있다.

이처럼 블라디보스토크는 문화・역사적으로 겉과 속이 우리와 맞닿아 있어 더욱 마음이 끌린다. 도시의 매력은 이처럼 아시아의 향기뿐 아니라, 아픈 분단의 역사로 인해 반도 속의 섬에서 살게 된 우리에게 넓은 유라시아 대륙을 달려보는 설렘도 선사한다. 누구나 한 번쯤은 꿈꿔보는 시베리아 횡단 열차 여행, 그 시작 또는 끝을 바로 블라디보스토크에서 맞이할 수 있기 때문이다.

4. 시베리아 횡단의 참맛

한반도가 남북으로 분단되지 않았다면, 우리는 유럽까지 육로로 왕래했을 것이다. 대륙을 가로지르는 꿈은 아쉬운 대로 바다 건너 블라디보스토크에서 현실로 만들 수 있다. 많은 이들이 버킷리스트에 올린 시베리아 횡단 열차 여행을 이 도시에서 실현할 수 있으니 말이다. 아시아에서 유럽으로, 블라디보스토크에서 모스크바까지 지구 둘레의 약 5분의 1에 달하는 여정은 여행자의 도전 정신을 자극하기 충분하다.

시베리아 횡단 철도의 81%는 아시아에, 19%는 유럽 대륙에 속해있다. 철도 출발지와 종착지 간 시차는 7시간, 이동에만 7박이 소요되는 엄청난 규모이다. 러시아 사람에게는 고향 방문이나 생계유지에 필요한 일상의 이동 수단인 이 철로가, 길어야 열차 몇 시간 타본 것이 전부인 우리에게 신기한 것은 너무도 당연하다. 이처럼 막연한 동경만 가득한 시베리아 횡단 열차, 그리고 그 열차가 달리는 철도 이야기를 해보려 한다. 또 기왕이면 역사 속 우리 동포들이 건너야 했던 눈물의 길이기도 한 이 철로의 과거도 제대로 안다면, 열차 여행이 더욱 의미 있을 것 같다.

열차, 그 생존의 공간

시베리아 횡단 열차 여행, 듣기만 해도 얼마나 낭만적인가? 아마도 우리가 상상하는 열차 생활은 객차에서 현지인과 교류하고 창밖 시베리아의 풍경을 감상하는 모습 정도일 것이다. 누군가에게는 열차가 영화 <러브 오브 시베리아(원제 : 시베리아의 이발사)>에서처럼 남녀 주인공이 운명처럼 만나는 설렘의 공간일 수도 있다.

그러나 실상은 생존에 더 가깝다. 좁은 침대칸에서 짐과 사람들에 부대껴야 하며, 열차에서 먹고 자고 씻는 일이 처음에는 번거롭고 불편하기만 하다. 또 며칠 동안 달리는 열차 속에서 지내다 보면 시차는 계속 바뀌고 온몸의 기관들은 현지 시각에 적응하느라 피로하다. 열차 여행의 묘미이기도 한 현지인들과의 만남도 생각만큼 일정치가 않다. 러시아인 중에는 긴 일정으로 이동하는 승객이 많지 않아 현지 동승자가 계속 달라지므로, 같은 객실에서 어떤 승객을 만나느냐가 여행의 분위기를 좌우하게 된다.

횡단 열차에서 본 창밖 풍경

열차에는 생활에 필요한 것들이 대부분 갖춰졌다. 좌석은 등급에 따라 현지인들과 어울리기 좋은 개방형 3등석 플라츠카르트Platskart(6인실), 독립된 공간에 두 개의 2층 침대가 있는 2등석 쿠페Kupe(4인실), 두 사람이 아늑하게 지낼 수 있는 1등석 에스베SV(2인실)로 구성된다. 낮

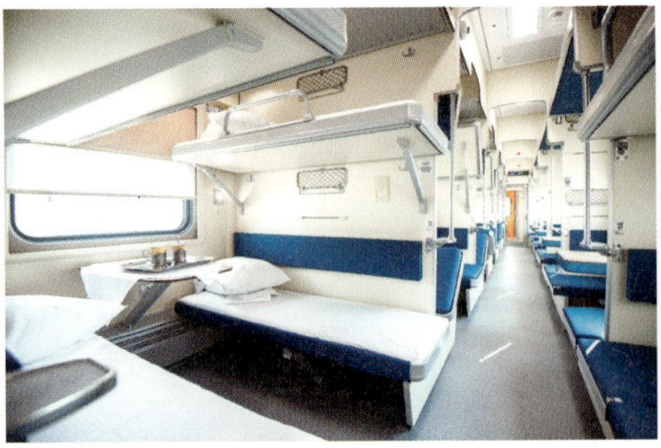

1 플라츠카르트(6인실) 객실
2 쿠페(4인실) 객실
3 열차 속 식당칸

에는 좌석에 앉아 있다가 저녁이 되면 준비된 침구를 펼쳐, 좌석이 침대가 되는 것이 특징이다. 2등석과 3등석의 경우, 보통 활동하는 낮 시간에는 2층 좌석 승객이 편의상 아래 좌석에 내려와 앉아 1층 승객과 공간을 공유하며 지내는 편이다. 열차 내 식사는 미리 사놓은 간단한 먹거리를 데워 먹거나, 지갑 사정이 괜찮다면 식당칸으로 가서 바로 조리해주는 음식을 주문해 먹기도 한다. 각 객차에는 식탁, 콘센트, 24시간 식수용 온수기, 화장실 등이 있어 기본적인 생활이 가능하다. 열차에 따라 시설의 편차가 커지니, 예약 시 객차 컨디션 확인은 필수이다.

또 열차에는 객차 운영 전반을 관리하는 차장이 24시간 상주하고 있으므로 안심해도 된다. 차장은 담당 객차 승객의 일정을 모두 파악하고 있어, 혹시라도 내려야 할 역을 놓치는 건 아닐지 염려할 필요는 없다. 차장이 알려줄 테니 말이다.

시베리아 횡단 열차 여행은 블라디보스토크 여행 붐과 함께 인기를 얻었다. TV 프로그램과 인터넷 매체를 통해 간접적으로 열차 생활을 접한 이들은 '해볼 만하다' 용기를 얻고, 덕분에 마음만 먹으면 누구나 열차에 오를 수 있게 되었다. 여행과 함께 활발해진 열차 운행과 인적 교류 덕분에 사용 환경도 차츰 개선됐다. 일부 운행 열차의 시설이 최신식으로 바뀌면서 타고 싶은 마음이 절로 들게 한다. 그동안 원칙적으로는 열차 내 샤워가 어려웠고, 샤워실 있는 객차가 있을 경우만 차장에게 요청해 따로 돈을 지불하고 사용할 수 있었다. 하지만 이제 신식 열차에는 객차마다 샤워실 딸린 화장실이 있다. 또 시설 전반이 깔끔해졌고 정수기와 자판기도 등장해 승객들의 편의를 더했다. 이처럼 열차는 좋아졌는데, 대외적 요인으로 외국 여행객들의 왕래는 예전 같지 않아 안타까울 뿐이다.

언젠가 여행할 기회를 만나 러시아인 삶이 녹아있는 이 철도의 역사적 배경을 이해하고 시베리아 횡단 열차에 오른다면, 그 여정은 더 의미 있어질 것이다.

철도, 역사의 산증인

세계에서 가장 긴 시베리아 횡단 철도TSR의 역사는 19세기 시작한다. 모스크바에서 블라디보스토크까지 이어지는 이 철길은 길이만 9,288km에 이른다. 철도로 나라가 하나로 연결되기 전에는 러시아 제국이 서부 지역과 시베리아, 극동이 분리되어 관리와 통치가 어려웠다. 이에 동시베리아 총독 니콜라이 무라비요프는 이미 1857년 시베리아 철도 건설의 필요성을 제기했었다. 하지만 러시아는 1887년에야 본격적으로 철도 탐사단을 파견해 현지 시공 가능성을 확인했다.

철도 건설은 알렉산드르 3세의 칙령으로 1891년 본격적으로 시작됐다. 공사는 서부의 첼랴빈스크~미아스 구간과 극동의 블라디보스토크~하바롭스크 구간이 양 끝에서 동시에 진행되었는데, 극동 구간 착공식에는 후에 황제가 된 니콜라이 2세가 황태자 신분일 당시 참석했다. 철도관리 출신 재무장관인 세르게이 비테의 추진력으로 철도 건설은 이후 가속이 붙었다.

하지만 공사는 어려움의 연속이었다. 일부 지역을 제외하고는 황량한 타

Закладка великой сибирской дороги. Его Императорское Высочество Государь Наслѣдникъ Цесаревичъ Николай Александровичъ собственноручно отвозитъ тачку земли на полотно дороги во Владивостокѣ, 19-го мая 1891 г.

니콜라이 황태자의 철도 착공식 참석 현장을 담은 그림

열악한 시베리아 횡단 철도 건설 현장

이가 지역이었고, 눈이 녹으면 질퍽거리는 동토와 수많은 강, 호수 위로 철도를 건설하는 일은 목숨을 걸 만큼 위험했다. 1년의 절반이 겨울인 기후 조건도 열악했다. 철도 건설에 투입된 인력은 대부분 군인이나 죄수들이었는데, 이들은 변변한 기구나 기계 없이 도끼, 삽, 곡괭이 등 원시적인 도구로만 길을 만들었다. 최대 9만여 명이 매년 500~600km의 철로를 깔았고, 공사 환경이 열악해 희생자가 속출했다.

수많은 이들의 희생 끝에 시베리아 횡단 철도의 첫 개통은 중국을 가지르는 중동철도와의 연결로 1903년 이루어졌다. 당시 바이칼 호수 구간은 특수 페리에 열차를 싣고 호수를 건너야 하는 상황이었다. 이 또한 위험을 감수해야 하는 일이었으므로 이후 호수 곁 험준한 지형에 환바이칼 철도를 놓게 되었다. 그리고 러일전쟁에 패한 러시아는 중국을 지나지 않고 자국 영토로만 횡단하는 철길의 필요성이 절실해지자, 극동 러시아 땅을 지나는 노선의 건설을 추진했다. 결국 가장 까다로운 철도의 마지막 구간인 2.6km 길이의 하바롭스크 아무르강 교량 건설까지 마치면서, 시베리아 횡단 철도는 1916년 10월 진정한 완공에 이르렀다. 총 25년에 걸친 완성이었다.

그렇게 철도는 연결됐으나, 러시아 제국은 1917년 러시아 혁명으로 무너졌다. 제국 시절 만든 철길은 소련 당시 큰 역할을 했다. 대조국전쟁 동안에는 열차에 서부 중심 지역의 소장 예술품 수백만 점을 실어 나르는가 하면, 항공기·탱크 제조공장을 분해하여 노동자들과 함께 열차에 실어 후방인 우랄산맥 동부로 대피시켰다. 전방으로는 열차로 군수물자와 인력을 운송한 덕분에 국가 자산의 손실을 최소화하여 전쟁도 승리를 거둘 수 있었다.

또 횡단 철도를 따라서 노보시비르스크, 예카테린부르크 등 인구 천만 대도시들이 생겨나 시베리아 지역도 발전하게 되었다. 철도는 전기화 작업으로 현대적으로 개선되었고, 시간이 흐르면서 화물 운송과 여객 운행도 활발해졌다. 이제는 시베리아 횡단 철도가 러시아의 석유, 가스, 석탄, 목재, 광석 등 천연자원과 우리의 공산품 운송뿐만 아니라, 여행으로 사람들의 교류까지 담당함으로써 유라시아 물류에 없어서는 안 될 길이 되었다.

고려인 강제 이주의 기억이 담긴 라즈돌노에(Razdol'noe) 기차역

다른 한편으로, 시베리아 횡단 철도에는 역사 속 우리 한인들의 비통과 아픔이 서려있다. 1907년 고종이 파견한 헤이그 특사가 일제의 만행을 만방에 알리고자 유럽으로 향했던 애국의 길이기도 하며, 1936년 베를린 올림픽에서 금메달을 거머쥐었지만 조국의 이름은 삼켜야 했던 마라토너 손기정 선수가 지난 설움의 길이기도 하다. 그리고 그 이듬해인 1937년에는 스탈린의 명령으로 연해주에 거주하고 있던 모든 고려인이 이 철로를 따라 중앙아시아로 예고 없이 멀리 보내진 서글픈 여정으로 기억된다.

물론 현대에는 단순한 즐거움과 휴식을 위해 열차에 오르는 이들이 더 많지만, 열차에 몸을 실은 그 순간만큼은 우리 역사의 아픔도 잊지 말아야 하겠다.

블라디보스토크 기차역 속 상징들

시베리아 횡단 열차를 타려면 블라디보스토크로 가는 것이 한국에서는 가장 가깝다. 금각만에 위치한 고풍스러운 자태의 기차역에 도착해야 긴 여행을 비로소 시작할 수 있다. 블라디보스토크 기차역은 해양 터미널과 나란히 육로와 해로가 만나는 요충지에 자리 잡고 있다. 기차역은 17세기 러시아 양식의 화려한 건축물로 마치 작은 궁전을 보는 듯한데, 횡단 철도의 반대편

금각만과 접해 있는 블라디보스토크 기차역

시작점인 모스크바의 야로슬라블 기차역도 이 역사와 비슷한 모습을 하고 있다. 러시아 사람들이 농담으로 '모스크바 사람이 야로슬라블 기차역에서 열차를 타고 블라디보스토크에 도착하면 야로슬라블 기차역을 또다시 만나게 된다'고 말할 정도로, 철로 양쪽 끝에 위치하는 도시들의 기차역 건물은 상징적으로 쌍을 이루는 듯 닮았다.

참고로, 모스크바에는 모스크바 기차역이 없다. 모스크바를 중심으로 목적지 방향에 있는 도시가 기차역 이름이 된다. 현재 모스크바에는 열 개의 기차역이 있는데, 블라디보스토크로 가려면 야로슬라블 방향의 야로슬라블 기차역으로 가야 한다. 여기서부터 시베리아 횡단 철도가 시작된다.

블라디보스토크 기차역 내부는 겉모습만큼이나 아름답다. 1층 대합실에는 러시아 마지막 황제 니콜라이 2세 얼굴 동판이 있어, 철도 건설 시작에 참여한 인물임을 강조하는 듯하다. 또 대합실 천장을 올려다보면 쌍두독수리 기준으로 한쪽은 블라디보스토크, 다른 한쪽은 모스크바를 대표하는 그림들로 채워져 있다. 천장에 있는 그림이라서 자칫 지나치기 쉽지만, 알고 보면 중요한 의미를 담고 있다.

블라디보스토크 기차역 대합실 천장 그림에서 대칭을 이루는 두 도시의 이미지

블라디보스토크 기차역 플랫폼 위 9,288km 기둥

기차역 외관에도 비슷한 표식을 찾을 수 있다. 도시 방향의 건물 외관에는 연해주의 옛날 문장이 담긴 모자이크가, 그 반대편 철로 방향에는 모스크바의 문장이 담긴 모자이크가 장식되어 있다. 이처럼 기차역 안팎 그림과 장식을 통해 시베리아 횡단 철도의 시작과 끝에 있는 도시들을 표시함은 물론, 블라디보스토크가 러시아 서부 지역과 불가분의 관계라는 사실을 보여주고 있다.

블라디보스토크 기차역 플랫폼으로 내려가면 기념비적 풍경들을 만난다. 먼저 시베리아 횡단 철도 총 길이 9,288km가 적힌 킬로미터 기둥이 있는데, 그 꼭대기에 있는 쌍두독수리가 한눈에 들어온다. 한편, 횡단 철도가 시작되는 모스크바 야로슬라블 기차역에도 0km가 적힌 기둥이 있어, 기차역 건물처럼 블라디보스토크와 쌍을 이루는 모습이다. 열차에 오르기 전 많은 여행객이 킬로미터 기둥 앞에서 시작의 기록을 남긴다. 두 기둥은 각각 지어진 시기는 다르지만, 이러한 상징적인 조형물을 통해서도 두 도시가 철도의 시작과 끝임을 확인해주고 있다.

9,288km 기둥 곁에는 전시품처럼 한 자리 크게 차지하는 육중한 검정 기관차가 있다. 이는 증기기관차 Ea-3306로, 놀랍게도 러시아에서 만든 열차가 아니라 미국산이다. 대조국전쟁 당시에는 소련과 미국은 연합국 관계였으므로, 전쟁 승리를 위한 양국의 군수물자 조달이 활발했다. 이 열차는 전쟁 중 1945년 무기대여법에 따라 미국에서 들여와, 무려 반세기 동안 러시아 영토 내 군수물자와 각종 생활물자 운송을 담당해왔다. 시베리아 횡단 철도를 직접 달려본 역사 속 산증인이 미국산이라니 아이러니하다.

블라디보스토크 기차역 플랫폼에 전시된 미국산 증기기관차

이처럼 도시와 철도의 역사를 알면 열차 여행이 의미 있게 다가올 것이다. 모스크바에서 출발한 철길의 종점 블라디보스토크가 지금의 모습과 명성을 가지게 된 것은, 서부 러시아의 의지에서 비롯된 결과라 할 수 있다. 앞서 살펴보았듯이 블라디보스토크는 우리에게 친숙하거나 혹은 낯선 역사를 바탕으로 지금도 계속 발전하며 현시대 흐름 속에서 전진하는 중이다.

이제는 도시에 어떤 주목할 만한 변화가 일어났고, 앞으로는 또 무슨 변화가 일어나게 될지 과거와 현재, 미래의 모습을 살펴보면서 이웃 도시의 잠재력을 가늠해보고자 한다.

5. 동토에서 피어나는 꽃

블라디보스토크의 극적인 발전은 최근 10년 새 이루어지고 있다. 소련의 흐루쇼프 서기장이 이곳을 소비에트의 샌프란시스코로 만들려는 움직임 이후 또 다른 움직임이다. 2012년 블라디보스토크 APEC 정상회의 개최, 그리고 2014년 이후 서방의 제재로 인한 러시아의 신동방정책 강화 등 다양한 대외적 이유로 극동 러시아에도 큰 변화가 찾아온 것이다. 도시의 대표 랜드마크를 새롭게 갈아치울 정도로 블라디보스토크는 새롭게 거듭났다. 대포와 요새가 있는 고립된 섬에 다리를 연결해 캠퍼스를 조성하는가 하면, 유명 관광지에는 인공의 조형물을 만들어서 아름다움을 추가했다. 작은 도시는 차츰 외관을 잘 정돈해 나갔고, 국제행사도 척척 개최해내면서 외국 관광객의 왕래가 늘어나 한층 활력이 생겼다.

블라디보스토크의 변화는 거기서 그치지 않는다. 코로나19 이후에도 계속 발전 중이다. 지금도 다음 단계로 도약하기 위한 노력이 한창이다. 굳이 멀리 수도 모스크바까지 가지 않고도 러시아 문화예술의 핵심을 바로 이곳에서 충분히 경험할 수 있는 날도 머지않았다.

겨울잠 깬 루스키섬의 기지개

블라디보스토크의 변화는 루스키섬Ostrov Russkii에서 먼저 일어났다. 섬의 이름은 19세기 동시베리아 총독 니콜라이 무라비요프가 별생각 없이 '루스키(러시아의)'라고 붙였다. 도심에서 떨어져 있는 루스키섬은 남부로 쭉 내려가면 우리 동해와 만나는 지리적 위치로, 오랜 시간 외세로부터 방어 기능을 수행해왔다. 특히 러일전쟁 전후 19세기 말부터 20세기 초까지 루스키섬 요새 건설이 활발히 이루어졌는데, 당시 이곳의 군사 시설은 세계적으로 인정받을 만큼 훌륭하게 평가됐다. 구석구석에 요새와 대포로 독특한 방어 네트워크를 갖춘 루스키섬은 소련 시절 해군의 최대 훈련 장소였다. 이후 섬은 1990년대 말까지 오랜 시간 개방되지 않았다.

루스키섬이 다시 열렸을 때는 페리나 보트로 출입 가능한 자연 휴양지가 되어 있었다. 요새와 방어시설들은 그새 낡고 녹슬어버리고 말았다. 그렇게

곳곳에 요새들이 자리잡고 있는 루스키섬

옛 군사기지가 깊은 잠에 빠져버렸던 야생의 루스키섬은 2012년 APEC 정상회의 개최지로 선택받으면서 완전히 탈바꿈했다. 섬 북부 해안가에 APEC 행사 장소를 마련하기 위하여 대규모 건설 현장이 약 4년 동안 펼쳐졌다. 섬이 긴 겨울잠에서 깨어나 기지개를 켜는 순간이었다.

2009년 봄, 물도 전기도 들어오지 않던 루스키섬에서의 공사는 시작됐다. 황량한 아약스만Bukhta Ayaks 인근 20ha 규모의 땅에 거대한 건물단지가 형성되었고, 아스팔트 도로가 깔렸다. 컨퍼런스 센터와 프레스 센터, 외빈용 숙소 등 수많은 신식 건물이 뼈대를 올리고 마법처럼 들어서기 시작했다. 그리고 섬과 도시를 연결하는 교량인 루스키 대교Russkii most는 높이 324m, 경간 길이 1,104m에 달하는 세계적인 규모의 사장교로 건설되었다. 당시에는 과연 이 무리한 공사가 정해진 기한 내 끝날 것인가 하는 우려의 시선들도 많았다.

케이블이 러시아 국기 3색을 띠는 루스키 대교

도저히 끝날 것 같지 않던 대형 공사는 거짓말처럼 행사 전 마무리됐다. 2012년 APEC 정상회의 참가를 위해 아시아태평양 국가 총 21개 사절단과 1만 명 이상의 방문객이 루스키섬을 찾았다. 블라디미르 푸틴 대통령은 공식 석상에서 '이 장소가 세계 최고의 대학 캠퍼스가 될 것'이라고 힘차게 선포했다. 그의 말대로 APEC 행사 이후 모든 구역과 건물은 극동연방대학교 캠퍼스의 본관, 교육동, 체육관, 기숙사 등으로 바뀌어 사용됐다. 이미 국제 행사 경험이 있는 장소로서, 동방경제포럼과 같은 도시의 주요 회의 및 행사도 이곳에서 열린다. 무엇보다 캠퍼스 안에 조성된 자연과 해변이 아름다워서, 주말이면 많은 이들이 휴식을 즐기러 모여드는 명소가 되고 있다.

극동연방대학교에서 동남쪽 방향으로는 연해주 수족관Primorskii Oceanarium이 있다. 이곳은 APEC 개최에 맞춰 건설을 추진했으나, 각종 해양 생물 수집과 관리 장비 설치에 많은 시간이 소요되어 2016년 개장했다. 연해주 수족관은 축구장 총 5개 면적에 달하는 규모 위에 지어져, 러시아에서도 손꼽

루스키섬 아약스만의 극동연방대학교 캠퍼스

거대한 조가비 모양의 지붕이 특징인 연해주 수족관

힐 정도로 크다. 또 이곳은 러시아 과학 아카데미 극동 지부 해양 생물 국립 과학센터이기도 하여 활발한 연구와 실험도 함께 이루어지고 있다. 연해주 수족관은 거대한 해양 교육의 장으로서, 9개 주제별 전시홀에 들어가면 135개 수족관과 해양 생물 1만여 종을 만날 수 있다. 특히 이곳의 70m 해저터널과 흰 돌고래 벨루가의 공연은 많은 관람객의 발길을 끄는 명물이다.

이처럼 루스키섬에는 대학 캠퍼스와 수족관처럼 인공적인 공간도 있지만, 천혜의 자연은 감탄을 자아내는 포인트이다. 해안으로 가는 길은 대부분 이정표 하나 제대로 없는 비포장도로인데, 가파르지 않은 언덕을 걸어가다 보면 자연이 빚어내는 눈부신 바다와 아름다운 절벽이 펼쳐진다. 현지인들이 트레킹을 위해 즐겨 찾는 장소로는 루스키섬 남부의 뱌틀린곶Mys Vyatlina과 토비진곶Mys Tobizina이 있다. 가공되지 않은 자연 본연의 참모습과 마주하게 되니 더욱 특별하다. 또 해안으로 가는 길목에서 세월이 묻어난 요새와 대포의 흔적을 발견하고, 숲에서는 야생 여우를 만날 수 있어 색다른 여정이다.

루스키섬 남부 야생의 토비진곶

루스키섬에는 아직 일부만 아스팔트 도로가 깔려있어 개발된 지역은 넓지 않은 편이다. 러시아가 국제행사 개최를 계기로 야심 차게 신화를 써 내려간 장소지만, 그 기운이 섬 구석구석까지 전부 미치지는 못했다. 한편으로는 역사의 산물과 야생의 자연을 그대로 남겨두어 다행이기도 하다. 그래도 러시아는 마음만 먹으면 그 어떤 불모지도 새롭게 변화시킬 힘과 가능성을 가졌다는 사실만큼은 이 섬을 통해 제대로 확인한 셈이다.

핵심 문화예술을 이젠 극동에서

극동 러시아의 수도 블라디보스토크에 또 새로운 변화가 진행 중이다. 러시아 수도 모스크바와는 정반대 위치한 먼 도시지만, 중앙의 기운이 멀리 극동까지도 미치고 있음은 다음 내용을 보면 더 분명해진다.

2018년 푸틴 대통령은 정부 인사와 지역장, 문화예술계 활동가가 참석한 한 회의에서 '2024년까지 러시아 연방 국가 개발 목표 및 전략적 방안' 관련 법안을 구체화했다. 그리고 그는 그 자리에서 자국의 훌륭한 문화예술을 국가 전역에서 청년 및 모든 세대가 경험할 수 있는 문화예술 교육 클러스터를 건설하겠다고 공식 발표했다. 해당 클러스터 조성 지역으로 4개 도시가 지정됐는데, 러시아 최서부 칼리닌그라드, 남부 세바스토폴, 중심부 케메로보, 극동의 블라디보스토크였다. 대상 도시의 위치만으로도 나름대로 전략적인 선택이었다. 지금과 마찬가지로 러시아가 동서남북 영토에 명확하게 영역 표시를 하고 싶었던 건 아닌가 조심스럽게 짐작해본다.

이는 문화 접근성 확대 차원에서 러시아의 꽤 대단한 도전이었다. 그리고 그 움직임은 블라디보스토크에서 이미 시작되고 있었다. 2016년 블라디보스토크에 마린스키 극장 연해주 무대가 생긴 것은 결코 우연이 아니었다. 그리고 2018년 푸틴의 공식 발표 이후 블라디보스토크 문화예술 콤플렉스 건설 프로젝트가 진행되고 있다. 해당 프로젝트는 크게 루스키섬의 문화 교육 단지, 그리고 독수리 전망대의 박물관·극장 콤플렉스 두 가지로 이루어진다.

모스크바 명문 예술학교의 분교가 들어선 루스키섬의 문화 교육 단지

이중 교육 인프라에 속하는 문화 교육 단지의 경우, 루스키섬에 2023년 초 공사를 마무리하고 같은 해 9월 신입생을 맞이했다. 이곳에는 중앙음악학교 연주아카데미 분교 '프리모르스키'와 모스크바 국립 무용 아카데미 분교가 있어, 모스크바 본교의 교육시스템을 그대로 이어받아 공부할 수 있다. 500여 명의 학생이 이곳에서 예술에 전념한다. 교육동 옆으로는 교육센터, 학생 기숙학교, 교사와 예술가용 아파트 등도 마련되어 있다. 시설은 모두 최신식으로 학생들이 실습할 무대와 홀은 물론, 겨울의 세찬 바람을 피해 동선을 편하게 해줄 건물 간 연결통로도 있다. 이곳은 극동연방대학교만큼이나 최상의 교육환경을 제공할 것으로 기대된다.

그리고 박물관・극장 콤플렉스는 블라디보스토크 관광 명소인 독수리 둥지 언덕에 지어진다. 금각교가 내려다보이는 악사콥스카야 거리Aksakovskaya ulitsa의 극동국립기술대 건물이 있던 독수리 전망대 자리에 예술 공간이 들어서고 있다. 이곳에는 국립 에르미타시 분관, 트레티야코프 미술관 분관, 마린스키 극장 분관, 러시아 무대예술 연구소 분교 등 러시아 주요 국립 박물관과 극장의 분관이 들어와 시민들에게 서부의 예술을 선보일 것이다.

독수리 전망대 위 박물관·극장 콤플렉스 조감도

해당 콤플렉스는 예술품 감상 공간과 공연 감상 공간, 예술 교육 현장의 연합을 상징해, 팔과 팔이 교차한 듯한 모양의 3개 동으로 구성된다. 특히 마린스키 극장 분관은 콘서트홀만 관객석 1,300개 규모로 건설될 예정으로, 그 크기만으로도 압도당할 것만 같다. 이처럼 도시의 특별한 장소에 훌륭한 문화예술 공간이 생긴다면, 장차 블라디보스토크의 대표 랜드마크가 또다시 바뀌게 될지도 모르겠다. 언덕 위 박물관·극장 콤플렉스는 2024년 말~2025년 완공 및 개관을 계획하고 있다.

도시의 변화는 시간이 갈수록 놀랍다. 극동에서는 접하기 어려웠던 모스크바, 상트페테르부르크의 수준 높은 예술을 블라디보스토크 명소에서 감상하고 체험할 날이 머지않아 온다. 지리적으로는 블라디보스토크가 더 가까운 우리에겐 한없이 반가운 소식이다. 러시아 핵심 문화예술을 만나기 위해 굳이 멀리 서부지역까지 날아갈 필요가 없을 테니 말이다.

이제 블라디보스토크에 예측 가능한 변화란 없다. 오랜 시간 잠들어있던 동토도 따뜻한 봄 햇살을 맞으면 서서히 해빙하듯, 이 도시의 잠재력도 차츰

꽃이 피고 그 향기는 멀리까지 전파될 것이다. 전쟁과 정치적 상황이 끝나는 그 언젠가, 우리가 놓치면 안 될 극동 러시아 블라디보스토크에 다시 방문할 때는 이웃으로서 한층 더 친근하게 다가갈 수 있길 바란다.

사진 출처

1장 바보 이반의 왕국 러시아

스피린, 「꼬치고기 가라사대」 삽화
По щучьему велению, Иллюстрации Геннадия Спирина, Москва : Зебра; Калининград : Янтарный сказ, 1997.

보리스와 글렙 성상화(13세기)
러시아 위키피디아

우크라이나 비시고로드의 보리스와 글렙 기념비(2011)
러시아 위키피디아

바스네초프, 「시브카 - 부르카」 삽화(1926)
https://commons.wikimedia.org/wiki/File

톨스토이, 『바보 이반과 두 형 군인 세묜과 먹보 타라스, 그리고 벙어리 누이 말라니야, 그리고 늙은 악마와 세 마귀에 관한 이야기』 1919년 표지
https://vnikitskom.ru/auction/?auction=97&pages=7

2장 숭배와 혐오 사이, 러시아의 곰

이반 시시킨, 〈소나무 숲의 아침〉(1889)
https://kulturologia.ru/blogs/270817/35768/

수도사 세르게이의 성자전에서 먹이를 얻으러 매일 세르게이에게 왔다는 곰의 이야기를 기록한 16세기 성자전 채색 수사본 페이지
https://runivers.ru/upload/iblock/6ad/Licevoy%20svod.%20vsem.%20ist.%20Soprovod.pdf

미하일 바실리예비치 네스테로프, 〈성자 세르게이의 어린 시절〉(1897)
https://upload.wikimedia.org/wikipedia/commons/f/f6/1892-7_Nesterow_Jugend_Reverend_St._Se

rgius_anagoria.JPG

우랄산맥 페름 시의 문장(1672)
https://gerboved.ru/pdf/Pchelov-2011-Bestiariy-Bears-pp149-175.pdf

크리스마스 주간 축제에 참가하던 마을 사람들의 모습
https://www.svaboda.org/a/27516389.html

마그누스의 책에 실린 스코모로히가 곰을 데리고 볼거리를 연출하고 있는 장면
https://belhistory.com/archit-art.html

독일 여행가 크리스티안 가이슬러가 러시아 여행 중에 남긴 러시아 하층민의 변장 놀이 모습
https://www.invaluable.com/auction-lot/geissler-u-johann-georg-richter-christian-gottfri-1170-c-fe248cc950

프랑수아즈 리스, 〈시골의 스코모로히〉(1857)
https://www.rbth.com/arts/335565-russian-tales-animals

17세기경 마을에서 공연하고 있는 스코모로히
https://picryl.com/media/olearius-puppeteer-5bfa5b

프랑스 루숑(Luchon) 시의 곰 코메디
https://www.sudouest.fr/archives/il-y-a-25-ans-le-lacher-de-deux-ourses-en-bearn-la-saga-de-l-ours-brun-dans-les-pyrenees-2454904.php

미국 메사추세츠 공연에 등장한 곰
https://en.wikipedia.org/wiki/Tame_bear#/media/File:Josephine_the_Bear_at_MBL_Club.png

최근에 나온 러시아 혐오에 관한 서구의 연구서 표지
Dominic Basulto, *Russophobia : How Western Media Turns Russia Into the Enemy*, 2015.

최근에 출판된 서구의 러시아 혐오에 대해 논박하는 서구 저자 연구서 표지
Guy Metan, *Creating Russophobia : From the Great Religious Schism to Anti-Putin Hysteria*, Clarity Press, 2017.

울라우스 마그누스의 카르타 마리나(1539)
https://www.loc.gov/resource/gdcwdl.wdl_03037/

폴란드의 안토니 위드의 모스크바 지도(1544)
https://rusmir.media/2023/02/05/medved

안토니 젠킨슨의 모스크바 차르국 지도(1562, 1578)
https://eurasia.omeka.fas.harvard.edu/exhibits/show/caspian-connectivity/item/358

1517년 처음으로 모스크바를 방문했을 때 차르에게 하사받은 러시아식 겉옷을 입고 있는 헤르베르슈타인의 모습
https://www.gutenberg.org/files/34472/34472-h/34472-h.htm

헤르베르슈타인이 남긴 모스크바 차르국의 지도(16세기)
https://digitalcollections.nypl.org/items/510d47e4-6269-a3d9-e040-e00a18064a99

폴란드의 모스크바 차르국 침입 및 지배 시기 러시아 대귀족(보야르) 바실리 슈이스키의 목판 초상화
https://www.mediastorehouse.com.au/heritage-images/tsar-vasili-iv-ivanovich-shuisky-early-17th-cen-15052367.html

〈유럽 경주〉
https://www.britishmuseum.org/collection/object/P_1868-0808-3606

20세기 초 각국 동물 상징을 나타낸 미국의 한 시사주간지의 삽화
https://collections.library.yale.edu/catalog/2066791

〈영국에 맞서는 무적의 포템킨 공작을 태운 러시아 곰〉(1791)
https://www.britishmuseum.org/collection/image/90322001

1791년 오차코프 위기라는 영국과 러시아간의 외교적 마찰이 불거졌을 때 등장한 예카테리나 여제를 풍자하는 삽화(1791)
https://www.britishmuseum.org/collection/object/P_1868-0808-6047

틸지트에서 나폴레옹에게 명예로운 훈장을 수여받는 곰(러시아)과 독수리(오스트리아)
https://www.britishmuseum.org/collection/object/P_1868-0808-7589

사자와 북극곰으로 묘사된 영국과 러시아가 나폴레옹을 사이에 두고 서로에 대해 으르렁거리고 있는 모습.
https://www.britishmuseum.org/collection/object/P_1935-0522-4-179

일본에서 제작한 풍자 세계지도에 러시아는 곰으로 표현되었다.
https://fundo.jp/6737

러시아 제국의 마지막 황제 니콜라이 2세가 문어 머리에 그려진 지도
https://blog.richmond.edu/livesofmaps/2023/10/08/map-of-the-week-a-serio-comic-map-of-europe/

〈중국의 마지막 방어벽〉
https://ukrreporter.com.ua/politic/informatsijna-vijna-bajden-maye-namir-vidpovisty-rosiyi-ne-tilky-sanktsiyamy-a-j-yiyi-zh-zbroyeyu.html

19세기 중반 크림 전쟁 예비대에 편성된 러시아 병사를 곰에 빗댄 프랑스 화가의 그림
https://www.shkolazhizni.ru/history/articles/104024/

1980년 모스크바 올림픽 폐회식에서 대회 마스코트인 곰 미샤가 하늘로 날아오르며 작별을 고하고 있는 장면
https://www.novochag.ru/family_and_children/fun/v-sssr-dazhe-medvedi-letali-istoriya-olimpiyskogo-mishki/

폐회식에서 눈물짓는 마스코트인 아기곰 미샤의 모습을 카드섹션으로 연출한 장면
https://www.novochag.ru/family_and_children/fun/v-sssr-dazhe-medvedi-letali-istoriya-olimpiyskogo-mishki/

러시아 여당이자 집권당인 〈통합 러시아〉 당의 로고
https://www.nsk.kp.ru/daily/27062.7/4130142/

캄차트카 반도의 페트로파블롭스크 도시 근처에 세워진 "여기서부터 러시아가 시작한다"는 문구와 곰의 동상
https://www.tourister.ru/world/europe/russia/city/yelizovo/placeofinterest/31762

하바롭스크시 공항의 로고로 두 팔을 펴고 하늘을 나는 듯한 모습의 곰이 그려져 있다
https://www.sostav.ru/publication/logotip-aeroporta-khabarovska-14661.html

만화영화 〈마샤와 곰〉(2009)의 모습
https://pedia.watcha.com/ko-KR/contents/mOkLppw

오늘날 벨라루시 스모르곤 시의 곰 조련학교 기념동상
https://www.shliah.by/news/obshhestvo/news31670.html

체르노빌 국립공원 생태계 보존 기금 조성을 위해 발행된 우크라이나 기념 주화(2022년)

https://licznikgeigera.pl/niedzwiedz-brunatny-na-nowej-ukrainskiej-monecie/
오늘날 러시아에서 많은 호응을 얻고 있는 스툐파라는 애칭의 곰이 등장하는 사진
https://brunch.co.kr/@wikiviki/67
1789년 10월 베르사유 행진을 표현한 프랑스 신문의 목판 삽화
https://hist259.web.unc.edu/mericourt/

3장 러시아, 자작나무의 나라

자랴디예 공원 여름 자작나무
저자 촬영
자랴디예 공원 가을 자작나무
저자 촬영
영화 〈닥터 지바고〉 서곡 자작나무 이미지
러시아 위키피디아
영화 〈닥터 지바고〉 속 바리키노 자작나무 풍경
러시아 위키피디아
옛 모스크바 - 시베리아횡단도로변의 자작나무
러시아 위키피디아
자작나무 껍질 베료스타
러시아 위키피디아
자작나무 껍질 베료스타로 만든 원통형 용기 '투야소크'
러시아 위키피디아
다양한 형태의 스콥카리
러시아 위키피디아
카렐리아 자작나무
러시아 위키피디아
카렐리아 자작나무로 만든 파베르제 달걀 '베료조보예'
러시아 위키피디아
우리말로 '자작나무 껍질 편지'로 불리는 '베레스탸나야 그라모타'
러시아 위키피디아
온핌카 기념동상
러시아 위키피디아
자작나무 껍질을 태워 얻은 타르
러시아 위키피디아
일반적인 자작나무 수액 채취 과정
러시아 위키피디아
자작나무 가지를 꺾어 플라스틱 페트병을 꽂아 수액을 채취하는 과정

러시아 위키피디아

자작나무 축제에서 한 여성이 타르 추출기 앞에 관련 제품을 들고 서 있다.
러시아 위키피디아

자작나무에 기생하는 차가버섯
저자 촬영

인제 원대리 자작나무 숲속
저자 촬영

자작나무 목공예실 밖에 전시돼 있는 만해 한용운의 시를 주제로 한 목판 시화
저자 촬영

자작나무 목공예실 안에 전시돼 있는 백석의 시를 주제로 한 목판 시화
저자 촬영

횡성 '미술관 자작나무숲'
저자 촬영

4장 카추샤, 소냐, 나타샤

일본의 시마무라 호게츠 각색극 『카추샤』(1913년)에 출연한 마츠이 수마코
https://jaa2100.org/entry/detail/046351.html

1927년 헐리우드 영화 〈부활(Resurrection)〉(Edwin Carewe 감독) 스틸컷
https://commons.wikimedia.org/wiki/Category:Resurrection_(1927_film)

1930년대 소련에서 출간된 『죄와 벌』 삽화 속 소냐 마르멜라도바
https://pictures.pibig.info/15862-shmarinov-illjustracii.html

1938년 『여성』 3호에 정현웅 삽화와 함께 실린 백석 시 「나와 나타샤와 흰 당나귀」
https://www.hani.co.kr/arti/culture/music/982571.html

5장 보드카와 캐비아, 그 신화와 사실

러시아 인구 (15세~) 1인당 알코올 소비 변화추이, 1961~2016
WHO, Global status report on alcohol and health, 2018

보그다노프-벨스키, 〈새 주인들. 티타임〉, 1913
https://www.artcyclopedia.ru/novye_hozyaeva_chaepitie_1913_1242x160__barnaul-bogdanov-belskij_nikolaj_petrovich.htm

'루스키 스탄다르트' 보드카 병에 적힌 멘델레예프 러시아 보드카 관여설
https://pikabu.ru/story/pyatnichnyiy_razbor_pravda_li_chto_vodku_izobryol_mendeleev_9163669

러시아 '술 마시다' 제스처
https://www.maximonline.ru/longreads/kak-poyavilsya-znamenityi-russkii-zhest-prizyvayushii-vyp

it-id848903/

소비에트 코미디 영화 〈사모곤 제조자들〉, 1961
https://craftspirit.ru/glavnaya/istoriya/samogon-pomog-sssr-pobedit-nacistskuyu-germaniyu/

사모곤 제조 장면
https://craftspirit.ru/glavnaya/istoriya/samogon-pomog-sssr-pobedit-nacistskuyu-germaniyu/

고르바초프 금주령 당시 주류 판매소 앞 풍경
https://russian7.ru/post/kakie-ubytki-sssr-prinyos-sukhoy-zakon/

"아니오!"(소련 반음주 포스터)
https://xn--80aa6b.xn--p1ai/publications-alcoholism/tpost/9bgyujta61-gorbachyovskaya-antialkogolnaya-kampaniy

압착 캐비아
https://compassdv.ru/catalog/chernaya_ikra/payusnaya_ikra_125_gr/

러시아 주요 철갑상어 서식지
구글 지도

보드카와 캐비아
https://mygazeta.com/образ-жизни/икра-и-алкоголь.html

러시아 채색 캐비아
https://redfish.com.ua/pink_caviar_113_gr/

최초의 인공캐비아 '이스크라'
https://dzen.ru/a/YicHmRRfXFm7sqUA

현재 인공캐비아의 대표주자 "차르 캐비아"
https://www.magicwaters.ru/catalog/item/ikra-carskaya-imitirovannaya-osetrovaya-220-g

가지 캐비아
https://zira.uz/ru/recipe/baklazhannaya-ikra/

6장 21세기에 다시 보는 냉전의 기원

영국 작가 데이브 로우(David Low)의 만평
https://www.lambiek.net/artists/l/low_david.htm

1945년 2월 미국, 영국, 소련의 세 정상은 크림반도 얄타에 모여 전후 세계를 논의했다
https://www.theguardian.com/world/from-the-archive-blog/2020/feb/10/yalta-conference-shapes-the-postwar-world-february-1945

소련 진영 주도의 반핵 평화운동 일환이었던 1952년 세계평화회의 모습
https://en.wikipedia.org/wiki/World_Peace_Council#/media/File:Fotothek_df_roe-neg_0006331_028_Delegationen.jpg

7장 러시아 우주 개발의 히어로들

콘스탄틴 치올콥스키(1857~1935)

https://commons.wikimedia.org/wiki/File:%D0%9A%D0%BE%D0%BD%D1%81%D1%82%D0%B0%D0%BD%D1%82%D0%B8%D0%BD_%D0%A6%D0%B8%D0%BE%D0%BB%D0%BA%D0%BE%D0%B2%D1%81%D0%BA%D0%B8%D0%B9.jpg

치올콥스키 기념우표

https://commons.wikimedia.org/wiki/File:The_Soviet_Union_1964_CPA_3020_stamp_(Space_Exploration._Konstantin_Tsiolkovsky).png

세르게이 코롤료프(1907~1966)

https://commons.wikimedia.org/wiki/File:Sergey_Korolyov_140-190_for_collage.jpg

코롤료프 기념우표

https://commons.wikimedia.org/wiki/File:The_Soviet_Union_1969_CPA_3731_stamp_(Sergei_Korolev).png

유리 가가린(1934~1968)

Arto Jousi / /Suomen valokuvataiteen museo / Alma Media / Uuden Suomen kokoelma; Restored by Adam Cuerden, https://commons.wikimedia.org/wiki/File:Yuri_Gagarin_(1961)_-_Restoration.jpg

가가린 기념우표

https://commons.wikimedia.org/wiki/File:The_Soviet_Union_1971_CPA_3992_stamp_(Yuri_Gagarin_Medal,_Spaceships_and_Planets).png

발렌티나 테레시코바(1937~)

SDASM Archives, https://commons.wikimedia.org/wiki/File:Valentina_Tereshkova,_First_Woman_in_Space_-_Flickr_-_San_Diego_Air_%5E_Space_Museum_Archives.jpg

테레시코바 기념우표

https://commons.wikimedia.org/wiki/File:The_Soviet_Union_1963_CPA_2890_stamp_(Second_%27Team%27_Manned_Space_Flight._Portrait_of_Valentina_Tereshkova)_cancelled.jpg

유리 콘드라튜크(1897~1942)

Zac Allan at ru.wikipedia, https://commons.wikimedia.org/wiki/File:%D0%9A%D0%BE%D0%BD%D0%B4%D1%80%D0%B0%D1%82%D1%8E%D0%BA,_%D0%AE%D1%80%D0%B8%D0%B9.jpg

『행성 간 공간의 정복』

https://commons.wikimedia.org/wiki/File:%D0%97%D0%B0%D0%B2%D0%BE%D0%B5%D0%B2%D0%B0%D0%BD%D0%B8%D0%B5_%D0%BC%D0%B5%D0%B6%D0%BF%D0%BB%D0%B0%D0%BD%D0%B5%D1%82%D0%BD%D1%8B%D1%85_%D0%BF%D1%80%D0%BE%D1%81%D1%82%D1%80%D0%B0%D0%BD%D1%81%D1%82%D0%B2.png

8장 파베르제 달걀의 오디세이아

카를 파베르제

https://en.wikipedia.org/wiki/Peter_Carl_Faberg%C3%A9#/media/File : Karl_Faberge.jpg

모스크바, 쿠즈네츠키 모스트 거리에 있던 파베르제 상점
https://en.wikipedia.org/wiki/Peter_Carl_Faberg%C3%A9#/media/File : Kuz_most_26.jpg

파베르제 암탉 부활절 달걀(1885)
https://fabergemuseum.ru/en/collections/collection-highlights/hen-easter-egg

덴마크 박물관 소장 황금 달걀(1720)
https://www.kongernessamling.dk/en/amalienborg/object/golden-egg-with-hen/

다이아몬드 트렐리스 달걀과 코끼리 오토마타
휴스톤 자연사 박물관 유투브 계정 영상에서 캡처, https://www.youtube.com/watch?app=desktop&v=m53nY0tazaM&ab_channel=HMNS-HoustonMuseumofNaturalScience

왼쪽이 덴마크 훈장, 오른쪽이 트렐리스 달걀의 코끼리 오토마타 서프라이즈
영국의 로얄 콜렉션 트러스트 홈페이지 영상에서 캡처, https://www.rct.uk/collection/themes/Trails/faberge-in-the-royal-collection

1893년 알렉산드르 3세와 마리아 황후
https://upload.wikimedia.org/wikipedia/commons/thumb/2/26/Alexander-Maria.jpg/800px-Alexander-Maria.jpg

1894년 니콜라이 2세와 알렉산드라 황후
https://upload.wikimedia.org/wikipedia/commons/9/95/95/Engagement_official_picture_of_Alexandra_and_Nicholas.jpg

겨울 달걀과 백합 꽃바구니 서프라이즈
https://www.nytimes.com/2021/10/29/fashion/jewelry-faberge-victoria-albert-exhibition-london.html

모자이크 달걀과 니콜라이 2세의 다섯 아이들 프로필이 새겨진 까메오 서프라이즈
https://www.rct.uk/collection/search#/2/collection/9022/the-mosaic-egg-and-surprise

코셰이의 죽음이 숨겨진 상자
https://dzen.ru/a/YTLf8ovblSPEgpmv?utm_referer=www.google.com

우크라이나 피산카
https://upload.wikimedia.org/wikipedia/commons/8/81/VolynPysanky.jpg

피산카를 만드는 모습
https://commons.wikimedia.org/wiki/Category:Easter_Eggs_with_finely_painted_wax-resist_design#/media/File:Easter_2011_at_Cloister_Hill_outdoor_museum_in_Turku,_Finland.jpg

영국, 덴마크, 러시아 황실의 패밀리트리
저자 작성

덴마크 공주 시절 러시아 마리아 황후(좌)와 영국 알렉산드라 왕비(우)
https://www.rct.uk/collection/2926578/alexandra-princess-of-wales-and-tsarevna-marie-feodorovna-of-russia-1874

1913년 니콜라이 2세와 조지 5세
https://commons.wikimedia.org/wiki/File : George_V_and_Nicholas_II_in_Berlin,_1913.jpg

시베리아 횡단열차 달걀
https://dzen.ru/a/XpmmnSrGkxnfxiVI

성 게오르기 달걀
https://en.wikipedia.org/wiki/Order_of_St._George_(Faberg%C3%A9_egg)#/media/File:Order_of_S

t.George_Faberge_Egg.jpg)

영국 말보로 군함을 타고 러시아를 떠나는 마리아 황태후
https://en.wikipedia.org/wiki/Maria_Feodorovna_(Dagmar_of_Denmark)#/media/File:Romanoffs_leaving_crimea.jpg

대관식 달걀
https://fabergemuseum.ru/kollekczii/shedevryi-kollekczii/blyudo-s-monogrammami-imperatora-nikolaya-ii-i-imperatriczyi-aleksandryi-fedorovnyi

라우리츠 툭센의 "니콜라이 2세와 알렉산드라 표도로브나 황후의 대관식"(1898)
https://ru.wikipedia.org/wiki/%D0%9A%D0%BE%D1%80%D0%BE%D0%BD%D0%B0%D1%86%D0%B8%D0%BE%D0%BD%D0%BD%D0%BE%D0%B5#/media/%D0%A4%D0%B0%D0%B9%D0%BB:Coronation_of_Nicholas_II_by_L.Tuxen_(1898,_Hermitage).jpg

말콤 포브스와 파베르제 콜렉션
https://www.wintraecken.nl/mieks/faberge/psp/pspfaberge/forbes11.htm

기념품 상점에 전시된 파베르제 달걀들
저자 촬영

2007년 설립된 파베르제 쥬얼리 회사의 홈페이지
https://www.faberge.com/fine-jewellery/egg-pendants

벡셀베르크의 문화예술재단 Link of Times의 로고
https://moscow-city.online/company/27597/

페테르부르크의 파베르제 박물관에 전시된 파베르제 달걀
https://fabergemuseum.ru

슈발로프 궁전에 위치한 파베르제 박물관 내부
https://fabergemuseum.ru/en/about-the-museum/shuvalov-palace/

9장 이웃 러시아, 다시 보는 블라디보스토크

블라디보스토크 독수리 전망대에서 바라본 금각교와 금각만
저자 촬영

유럽풍 건물 가득한 블라디보스토크 아르바트(아드미랄 포킨 거리)
저자 촬영

블라디보스토크 수하노바 거리에 있는 니콜라이 무라비요프 동상
저자 촬영

5000루블 지폐 속 하바롭스크 배경의 니콜라이 무라비요프 동상
https://avatars.mds.yandex.net/get-marketpic/5878722/picaeebad2de7015832e6e8d6a38188a34c/orig

만주호가 최초 상륙한 장소에 새겨진 블라디보스토크 설립연도 '1860'
저자 촬영

도시에서 가장 오랜 건축물에 속하는 스베틀란스카야 거리의 백화점(GUM) 건물
저자 촬영

스베틀란스카야 거리 우체국 옆 엘레아노르 프레이 동상
저자 촬영

황태자의 도시 방문을 기념하는 니콜라이 개선문
저자 촬영

1962년부터 운행 중인 도시의 명물 푸니쿨라
저자 촬영

한국 정상이 참가한 2017년 동방경제포럼
https://regnum.ru/uploads/pictures/news/2017/09/14/regnum_picture_1505353532333487_normal.jpg

마린스키 극장 연해주 무대 건물 앞 호랑이 동상
https://get.pxhere.com/photo/architecture-city-monument-statue-park-sculpture-memorial-art-tiger-town-square-urban-area-vladivostok-primorsky-krai-opera-and-ballet-theatre-895755.jpg

9월마다 기념하는 블라디보스토크 호랑이의 날 풍경
https://fb.ru/media/i/1/9/3/6/4/2/0/i/1936420.jpg

건물만 예전 모습으로 남은 중국인 집단 거주지 밀리온카
저자 촬영

'콜차크의 금괴'라고 적힌 상자 위 밀리온카의 왕(2021년 작품)
https://33plus1.tilda.ws/sgraffito/millionka_inhabitants

1920~1930년대 한국 거리(現 포그라니치나야 거리) 모습
https://primamedia_2537050521.s3.cloud.mts.ru/files/big/1757/1756183.jpg?e29de976a02e974f9d4d493e73ca5b38

포그라니치나야 거리의 러한우호 150주년 기념비
저자 촬영

블라디보스토크에 전시된 20세기 초 현지 한인 마을 사진
저자 촬영

신한촌이 있던 장소에 세워진 신한촌 기념비
저자 촬영

거리명만 남아 있는 '서울 거리'
저자 촬영

고려인의 음식 마르코프차
https://avatars.dzeninfra.ru/get-zen_doc/50335/pub_5cc7f3015b121f00ae33c8c3_5cc7f381d31aa100b344cbf7/scale_1200

사할린 한인이 만들어 먹던 피얀세
https://primamedia_2537050521.s3.cloud.mts.ru/files/big/3333/3332601.jpg?b984b49afea5155a08dcce4e57e7c124

1900년대 초 극동대학교 동양학대학
https://webpulse.imgsmail.ru/imgpreview?mb=webpulse&key=pulse_cabinet-image-5eec1fc8-786e-4de8-9514-94caebc0e838

횡단 열차에서 본 창밖 풍경
저자 촬영

플라츠카르트(6인실) 객실
http://drikus.club/uploads/posts/2021-12/1639786479_64-drikus-club-p-082v-poezd-tekhnika-krasivo-foto-69.jpg

쿠페(4인실) 객실
저자 촬영

열차 속 식당칸
https://i.ytimg.com/vi/W6QIyD4-Ano/maxresdefault.jpg

니콜라이 황태자의 철도 착공식 참석 현장을 담은 그림
https://roz-events.storage.yandexcloud.net/media/uploads/2022/11/09/1920px-____1891.jpeg

열악한 시베리아 횡단 철도 건설 현장
https://news.ru/society/ot-moskvy-i-do-nahodki/

고려인 강제 이주의 기억이 담긴 라즈돌노에(Razdol'noe) 기차역
https://xn--80adfhhrju5j.xn--p1ai/wp-content/uploads/2019/07/138802451914-e1563383730198.jpg

금각만과 접해 있는 블라디보스토크 기차역
저자 촬영

블라디보스토크 기차역 대합실 천장 그림에서 대칭을 이루는 두 도시의 이미지
저자 촬영

블라디보스토크 기차역 플랫폼 위 9,288km 기둥
저자 촬영

블라디보스토크 기차역 플랫폼에 전시된 미국산 증기기관차
저자 촬영

곳곳에 요새들이 자리잡고 있는 루스키섬
http://s2.fotokto.ru/photo/full/302/3028630.jpg

케이블이 러시아 국기 3색을 띠는 루스키 대교
https://architectureguru.ru/wp-content/uploads/2015/09/13245.jpg

루스키섬 아약스만의 극동연방대학교 캠퍼스
https://cdn.profile.ru/wp-content/uploads/2021/10/sozdanie-novogo-goroda-v-Primore.jpg

거대한 조가비 모양의 지붕이 특징인 연해주 수족관
저자 촬영

루스키섬 남부 야생의 토비진곶
저자 촬영

모스크바 명문 예술학교의 분교가 들어선 루스키섬의 문화 교육 단지
https://stroytransgaz.ru/pressroom/news/2023/02/11097/

독수리 전망대 위 박물관 · 극장 콤플렉스 조감도
https://gk-gorka.ru/projects/vladivostok/

더 읽을 책

1장 바보 이반의 왕국 러시아

쁘로쁘, 블라지미르, 이종진 역, 『러시아 민담 연구』, 서울 : 한국외국어대출판부, 2005.

안상훈 엮음, 『세계 민담 전집』 02 : 러시아 편, 서울 : 황금가지, 2014.

Мелетинский, Е., *Герой волшебной сказки*, М. : Изд-во вост. лит., 1958.

Синявский, А., *Иван-дурак : Очерк русскрй народной веры*, М. : Аграф, 2001.

2장 숭배와 혐오 사이, 러시아의 곰

메탕, 기, 김창진 · 강성희 역, 『루소포비아 : 러시아 혐오의 국제정치와 서구의 위선』, 고양 : 가을의 아침, 2022.

Basulto, Dominic, *Russophobia : How Western Media Turns Russia Into the Enemy*, 2015.

Россомахин А., Хрусталев Д., *Русская Медведица, или Политика и похабство*, М., 2007.

Русский медведь : История, семиотика, политика, Под ред. О. В. Рябова и А. де Лазари. М., 2012.

3장 러시아, 자작나무의 나라

권경준, 「러시아 자작나무편지 연구의 동향」, 『목간과 문자』 제13호, 목간과문자학회, 2014.

Jeffreys, Tom, *The White Birch : A Russian Reflection*, London : Corsair, 2021.

Lewington, Anna, *Birch (Botanical)*, London : Reaktion Books, 2019.

Казанский, Н. Н. и Ярмишко, В. Т., *Береза. Сборник статей*, СПб. : «Наука», 2015.

4장 카추샤, 소냐, 나타샤

김진영, 『시베리아의 향수 : 근대 한국과 러시아문학』, 서울 : 이숲, 2017.

박진영, 『번역과 번안의 시대』, 서울 : 소명출판, 2011.

유종호, 『시란 무엇인가』, 서울 : 민음사, 1995.

_____, 『다시 읽는 한국 시인』, 서울 : 문학동네, 2002.

5장 보드카와 캐비어, 그 신화와 사실

요네하라 마리, 이현진 역, 『미식견문록』, 서울 : 마음산책, 2009.

Goldstein, Darra, *The Kingdom of Rye*, University of California Press, 2022.

Schrad, Mark Lawrence, *Vodka Politics : Alcohol, Autocracy, and the Secret History of the Russian State*, Oxford University Press, 2014.

Smith, Alison K., *Cabbage and Caviar. A History of Food in Russia*, London : Reaktion Books, 2021.

Левонтина, И.Б., Шмелев, А.Д., “Хорошо сидим! (Лексика начала и конца трапезы в русском языке)”, Зализняк Анна А., Левонтина И.Б., Шмелёв А.Д., *Ключевые идеи русской языковой картины мира*, М. : Языки славянской культуры, 2005.

Похлебкин, В. В., *История водки*, М : Центрполиграф, 1991.

6장 21세기에 다시 보는 냉전의 기원

노경덕, 「스탈린 시대 소련의 대외 관계, 1926-1953」, 『슬라브학보』 27(1), 2012.

로버츠, 제프리, 김남섭 역, 『스탈린의 전쟁』, 서울 : 열린책들, 2023.

McCormick, Thomas J., *America's Half-Century : United States Foreign Policy in the Cold War and After*, 2nd edition, Johns Hopkins University Press, 1995.

Nation, R. Craig, *Black Earth, Red Star : A History of Soviet Security Policy, 1917-1991*, Cornell University Press, 1992.

Печатнов, В. О., *Сталин, Рузвельт, Трумэн. СССР и США в 1940-х гг*, Москва : Терра, 2006.

7장 러시아 우주 개발의 히어로들

브라이언 하베이, 김지훈 · 김유 역, 『러시아 우주개척사』, 서울 : 북스힐, 2012.

곽재식, 『우리가 과학을 사랑하는 법 : 원자에서 우주까지, 세상의 모든 것을 밝힌 여성 과학자들 이야기』, 서울 : 위즈덤하우스, 2019.

나탈리 코프만 켈리파, 이원희 역, 『최악의 여성, 최초의 여성, 최고의 여성 : 자신만의 방식으로 시대를 정면돌파한 여성 100인』, 파주 : 작가정신, 2019.

앤 드루얀, 김명남 역, 『코스모스, 가능한 세계들』, 서울 : 사이언스북스, 2020.

송은영, 『치올코프스키가 들려주는 우주 비행 이야기』, 서울 : 자음과 모음, 2005.

8장 파베르제 달걀의 오디세이아

фон Габсбург, Г., Мунтян, Татьяна, Скурлов, Валентин, and et al., *Фаберже. Сокровища императорской России в собрании Музея Фаберже в Санкт-Петербурге*, СПб. : Культурно-исторический фонд «Связь времен»; Нью-Йорк : Skira Rizzoli, 2017.

Мутян, Т. Н., *Фаберже. Пасхальные подарки*, М : Московский Кремль, 2018.

Semyonova, Natalya, Iljine, Nicolas V., *Selling Russia's Treasures : The Soviet Trade in Nationalized Art, 1917-1938*, NY : Abbeville Press, 2013.

Fabergé, Tatiana, Proler, Lynette G., Skurlov, Valentin V., *The Fabergé : Imperial Easter Eggs*, London : Christie, 1997.

Kiun Hwang, "Mapping of the Imperial Gift and its Post-Soviet Identity", *Studies in Slavic Cultures* 12, 2015.

9장 이웃 러시아, 다시 보는 블라디보스토크

박홍수, 『시베리아 시간여행』, 서울 : 후마니타스, 2017.

서병용 · 서진영, 『이지 시베리아 횡단열차』, 서울 : 이지앤북스, 2019.

서진영, 『Tripful 블라디보스톡』, 서울 : 이지앤북스, 2019.

박환, 『블라디보스토크 하바롭스크』, 서울 : 선인, 2019.

최상구, 『사할린 얼어붙은 섬에 뿌리내린 한인의 역사와 삶의 기록』, 서울 : 미디어일다, 2015.

찾아보기

가

나

다

라

마

바

사

아

자

차

카

타

파

하

A

필자소개

김주연

고려대학교 노어노문학 석사와 동국대학교 연극학 박사를 마치고 월간 『객석』의 연극기자 및 남산예술센터 극장 드라마터그로 일했다. 현재 충북대학교 인문학연구소 학술연구교수이자 연극평론가, 드라마터그로 활동 중이며, 러시아 예술과 슬라브 문화에 대한 글쓰기와 강의를 병행하고 있다. 지은 책으로는 『우리 시대의 극작가』(공저), 『페테르부르크 막이 오른다』, 『슬라브 막이 오른다』 등이 있다. 2022년 과학문화전문인력 양성과정의 과학저널리스트 심화과정을 수료했다.

김진영

미국 예일대학교 슬라브문학 박사. 1991년 이후 현재까지 연세대학교 노어노문학과 교수로 재직 중이며, 주로 푸슈킨 관련 논문과 한러문학 비교 논문을 발표해왔다. 푸슈킨 연구서인 『푸슈킨 : 러시아 낭만주의를 읽는 열 가지 방법』은 2015년 러시아어로 번역되었다(*Pushkin : Desyat' ocherkov o russkom romantisme*). 2017년 출간된 『시베리아의 향수 : 근대 한국과 러시아 문학, 1896-1946』에 이어 현대 한국의 러시아문학 수용사를 다룬 후속 연구서 『광장의 문학』을 발간 준비 중이다.

노경덕

미국 시카고대학교 역사학과 박사. 서울대학교 역사학부 부교수. 주요 논문으로는 "Economic Plans", 「제1차 세계대전 말 유럽의 국제정치와 민족자결주의」, 「얄타 회담 다시 보기」, 「스탈린-트로츠키 권력투쟁 재고」 등이 있으며, 지은 책으로는 *Stalin's Economic Advisors*, 『사료로 읽는 서양사』 5-현대편, 옮긴 책으로는 『세계사』 1 · 2(공역)이 있다. 러시아 현대사, 냉전사, 이념의 역사 등을 주로 공부한다.

라승도

미국 텍사스주립대학교 슬라브어문학과 박사. 한국외국어대학교 러시아연구소 HK연구교수. 지은 책으로는 『시네마트료시카 : 영화로 보는 오늘의 러시아』, 『붉은 광장의 아이스링크 : 문화로 읽는 오늘의 러시아』(공저), 『극동의 부상과 러시아의 미래』(공저), 『북극의 이해』(공저), 『천 년의 러시아 : 모방과 변용의 역사』(공저) 등이 있고 옮긴 책으로는 『러시아 영화 : 문화적 기억과 미학적 전통』, 『시간의 각인』 등이 있다. 러시아 문학과 영화, 대중문화 연구에 주력하고 있다.

서진영

러시아 여행작가. 연세대학교 노어노문학과 학사와 석사를 마쳤다. 현재는 러시아 문화 콘텐츠를 만들어 강연 등 다양한 방식으로 대중에게 알리는 일을 한다. 저서로는 『이지 시베리아 횡단 열차』(공저), 『Tripful 블라디보스톡』 등 여행서가 있으며, 『용선생이 간다 세계 문화 여행』 러시아편을 자문 및 감수했다. KOTRA 본사 · 블라디보스토크 무역관 근무 경력과 유라시아 대륙 횡단의 경험을 살려, 국내 여러 분야에서 러시아 관련 대외 활동과 지원을 이어가고 있다.

심지은

러시아 상트페테르부르크 러시아학술원 러시아문학연구소 박사. 한양대학교 아태지역연구센터 HK연구교수. 지은 책으로는 『우리에게 다가온 러시아 발레』(편집), 『백년의 매혹 : 한국의 지성, 러시아에 끌리다』(공저), 『유라시아 역사 · 문화 : 제국, 권력과 경계』(공저)등이 있고, 옮긴 책으로는 『눈보라』, 『대위의 딸』, 『적자색 섬』, 『러시아인, 조선을 거닐다』 등이 있다. 러시아 및 유라시아 문학 · 문화 연구에 집중하고 있다.

정정원

연세대학교 노어노문학과 노어학 박사. 충북대학교 러시아 · 알타이지역 연구소 학술연구교수. 주요 논문으로는 "The Zero Esse in Slavic Be- and Have-languages," "On the factivity and effectiveness of Russian propositional speech verbs," "러시아어 근칭 지시사의 감정적 기능" 등이 있고, 지은 책으로는 『러시아 언어문화』, 옮긴 책으로는 『코끼리』, 『원자마을의 결혼식』이 있다. 러시아어 의미론, 화용론, 문화언어학, 슬라브어 비교 연구, 슬라브 문화 연구에 주력하고 있다.

최정현

러시아 상트페테르부르크 국립대학교 문학박사. 고려대학교 노어노문학과 교수. 주요 논문으로는 "On the one historical event of the Cherigov principiality of Kievan Rus' at the end of the 12th century," "중세 동슬라브 문화권에서의 인쇄의 시작과 그 의의" 등이 있고, 지은 책으로는 『Propoved' kak zhanr literatury Drevnei Rusi』, 『인문학과 인문 교육』(공저)이 있으며, 옮긴 책으로는 『이고리 원정기 : 중세 러시아의 영웅 서사시』가 있다. 러시아, 우크라이나, 벨라루시의 동슬라브 그리고 전체 슬라브 문화권의 중세 문학과 문화, 역사와 20세기 소비에트 문화에 관심이 많다.

황기은

미국 피츠버그대학교 슬라브문학 및 문화학 박사. 러시아 및 유라시아 지역 문화 연구에 매진하고 있으며, 특히 도시문화와 상호 매체성에 관심을 기울이고 있다. 주요 논문으로 「러시아 도시미술의 미학과 정치학」, 「디지털 기억과 바쿠의 <마할라 프로젝트>」, "Walking Dostoevski and Reading the City" 등이 있고, 함께 지은 책으로 『우리에게 다가온 러시아 오페라』, 『우리에게 다가온 러시아 발레』가 있다.